TRANZLATY

Sprache ist für alle da

La lingua è per tutti

Der Ruf der Wildnis

Il richiamo della foresta

Jack London

Deutsch / Italiano

Copyright © 2025 Tranzlaty
All rights reserved
Published by Tranzlaty
ISBN: 978-1-80572-796-5
Original text by Jack London
The Call of the Wild
First published in 1903
www.tranzlaty.com

Ins Primitive
Nel primitivo

Buck las keine Zeitungen
Buck non leggeva i giornali.
Hätte er die Zeitung gelesen, hätte er gewusst, dass Ärger im Anzug war.
Se avesse letto i giornali avrebbe saputo che i guai si stavano avvicinando.
Nicht nur er selbst, sondern jeder einzelne Tidewater-Hund bekam Ärger.
Non erano guai solo per lui, ma per tutti i cani da caccia.
Jeder Hund mit starken Muskeln und warmem, langem Fell würde in Schwierigkeiten geraten.
Ogni cane con muscoli forti e pelo lungo e caldo sarebbe stato nei guai.
Von Puget Bay bis San Diego konnte kein Hund dem entkommen, was auf ihn zukam.
Da Puget Bay a San Diego nessun cane poteva sfuggire a ciò che stava per accadere.
Männer, die in der arktischen Dunkelheit herumtasteten, hatten ein gelbes Metall gefunden.
Gli uomini, brancolando nell'oscurità artica, avevano trovato un metallo giallo.
Dampfschiff- und Transportunternehmen waren auf der Jagd nach der Entdeckung.
Le compagnie di navigazione a vapore e di trasporto erano alla ricerca della scoperta.
Tausende von Männern strömten ins Nordland.
Migliaia di uomini si riversarono nel Nord.
Diese Männer wollten Hunde, und die Hunde, die sie wollten, waren schwere Hunde.
Questi uomini volevano dei cani, e i cani che volevano erano cani pesanti.
Hunde mit starken Muskeln, die sie zum Arbeiten brauchen.
Cani dotati di muscoli forti per lavorare duro.
Hunde mit Pelzmantel, der sie vor Frost schützt.

Cani con il pelo folto che li protegge dal gelo.

Buck lebte in einem großen Haus im sonnenverwöhnten Santa Clara Valley.
Buck viveva in una grande casa nella soleggiata Santa Clara Valley.
Der Ort, an dem Richter Miller wohnte, wurde sein Haus genannt.
La casa del giudice Miller era chiamata così.
Sein Haus stand etwas abseits der Straße, halb zwischen den Bäumen versteckt.
La sua casa era nascosta tra gli alberi, lontana dalla strada.
Man konnte einen Blick auf die breite Veranda erhaschen, die rund um das Haus verläuft.
Si poteva intravedere l'ampia veranda che circondava la casa.
Die Zufahrt zum Haus erfolgte über geschotterte Zufahrten.
Si accedeva alla casa tramite vialetti ghiaiosi.
Die Wege schlängelten sich durch weitläufige Rasenflächen.
I sentieri si snodavano attraverso ampi prati.
Über ihnen waren die ineinander verschlungenen Zweige hoher Pappeln.
In alto si intrecciavano i rami degli alti pioppi.
Auf der Rückseite des Hauses ging es noch geräumiger zu.
Nella parte posteriore della casa le cose erano ancora più spaziose.
Es gab große Ställe, in denen ein Dutzend Stallknechte plauderten
C'erano grandi scuderie, dove una dozzina di stallieri chiacchieravano
Es gab Reihen von weinbewachsenen Dienstbotenhäusern
C'erano file di cottage per i servi ricoperti di vite
Und es gab eine endlose und ordentliche Reihe von Toilettenhäuschen
E c'era una serie infinita e ordinata di latrine
Lange Weinlauben, grüne Weiden, Obstgärten und Beerenfelder.

Lunghi pergolati d'uva, pascoli verdi, frutteti e campi di bacche.
Dann gab es noch die Pumpanlage für den artesischen Brunnen.
Poi c'era l'impianto di pompaggio per il pozzo artesiano.
Und da war der große Zementtank, der mit Wasser gefüllt war.
E c'era la grande cisterna di cemento piena d'acqua.
Hier nahmen die Jungs von Richter Miller ihr morgendliches Bad.
Qui i ragazzi del giudice Miller hanno fatto il loro tuffo mattutino.
Und auch dort kühlten sie sich am heißen Nachmittag ab.
E lì si rinfrescavano anche nel caldo pomeriggio.
Und über dieses große Gebiet herrschte Buck über alles.
E su questo grande dominio, Buck era colui che lo governava tutto.
Buck wurde auf diesem Land geboren und lebte hier sein ganzes vierjähriges Leben.
Buck nacque su questa terra e visse qui tutti i suoi quattro anni.
Es gab zwar noch andere Hunde, aber die spielten keine wirkliche Rolle.
C'erano effettivamente altri cani, ma non avevano molta importanza.
An einem so riesigen Ort wie diesem wurden andere Hunde erwartet.
In un posto vasto come questo ci si aspettava la presenza di altri cani.
Diese Hunde kamen und gingen oder lebten in den geschäftigen Zwingern.
Questi cani andavano e venivano oppure vivevano nei canili affollati.
Manche Hunde lebten versteckt im Haus, wie Toots und Ysabel.
Alcuni cani vivevano nascosti in casa, come Toots e Ysabel.

Toots war ein japanischer Mops, Ysabel ein mexikanischer Nackthund.
Toots era un carlino giapponese, Ysabel una cagnolina messicana senza pelo.
Diese seltsamen Kreaturen verließen das Haus kaum.
Queste strane creature raramente uscivano di casa.
Sie berührten weder den Boden noch schnüffelten sie draußen an der frischen Luft.
Non toccarono terra né annusarono l'aria esterna.
Außerdem gab es Foxterrier, mindestens zwanzig an der Zahl.
C'erano anche i fox terrier, almeno una ventina.
Diese Terrier bellten Toots und Ysabel im Haus wild an.
Questi terrier abbaiavano ferocemente a Toots e Ysabel in casa.
Toots und Ysabel blieben hinter Fenstern, in Sicherheit.
Toots e Ysabel rimasero dietro le finestre, al sicuro da ogni pericolo.
Sie wurden von Hausmädchen mit Besen und Wischmopps bewacht.
Erano sorvegliati da domestiche armate di scope e stracci.
Aber Buck war kein Haushund und auch kein Zwingerhund.
Ma Buck non era un cane da casa e nemmeno da canile.
Das gesamte Anwesen gehörte Buck als seinem rechtmäßigen Reich.
L'intera proprietà apparteneva a Buck come suo legittimo regno.
Buck schwamm im Becken oder ging mit den Söhnen des Richters auf die Jagd.
Buck nuotava nella vasca o andava a caccia con i figli del giudice.
Er ging in den frühen oder späten Morgenstunden mit Mollie und Alice spazieren.
Camminava con Mollie e Alice nelle prime ore del mattino o tardi.
In kalten Nächten lag er mit dem Richter vor dem Kaminfeuer der Bibliothek.

Nelle notti fredde si sdraiava davanti al fuoco della biblioteca insieme al giudice.
Buck ließ die Enkel des Richters auf seinem starken Rücken herumreiten.
Buck accompagnava i nipoti del giudice sulla sua robusta schiena.
Er wälzte sich mit den Jungen im Gras und bewachte sie genau.
Si rotolava nell'erba insieme ai ragazzi, sorvegliandoli da vicino.
Sie wagten sich bis zum Brunnen und sogar an den Beerenfeldern vorbei.
Si avventurarono fino alla fontana e addirittura oltre i campi di bacche.
Unter den Foxterriern lief Buck immer mit königlichem Stolz.
Tra i fox terrier, Buck camminava sempre con orgoglio regale.
Er ignorierte Toots und Ysabel und behandelte sie, als wären sie Luft.
Ignorò Toots e Ysabel, trattandoli come se fossero aria.
Buck herrschte über alle Lebewesen auf Richter Millers Land.
Buck governava tutte le creature viventi sulla terra del giudice Miller.
Er herrschte über Tiere, Insekten, Vögel und sogar Menschen
Dominava gli animali, gli insetti, gli uccelli e perfino gli esseri umani.
Bucks Vater Elmo war ein großer und treuer Bernhardiner gewesen.
Il padre di Buck, Elmo, era un enorme e fedele San Bernardo.
Elmo wich dem Richter nie von der Seite und diente ihm treu.
Elmo non si allontanò mai dal Giudice e lo servì fedelmente.
Buck schien bereit, dem edlen Beispiel seines Vaters zu folgen.
Buck sembrava pronto a seguire il nobile esempio del padre.

Buck war nicht ganz so groß und wog hundertvierzig Pfund.
Buck non era altrettanto grande: pesava sessanta chili.
Seine Mutter Shep war eine schöne schottische Schäferhündin gewesen.
Sua madre, Shep, era una splendida cagnolina da pastore scozzese.
Aber selbst mit diesem Gewicht hatte Buck eine königliche Ausstrahlung.
Ma nonostante il suo peso, Buck camminava con una presenza regale.
Dies kam vom guten Essen und dem Respekt, der ihm immer entgegengebracht wurde.
Ciò derivava dal buon cibo e dal rispetto che riceveva sempre.
Vier Jahre lang hatte Buck wie ein verwöhnter Adliger gelebt.
Per quattro anni Buck aveva vissuto come un nobile viziato.
Er war stolz auf sich und sogar ein wenig egoistisch.
Era orgoglioso di sé stesso e perfino un po' egocentrico.
Diese Art von Stolz war bei den Herren abgelegener Landstriche weit verbreitet.
Quel tipo di orgoglio era comune tra i signori delle campagne remote.
Doch Buck hat es vermieden, ein verwöhnter Haushund zu werden.
Ma Buck si salvò dal diventare un cane domestico viziato.
Durch die Jagd und das Training blieb er schlank und stark.
Rimase snello e forte grazie alla caccia e all'esercizio fisico.
Er liebte Wasser zutiefst, wie Menschen, die in kalten Seen baden.
Amava profondamente l'acqua, come chi si bagna nei laghi freddi.
Diese Liebe zum Wasser hielt Buck stark und sehr gesund.
Questo amore per l'acqua mantenne Buck forte e molto sano.
Dies war der Hund, zu dem Buck im Herbst 1897 geworden war.
Questo era il cane che Buck era diventato nell'autunno del 1897.

Als der Klondike-Angriff die Menschen in den eisigen Norden trieb.
Quando lo sciopero del Klondike spinse gli uomini verso il gelido Nord.
Menschen aus aller Welt strömten in das kalte Land.
Da ogni parte del mondo la gente accorse in massa verso la fredda terra.
Buck las jedoch weder die Zeitungen noch verstand er Nachrichten.
Buck, tuttavia, non leggeva i giornali e non capiva le notizie.
Er wusste nicht, dass es nicht gut war, Zeit mit Manuel zu verbringen.
Non sapeva che Manuel fosse una persona cattiva con cui stare.
Manuel, der im Garten half, hatte ein großes Problem.
Manuel, che aiutava in giardino, aveva un grosso problema.
Manuel war spielsüchtig nach der chinesischen Lotterie.
Manuel era dipendente dal gioco d'azzardo alla lotteria cinese.
Er glaubte auch fest an ein festes System zum Gewinnen.
Credeva fermamente anche in un sistema fisso per vincere.
Dieser Glaube machte sein Scheitern sicher und unvermeidlich.
Questa convinzione rese il suo fallimento certo e inevitabile.
Um ein System zu spielen, braucht man Geld, und das fehlte Manuel.
Per giocare con un sistema erano necessari soldi, soldi che a Manuel mancavano.
Sein Gehalt reichte kaum zum Überleben seiner Frau und seiner vielen Kinder.
Il suo stipendio bastava a malapena a sostenere la moglie e i numerosi figli.
In der Nacht, in der Manuel Buck verriet, war alles normal.
La notte in cui Manuel tradì Buck, tutto era normale.
Der Richter war bei einem Treffen der Rosinenanbauervereinigung.
Il giudice si trovava a una riunione dell'Associazione dei coltivatori di uva passa.

Die Söhne des Richters waren damals damit beschäftigt, einen Sportverein zu gründen.
A quel tempo i figli del giudice erano impegnati a fondare un club sportivo.
Niemand sah, wie Manuel und Buck durch den Obstgarten gingen.
Nessuno vide Manuel e Buck uscire dal frutteto.
Buck dachte, dieser Spaziergang sei nur ein einfacher nächtlicher Spaziergang.
Buck pensava che questa fosse solo una semplice passeggiata notturna.
Sie trafen nur einen Mann an der Flaggenstation im College Park.
Incontrarono un solo uomo alla stazione della bandiera, a College Park.
Dieser Mann sprach mit Manuel und sie tauschten Geld aus.
Quell'uomo parlò con Manuel e si scambiarono i soldi.
„Verpacken Sie die Waren, bevor Sie sie ausliefern", schlug er vor
"Imballa la merce prima di consegnarla", suggerì.
Die Stimme des Mannes war rau und ungeduldig, als er sprach.
La voce dell'uomo era roca e impaziente mentre parlava.
Manuel band Buck vorsichtig ein dickes Seil um den Hals.
Manuel legò con cura una corda spessa attorno al collo di Buck.
„Verdreh das Seil, und du wirst ihn gründlich erwürgen"
"Se giri la corda, lo strangolerai di brutto"
Der Fremde gab ein Grunzen von sich und zeigte damit, dass er gut verstanden hatte.
Lo straniero emise un grugnito, dimostrando di aver capito bene.
Buck nahm das Seil an diesem Tag mit ruhiger und stiller Würde an.
Quel giorno Buck accettò la corda con calma e silenziosa dignità.

Es war eine ungewöhnliche Tat, aber Buck vertraute den Männern, die er kannte.
Era un atto insolito, ma Buck si fidava degli uomini che conosceva.
Er glaubte, dass ihre Weisheit weit über sein eigenes Denken hinausging.
Credeva che la loro saggezza andasse ben oltre il suo pensiero.
Doch dann wurde das Seil in die Hände des Fremden gegeben
Ma poi la corda venne consegnata nelle mani dello straniero.
Buck stieß ein leises, warnendes und zugleich bedrohliches Knurren aus.
Buck emise un ringhio basso che suonava come un avvertimento e una minaccia silenziosa.
Er war stolz und gebieterisch und wollte seinen Unmut zum Ausdruck bringen.
Era orgoglioso e autoritario e intendeva mostrare il suo disappunto.
Buck glaubte, seine Warnung würde als Befehl verstanden werden.
Buck credeva che il suo avvertimento sarebbe stato interpretato come un ordine.
Zu seinem Entsetzen zog sich das Seil schnell um seinen dicken Hals zusammen.
Con suo grande stupore, la corda si strinse rapidamente attorno al suo grosso collo.
Ihm blieb die Luft weg und er begann in plötzlicher Wut zu kämpfen.
Gli mancò l'aria e cominciò a lottare in preda a una rabbia improvvisa.
Er sprang auf den Mann zu, der Buck schnell mitten in der Luft traf.
Si lanciò verso l'uomo, che si lanciò rapidamente contro Buck a mezz'aria.
Der Mann packte Buck am Hals und drehte ihn geschickt in der Luft.

L'uomo afferrò Buck per la gola e lo fece ruotare abilmente in aria.
Buck wurde hart zu Boden geworfen und landete flach auf dem Rücken.
Buck venne scaraventato a terra con violenza, atterrando sulla schiena.
Das Seil würgte ihn nun grausam, während er wild um sich trat.
La corda ora lo strangolava crudelmente mentre lui scalciava selvaggiamente.
Seine Zunge fiel heraus, seine Brust hob und senkte sich, doch er bekam keine Luft.
La sua lingua cadde fuori, il suo petto si sollevò, ma non riprese fiato.
Noch nie in seinem Leben war er mit solcher Gewalt behandelt worden.
Non era mai stato trattato con tanta violenza in vita sua.
Auch war er noch nie zuvor von solch tiefer Wut erfüllt gewesen.
Non era mai stato così profondamente invaso da una rabbia così profonda.
Doch Bucks Kraft schwand und seine Augen wurden glasig.
Ma il potere di Buck svanì e i suoi occhi diventarono vitrei.
Er wurde ohnmächtig, als in der Nähe ein Zug angehalten wurde.
Svenne proprio mentre un treno veniva fermato lì vicino.
Dann warfen ihn die beiden Männer schnell in den Gepäckwagen.
Poi i due uomini lo caricarono velocemente nel vagone bagagli.
Das nächste, was Buck spürte, war ein Schmerz in seiner geschwollenen Zunge.
La cosa successiva che Buck sentì fu dolore alla lingua gonfia.
Er bewegte sich in einem wackelnden Wagen und war nur schwach bei Bewusstsein.
Si muoveva su un carro traballante, solo vagamente cosciente.

Das schrille Pfeifen eines Zuges verriet Buck seinen Standort.
Il fischio acuto di un treno rivelò a Buck la sua posizione.
Er war oft mit dem Richter mitgefahren und kannte das Gefühl.
Aveva spesso cavalcato con il Giudice e conosceva quella sensazione.
Es war der einzigartige Schock, wieder in einem Gepäckwagen zu reisen.
Fu un'esperienza unica viaggiare di nuovo in un vagone bagagli.
Buck öffnete die Augen und sein Blick brannte vor Wut.
Buck aprì gli occhi e il suo sguardo ardeva di rabbia.
Dies war der Zorn eines stolzen Königs, der vom Thron gejagt wurde.
Questa era l'ira di un re orgoglioso detronizzato.
Ein Mann wollte ihn packen, doch stattdessen schlug Buck zuerst zu.
Un uomo allungò la mano per afferrarlo, ma Buck colpì per primo.
Er versenkte seine Zähne in der Hand des Mannes und hielt sie fest.
Affondò i denti nella mano dell'uomo e la strinse forte.
Er ließ nicht los, bis er ein zweites Mal ohnmächtig wurde.
Non mi lasciò andare finché non svenne per la seconda volta.
„Ja, hat Anfälle", murmelte der Mann dem Gepäckträger zu.
"Sì, ha degli attacchi", borbottò l'uomo al facchino.
Der Gepäckträger hatte den Kampf gehört und war näher gekommen.
Il facchino aveva sentito la colluttazione e si era avvicinato.
„Ich bringe ihn für den Chef nach Frisco", erklärte der Mann.
"Lo porto a Frisco per conto del capo", spiegò l'uomo.
„Dort gibt es einen tollen Hundearzt, der sagt, er könne sie heilen."
"C'è un bravo dottore per cani che dice di poterli curare."

Später in der Nacht gab der Mann seinen eigenen ausführlichen Bericht ab.
Più tardi quella notte l'uomo raccontò la sua versione completa.
Er sprach aus einem Schuppen hinter einem Saloon am Hafen.
Parlava da un capannone dietro un saloon sul molo.
„Ich habe nur fünfzig Dollar bekommen", beschwerte er sich beim Wirt.
"Mi hanno dato solo cinquanta dollari", si lamentò con il gestore del saloon.
„Ich würde es nicht noch einmal tun, nicht einmal für tausend Dollar in bar."
"Non lo rifarei, nemmeno per mille dollari in contanti."
Seine rechte Hand war fest in ein blutiges Tuch gewickelt.
La sua mano destra era strettamente avvolta in un panno insanguinato.
Sein Hosenbein war vom Knie bis zum Fuß weit aufgerissen.
La gamba dei suoi pantaloni era completamente strappata dal ginocchio al piede.
„Wie viel hat der andere Trottel verdient?", fragte der Wirt.
"Quanto è stato pagato l'altro tizio?" chiese il gestore del saloon.
„Hundert", antwortete der Mann, „einen Cent weniger würde er nicht nehmen."
«Cento», rispose l'uomo, «non ne accetterebbe uno in meno».
„Das macht hundertfünfzig", sagte der Kneipenmann.
"Questo fa centocinquanta", disse il gestore del saloon.
„Und er ist das alles wert, sonst bin ich nicht besser als ein Dummkopf."
"E lui li merita tutti, altrimenti non sono meglio di uno stupido."
Der Mann öffnete die Verpackung, um seine Hand zu untersuchen.
L'uomo aprì gli involucri per esaminarsi la mano.

Die Hand war stark zerrissen und mit getrocknetem Blut verkrustet.
La mano era gravemente graffiata e ricoperta di croste di sangue secco.
„Wenn ich keine Tollwut bekomme …", begann er zu sagen.
"Se non mi viene l'idrofobia..." cominciò a dire.
„Das liegt wohl daran, dass du zum Hängen geboren wurdest", ertönte ein Lachen.
"Sarà perché sei nato per impiccarti", giunse una risata.
„Komm und hilf mir, bevor du gehst", wurde er gebeten.
"Aiutami prima di partire", gli chiesero.
Buck war von den Schmerzen in seiner Zunge und seinem Hals benommen.
Buck era stordito dal dolore alla lingua e alla gola.
Er war halb erwürgt und konnte kaum noch aufrecht stehen.
Era mezzo strangolato e riusciva a malapena a stare in piedi.
Dennoch versuchte Buck, den Männern gegenüberzutreten, die ihm so viel Leid zugefügt hatten.
Ciononostante, Buck cercò di affrontare gli uomini che lo avevano ferito così duramente.
Aber sie warfen ihn nieder und würgten ihn erneut.
Ma lo gettarono a terra e lo strangolarono ancora una volta.
Erst dann konnten sie sein schweres Messinghalsband absägen.
Solo allora riuscirono a segargli il pesante collare di ottone.
Sie entfernten das Seil und stießen ihn in eine Kiste.
Tolsero la corda e lo spinsero in una cassa.
Die Kiste war klein und hatte die Form eines groben Eisenkäfigs.
La cassa era piccola e aveva la forma di una gabbia di ferro grezza.
Buck lag die ganze Nacht dort, voller Zorn und verletztem Stolz.
Buck rimase lì per tutta la notte, pieno di rabbia e di orgoglio ferito.
Er konnte nicht einmal ansatzweise verstehen, was mit ihm geschah.

Non riusciva nemmeno a capire cosa gli stesse succedendo.
Warum hielten ihn diese fremden Männer in dieser kleinen Kiste fest?
Perché quegli strani uomini lo tenevano in quella piccola cassa?
Was wollten sie von ihm und warum diese grausame Gefangenschaft?
Cosa volevano da lui e perché questa crudele prigionia?
Er spürte einen dunklen Druck, das Gefühl, dass das Unglück näher rückte.
Sentì una pressione oscura e la sensazione che il disastro si avvicinasse.
Es war eine vage Angst, die ihn jedoch schwer belastete.
Era una paura vaga, ma si impadronì pesantemente del suo spirito.
Mehrmals sprang er auf, als die Schuppentür klapperte.
Diverse volte sobbalzò quando la porta del capanno sbatteva.
Er erwartete, dass der Richter oder die Jungen erscheinen und ihn retten würden.
Si aspettava che il giudice o i ragazzi apparissero e lo salvassero.
Doch jedes Mal lugte nur das dicke Gesicht des Wirts hinein.
Ma ogni volta solo la faccia grassa del gestore del saloon faceva capolino all'interno.
Das Gesicht des Mannes wurde vom schwachen Schein einer Talgkerze erhellt.
Il volto dell'uomo era illuminato dalla debole luce di una candela di sego.
Jedes Mal verwandelte sich Bucks freudiges Bellen in ein leises, wütendes Knurren.
Ogni volta, il latrato gioioso di Buck si trasformava in un ringhio basso e arrabbiato.

Der Wirt ließ ihn für die Nacht allein in der Kiste zurück
Il gestore del saloon lo ha lasciato solo per la notte nella cassa

Aber als er am Morgen aufwachte, kamen noch mehr Männer.
Ma quando si svegliò la mattina seguente, altri uomini stavano arrivando.
Vier Männer kamen und hoben die Kiste vorsichtig und wortlos auf.
Arrivarono quattro uomini e, con cautela, sollevarono la cassa senza dire una parola.
Buck wusste sofort, in welcher Situation er sich befand.
Buck capì subito in quale situazione si trovava.
Sie waren weitere Peiniger, die er bekämpfen und fürchten musste.
Erano ulteriori tormentatori che doveva combattere e temere.
Diese Männer sahen böse, zerlumpt und sehr ungepflegt aus.
Questi uomini apparivano malvagi, trasandati e molto mal curati.
Buck knurrte und stürzte sich wild durch die Gitterstäbe auf sie.
Buck ringhiò e si lanciò contro di loro con furia attraverso le sbarre.
Sie lachten nur und stießen mit langen Holzstöcken nach ihm.
Si limitarono a ridere e a colpirlo con lunghi bastoni di legno.
Buck biss in die Stöcke, dann wurde ihm klar, dass es das war, was ihnen gefiel.
Buck morse i bastoncini, poi capì che era quello che gli piaceva.
Also legte er sich ruhig hin, mürrisch und vor stiller Wut brennend.
Così si sdraiò in silenzio, imbronciato e acceso da una rabbia silenziosa.
Sie hoben die Kiste auf einen Wagen und fuhren mit ihm weg.
Caricarono la cassa su un carro e se ne andarono con lui.
Die Kiste mit Buck darin wechselte oft den Besitzer.
La cassa, con Buck chiuso dentro, cambiò spesso proprietario.

Express-Büroangestellte übernahmen die Leitung und kümmerten sich kurz um ihn.
Gli impiegati dell'ufficio espresso presero in mano la situazione e si occuparono di lui per un breve periodo.

Dann transportierte ein anderer Wagen Buck durch die laute Stadt.
Poi un altro carro trasportò Buck attraverso la rumorosa città.

Ein Lastwagen brachte ihn mit Kisten und Paketen auf eine Fähre.
Un camion lo portò con sé scatole e pacchi su un traghetto.

Nach der Überquerung lud ihn der Lastwagen an einem Bahndepot ab.
Dopo l'attraversamento, il camion lo scaricò presso un deposito ferroviario.

Schließlich wurde Buck in einen wartenden Expresswagen gesetzt.
Alla fine Buck venne fatto salire a bordo di un vagone espresso in attesa.

Zwei Tage und Nächte lang zogen Züge den Schnellzug ab.
Per due giorni e due notti i treni trascinarono via il vagone espresso.

Buck hat während der gesamten schmerzhaften Reise weder gegessen noch getrunken.
Buck non mangiò né bevve durante tutto il doloroso viaggio.

Als die Expressboten versuchten, sich ihm zu nähern, knurrte er.
Quando i messaggeri cercarono di avvicinarlo, lui ringhiò.

Sie reagierten, indem sie ihn verspotteten und grausam hänselten.
Risposero prendendolo in giro e prendendolo in giro crudelmente.

Buck warf sich schäumend und zitternd gegen die Gitterstäbe
Buck si gettò contro le sbarre, schiumando e tremando

Sie lachten laut und verspotteten ihn wie Schulhofschläger.
risero sonoramente e lo presero in giro come i bulli della scuola.

Sie bellten wie falsche Hunde und wedelten mit den Armen.
Abbaiavano come cani finti e agitavano le braccia.
Sie krähten sogar wie Hähne, nur um ihn noch mehr aufzuregen.
Arrivarono persino a cantare come galli, solo per farlo arrabbiare ancora di più.
Es war dummes Verhalten und Buck wusste, dass es lächerlich war.
Era un comportamento sciocco e Buck sapeva che era ridicolo.
Doch das verstärkte seine Empörung und Scham nur noch.
Ma questo non fece altro che accrescere il suo senso di indignazione e vergogna.
Der Hunger plagte ihn während der Reise kaum.
Durante il viaggio la fame non lo disturbò molto.
Doch der Durst brachte starke Schmerzen und unerträgliches Leiden mit sich.
Ma la sete portava con sé dolori acuti e sofferenze insopportabili.
Sein trockener, entzündeter Hals und seine Zunge brannten vor Hitze.
La sua gola secca e infiammata e la lingua bruciavano per il calore.
Dieser Schmerz schürte das Fieber, das in seinem stolzen Körper aufstieg.
Questo dolore alimentava la febbre che cresceva nel suo corpo orgoglioso.
Buck war während dieses Prozesses für eine einzige Sache dankbar.
Durante questa prova Buck fu grato per una sola cosa.
Das Seil um seinen dicken Hals war entfernt worden.
Gli avevano tolto la corda dal grosso collo.
Das Seil hatte diesen Männern einen unfairen und grausamen Vorteil verschafft.
La corda aveva dato a quegli uomini un vantaggio ingiusto e crudele.
Jetzt war das Seil weg und Buck schwor, dass es nie wieder zurückkommen würde.

Ora la corda non c'era più e Buck giurò che non sarebbe mai più tornata.
Er beschloss, sich nie wieder ein Seil um den Hals legen zu lassen.
Decise che nessuna corda gli sarebbe mai più passata intorno al collo.
Zwei lange Tage und Nächte litt er ohne Essen.
Per due lunghi giorni e due lunghe notti soffrì senza cibo.
Und in diesen Stunden baute sich in ihm eine enorme Wut auf.
E in quelle ore, accumulò dentro di sé una rabbia enorme.
Seine Augen wurden vor ständiger Wut blutunterlaufen und wild.
I suoi occhi diventarono iniettati di sangue e selvaggi per la rabbia costante.
Er war nicht mehr Buck, sondern ein Dämon mit schnappenden Kiefern.
Non era più Buck, ma un demone con le fauci che schioccavano.
Nicht einmal der Richter hätte dieses verrückte Wesen erkannt.
Nemmeno il Giudice avrebbe potuto riconoscere questa folle creatura.
Die Expressboten atmeten erleichtert auf, als sie Seattle erreichten
I messaggeri espressi tirarono un sospiro di sollievo quando giunsero a Seattle
Vier Männer hoben die Kiste hoch und brachten sie in einen Hinterhof.
Quattro uomini sollevarono la cassa e la portarono in un cortile sul retro.
Der Hof war klein und von hohen, massiven Mauern umgeben.
Il cortile era piccolo, circondato da mura alte e solide.
Ein großer Mann in einem ausgeleierten roten Pullover kam heraus.

Un uomo corpulento uscì dalla stanza con una scollatura larga e una camicia rossa.
Mit dicker, kühner Handschrift unterschrieb er das Lieferbuch.
Firmò il registro delle consegne con una calligrafia spessa e decisa.
Buck spürte sofort, dass dieser Mann sein nächster Peiniger war.
Buck intuì subito che quell'uomo era il suo prossimo aguzzino.
Er stürzte sich heftig auf die Gitterstäbe, die Augen rot vor Wut.
Si lanciò violentemente contro le sbarre, con gli occhi rossi di rabbia.
Der Mann lächelte nur finster und holte ein Beil.
L'uomo si limitò a sorridere amaramente e andò a prendere un'ascia.
Er brachte auch eine Keule in seiner dicken und starken rechten Hand mit.
Teneva anche una mazza nella sua grossa e forte mano destra.
„Wollen Sie ihn jetzt rausholen?", fragte der Fahrer besorgt.
"Lo porterai fuori adesso?" chiese l'autista preoccupato.
„Sicher", sagte der Mann und rammte das Beil als Hebel in die Kiste.
"Certo", disse l'uomo, infilando l'ascia nella cassa come se fosse una leva.
Die vier Männer stoben sofort auseinander und sprangen auf die Hofmauer.
I quattro uomini si dileguarono all'istante, saltando sul muro del cortile.
Von ihren sicheren Plätzen oben warteten sie, um das Spektakel zu beobachten.
Dai loro punti sicuri in alto, aspettavano di ammirare lo spettacolo.
Buck stürzte sich auf das zersplitterte Holz, biss und zitterte heftig.
Buck si lanciò contro il legno scheggiato, mordendolo e scuotendolo violentemente.

Jedes Mal, wenn die Axt den Käfig traf, war Buck da, um ihn anzugreifen.
Ogni volta che l'ascia colpiva la gabbia, Buck era lì pronto ad attaccarla.
Er knurrte und schnappte vor wilder Wut und wollte unbedingt freigelassen werden.
Ringhiò e schioccò le dita in preda a una rabbia selvaggia, desideroso di essere liberato.
Der Mann draußen war ruhig und gelassen und konzentrierte sich auf seine Aufgabe.
L'uomo all'esterno era calmo e fermo, concentrato sul suo compito.
„Also gut, du rotäugiger Teufel", sagte er, als das Loch groß war.
"Bene allora, diavolo dagli occhi rossi", disse quando il buco fu grande.
Er ließ das Beil fallen und nahm die Keule in die rechte Hand.
Lasciò cadere l'ascia e prese la mazza nella mano destra.
Buck sah wirklich aus wie ein Teufel; seine Augen blutunterlaufen und lodernd.
Buck sembrava davvero un diavolo: aveva gli occhi iniettati di sangue e fiammeggianti.
Sein Fell sträubte sich, Schaum stand ihm vor dem Mund, seine Augen funkelten.
Il suo pelo si rizzò, la schiuma gli salì alla bocca e gli occhi brillarono.
Er spannte seine Muskeln an und sprang direkt auf den roten Pullover zu.
Lui tese i muscoli e si lanciò dritto verso il maglione rosso.
Hundertvierzig Pfund Wut prasselten auf den ruhigen Mann zu.
Centoquaranta libbre di furia si riversarono sull'uomo calmo.
Kurz bevor er die Zähne zusammenbiss, traf ihn ein schrecklicher Schlag.
Un attimo prima che le sue fauci si chiudessero, un colpo terribile lo colpì.

Seine Zähne schnappten zusammen, nur Luft war im Spiel.
I suoi denti si schioccarono insieme solo sull'aria
ein Schmerz durchfuhr seinen Körper
una scossa di dolore gli risuonò nel corpo
Er machte einen Überschlag in der Luft und stürzte auf dem Rücken und der Seite zu Boden.
Si capovolse a mezz'aria e cadde sulla schiena e su un fianco.
Er hatte noch nie zuvor einen Knüppelschlag gespürt und konnte ihn nicht begreifen.
Non aveva mai sentito prima un colpo di mazza e non riusciva a sostenerlo.
Mit einem kreischenden Knurren, das teils Bellen, teils Schreien war, sprang er erneut.
Con un ringhio acuto, in parte abbaio, in parte urlo, saltò di nuovo.
Ein weiterer brutaler Schlag traf ihn und schleuderte ihn zu Boden.
Un altro colpo violento lo colpì e lo scaraventò a terra.
Diesmal verstand Buck – es war die schwere Keule des Mannes.
Questa volta Buck capì: era la pesante clava dell'uomo.
Doch die Wut machte ihn blind, und an einen Rückzug dachte er nicht.
Ma la rabbia lo accecò e non pensò minimamente di ritirarsi.
Zwölfmal stürzte er sich in die Luft, und zwölfmal fiel er.
Dodici volte si lanciò e dodici volte cadde.
Der Holzknüppel traf ihn jedes Mal mit unbarmherziger, vernichtender Kraft.
La mazza di legno lo colpiva ogni volta con una forza spietata e schiacciante.
Nach einem heftigen Schlag kam er benommen und langsam wieder auf die Beine.
Dopo un colpo violento, si rialzò barcollando, stordito e lento.
Blut lief aus seinem Mund, seiner Nase und sogar seinen Ohren.
Il sangue gli colava dalla bocca, dal naso e perfino dalle orecchie.

Sein einst so schönes Fell war mit blutigem Schaum verschmiert.
Il suo mantello, un tempo bellissimo, era imbrattato di schiuma insanguinata.
Dann trat der Mann vor und versetzte ihm einen heftigen Schlag auf die Nase.
Poi l'uomo si fece avanti e gli sferrò un violento colpo al naso.
Die Qualen waren schlimmer als alles, was Buck je gespürt hatte.
L'agonia fu più acuta di qualsiasi cosa Buck avesse mai provato.
Mit einem Brüllen, das eher an ein Tier als an einen Hund erinnerte, sprang er erneut zum Angriff.
Con un ruggito più da bestia che da cane, balzò di nuovo all'attacco.
Doch der Mann packte seinen Unterkiefer und drehte ihn nach hinten.
Ma l'uomo gli afferrò la mascella inferiore e la torse all'indietro.
Buck überschlug sich kopfüber und stürzte erneut hart auf den Boden.
Buck si girò a testa in giù e cadde di nuovo violentemente al suolo.
Ein letztes Mal stürmte Buck auf ihn zu, jetzt konnte er kaum noch stehen.
Un'ultima volta, Buck si lanciò verso di lui, ormai a malapena in grado di reggersi in piedi.
Der Mann schlug mit perfektem Timing zu und versetzte den letzten Schlag.
L'uomo colpì con sapiente tempismo, sferrando il colpo finale.
Buck brach bewusstlos und regungslos zusammen.
Buck crollò a terra, privo di sensi e immobile.
„Er ist kein Stümper im Hundezähmen, das sage ich", rief ein Mann.
"Non è uno stupido ad addestrare i cani, ecco cosa dico io", urlò un uomo.

„Druther kann den Willen eines Hundes an jedem Tag der Woche brechen."

"Druther può spezzare la volontà di un segugio in qualsiasi giorno della settimana."

„Und zweimal an einem Sonntag!", fügte der Fahrer hinzu.

"E due volte di domenica!" aggiunse l'autista.

Er stieg in den Wagen und ließ die Zügel knacken, um loszufahren.

Salì sul carro e tirò le redini per partire.

Buck erlangte langsam die Kontrolle über sein Bewusstsein zurück

Buck riprese lentamente il controllo della sua coscienza

aber sein Körper war noch zu schwach und gebrochen, um sich zu bewegen.

ma il suo corpo era ancora troppo debole e rotto per muoversi.

Er blieb liegen, wo er hingefallen war, und beobachtete den Mann im roten Pullover.

Rimase lì dove era caduto, osservando l'uomo con il maglione rosso.

„Er hört auf den Namen Buck", sagte der Mann und las laut vor.

"Risponde al nome di Buck", disse l'uomo, leggendo ad alta voce.

Er zitierte aus der Notiz und den Einzelheiten, die mit Bucks Kiste geschickt wurden.

Citò la nota inviata con la cassa di Buck e i dettagli.

„Also, Buck, mein Junge", fuhr der Mann freundlich fort,

"Bene, Buck, ragazzo mio", continuò l'uomo con tono amichevole,

„Wir hatten unseren kleinen Streit, und jetzt ist es zwischen uns vorbei."

"Abbiamo avuto il nostro piccolo litigio, e ora tra noi è finita."

„Sie haben Ihren Platz kennengelernt und ich habe meinen kennengelernt", fügte er hinzu.

"Tu hai imparato qual è il tuo posto, e io ho imparato qual è il mio", ha aggiunto.

„Sei brav, dann wird alles gut und das Leben wird angenehm sein."
"Sii buono e tutto andrà bene e la vita sarà piacevole."
„Aber wenn du böse bist, schlage ich dir die Seele aus dem Leib, verstanden?"
"Ma se sei cattivo, ti spaccherò a morte, capito?"
Während er sprach, streckte er die Hand aus und tätschelte Bucks schmerzenden Kopf.
Mentre parlava, allungò la mano e accarezzò la testa dolorante di Buck.
Bucks Haare stellten sich bei der Berührung des Mannes auf, aber er wehrte sich nicht.
I capelli di Buck si rizzarono al tocco dell'uomo, ma lui non oppose resistenza.
Der Mann brachte ihm Wasser, das Buck in großen Schlucken trank.
L'uomo gli portò dell'acqua e Buck la bevve a grandi sorsi.
Dann kam rohes Fleisch, das Buck Stück für Stück verschlang.
Poi arrivò la carne cruda, che Buck divorò pezzo per pezzo.
Er wusste, dass er geschlagen war, aber er wusste auch, dass er nicht gebrochen war.
Sapeva di essere stato sconfitto, ma sapeva anche di non essere distrutto.
Gegen einen mit einer Keule bewaffneten Mann hatte er keine Chance.
Non aveva alcuna possibilità contro un uomo armato di manganello.
Er hatte die Wahrheit erfahren und diese Lektion nie vergessen.
Aveva imparato la verità e non dimenticò mai quella lezione.
Diese Waffe war der Beginn des Gesetzes in Bucks neuer Welt.
Quell'arma segnò l'inizio della legge nel nuovo mondo di Buck.
Es war der Beginn einer harten, primitiven Ordnung, die er nicht leugnen konnte.

Fu l'inizio di un ordine duro e primitivo che non poteva negare.
Er akzeptierte die Wahrheit; seine wilden Instinkte waren nun erwacht.
Accettò la verità: i suoi istinti selvaggi erano ormai risvegliati.
Die Welt war härter geworden, aber Buck stellte sich ihr tapfer.
Il mondo era diventato più duro, ma Buck lo affrontò coraggiosamente.
Er begegnete dem Leben mit neuer Vorsicht, List und stiller Stärke.
Affrontò la vita con una nuova cautela, astuzia e una forza silenziosa.
Weitere Hunde kamen an, an Seilen oder in Kisten festgebunden, so wie Buck.
Arrivarono altri cani, legati con corde o gabbie, come era successo a Buck.
Einige Hunde kamen ruhig, andere tobten und kämpften wie wilde Tiere.
Alcuni cani procedevano con calma, altri si infuriavano e combattevano come bestie feroci.
Sie alle wurden der Herrschaft des Mannes im roten Pullover unterworfen.
Tutti loro furono sottoposti al dominio dell'uomo con il maglione rosso.
Jedes Mal sah Buck zu und sah, wie sich ihm die gleiche Lektion erschloss.
Ogni volta Buck osservava e vedeva svolgersi la stessa lezione.
Der Mann mit der Keule war das Gesetz, ein Herr, dem man gehorchen musste.
L'uomo con la clava era la legge: un padrone a cui obbedire.
Er musste nicht gemocht werden, aber man musste ihm gehorchen.
Non era necessario che gli piacesse, ma che gli si obbedisse.
Buck schmeichelte oder wedelte nie mit dem Schwanz, wie es die schwächeren Hunde taten.

Buck non si è mai mostrato adulatore o scodinzolante come facevano i cani più deboli.

Er sah Hunde, die geschlagen wurden und trotzdem die Hand des Mannes leckten.

Vide dei cani che erano stati picchiati e che continuavano a leccare la mano dell'uomo.

Er sah einen Hund, der überhaupt nicht gehorchte oder sich unterwarf.

Vide un cane che non obbediva né si sottometteva affatto.

Dieser Hund kämpfte, bis er im Kampf um die Kontrolle getötet wurde.

Quel cane ha combattuto fino alla morte nella battaglia per il controllo.

Manchmal kamen Fremde, um den Mann im roten Pullover zu sehen.

A volte degli sconosciuti venivano a trovare l'uomo con il maglione rosso.

Sie sprachen in seltsamem Ton, flehten, feilschten und lachten.

Parlavano con toni strani, supplicando, contrattando e ridendo.

Als das Geld ausgetauscht wurde, gingen sie mit einem oder mehreren Hunden.

Dopo aver scambiato i soldi, se ne andavano con uno o più cani.

Buck fragte sich, wohin diese Hunde gingen, denn keiner kam jemals zurück.

Buck si chiese dove andassero questi cani, perché nessuno faceva mai ritorno.

Angst vor dem Unbekannten erfüllte Buck jedes Mal, wenn ein fremder Mann kam

la paura dell'ignoto riempiva Buck ogni volta che un uomo sconosciuto si avvicinava

Er war jedes Mal froh, wenn ein anderer Hund mitgenommen wurde und nicht er selbst.

era contento ogni volta che veniva preso un altro cane, al posto suo.

Doch schließlich kam Buck an die Reihe, als ein fremder Mann eintraf.
Ma alla fine arrivò il turno di Buck con l'arrivo di uno strano uomo.
Er war klein, drahtig und sprach gebrochenes Englisch und fluchte.
Era piccolo, nervoso e parlava un inglese stentato e imprecava.
„Heilig!", schrie er, als er Bucks Gestalt erblickte.
"Sacredam!" urlò quando vide il corpo di Buck.
„Das ist aber ein verdammter Rüpel! Wie viel?", fragte er laut.
"Che cane maledetto e prepotente! Eh? Quanto costa?" chiese ad alta voce.
„Dreihundert, und für diesen Preis ist er ein Geschenk."
"Trecento, ed è un regalo a quel prezzo",
„Da es sich um staatliche Gelder handelt, sollten Sie sich nicht beschweren, Perrault."
"Dato che sono soldi del governo, non dovresti lamentarti, Perrault."
Perrault grinste über den Deal, den er gerade mit dem Mann gemacht hatte.
Perrault sorrise pensando all'accordo che aveva appena concluso con quell'uomo.
Aufgrund der plötzlichen Nachfrage waren die Preise für Hunde in die Höhe geschossen.
Il prezzo dei cani è salito alle stelle a causa della domanda improvvisa.
Dreihundert Dollar waren für so ein tolles Tier nicht unfair.
Trecento dollari non erano ingiusti per una bestia così bella.
Die kanadische Regierung würde bei dem Abkommen nichts verlieren
Il governo canadese non perderebbe nulla dall'accordo
Auch ihre offiziellen Depeschen würden während des Transports nicht verzögert.
Né i loro comunicati ufficiali avrebbero subito ritardi nel trasporto.

Perrault kannte sich gut mit Hunden aus und erkannte, dass Buck etwas Seltenes war.
Perrault conosceva bene i cani e capì che Buck era una rarità.
„Einer von zehntausend", dachte er, als er Bucks Körperbau betrachtete.
"Uno su dieci diecimila", pensò, mentre studiava la corporatura di Buck.
Buck sah, wie das Geld den Besitzer wechselte, zeigte sich jedoch nicht überrascht.
Buck vide il denaro cambiare di mano, ma non mostrò alcuna sorpresa.
Bald wurden er und Curly, ein sanfter Neufundländer, weggeführt.
Poco dopo lui e Curly, un gentile Terranova, furono portati via.
Sie folgten dem kleinen Mann aus dem Hof des roten Pullovers.
Seguirono l'omino dal cortile della casa con il maglione rosso.
Das war das letzte Mal, dass Buck den Mann mit der Holzkeule sah.
Quella fu l'ultima volta che Buck vide l'uomo con la mazza di legno.
Vom Deck der Narwhal aus beobachtete er, wie Seattle in der Ferne verschwand.
Dal ponte del Narwhal guardò Seattle svanire in lontananza.
Es war auch das letzte Mal, dass er das warme Südland sah.
Fu anche l'ultima volta che vide le calde terre del Sud.
Perrault brachte sie unter Deck und ließ sie bei François zurück.
Perrault li portò sottocoperta e li lasciò con François.
François war ein Riese mit schwarzem Gesicht und rauen, schwieligen Händen.
François era un gigante con la faccia nera e le mani ruvide e callose.
Er war dunkelhäutig und hatte eine dunkle Hautfarbe, ein französisch-kanadischer Mischling.

Era un uomo dalla carnagione scura e dalla carnagione scura, un meticcio franco-canadese.
Für Buck waren diese Männer von einer Art, die er noch nie zuvor gesehen hatte.
Per Buck, quegli uomini erano come non li aveva mai visti prima.
Er würde in den kommenden Tagen viele solcher Männer kennenlernen.
Nei giorni a venire avrebbe avuto modo di conoscere molti di questi uomini.
Er konnte sie zwar nicht lieb gewinnen, aber er begann, sie zu respektieren.
Non cominciò ad affezionarsi a loro, ma finì per rispettarli.
Sie waren fair und weise und ließen sich von keinem Hund so leicht täuschen.
Erano giusti e saggi e non si lasciavano ingannare facilmente da nessun cane.
Sie beurteilten Hunde ruhig und bestraften sie nur, wenn es angebracht war.
Giudicavano i cani con calma e punivano solo quando meritavano.
Im Unterdeck der Narwhal trafen Buck und Curly zwei Hunde.
Sul ponte inferiore del Narwhal, Buck e Curly incontrarono due cani.
Einer war ein großer weißer Hund aus dem fernen, eisigen Spitzbergen.
Uno era un grosso cane bianco proveniente dalle lontane e gelide isole Spitzbergen.
Er war einmal mit einem Walfänger gesegelt und hatte sich einer Erkundungsgruppe angeschlossen.
In passato aveva navigato su una baleniera e si era unito a un gruppo di ricerca.
Er war auf eine schlaue, hinterhältige und listige Art freundlich.
Era amichevole, ma astuto, subdolo e subdolo.

Bei ihrer ersten Mahlzeit stahl er ein Stück Fleisch aus Bucks Pfanne.
Al loro primo pasto, rubò un pezzo di carne dalla padella di Buck.
Buck sprang, um ihn zu bestrafen, aber François' Peitsche schlug zuerst zu.
Buck saltò per punirlo, ma la frusta di François colpì per prima.
Der weiße Dieb schrie auf und Buck holte sich den gestohlenen Knochen zurück.
Il ladro bianco urlò e Buck reclamò l'osso rubato.
Diese Fairness beeindruckte Buck und François verdiente sich seinen Respekt.
Questa correttezza colpì Buck e François si guadagnò il suo rispetto.
Der andere Hund grüßte nicht und wollte auch nichts zurück.
L'altro cane non lo salutò e non volle nessuno in cambio.
Er stahl weder Essen noch beschnüffelte er die Neuankömmlinge interessiert.
Non rubava il cibo, né annusava con interesse i nuovi arrivati.
Dieser Hund war grimmig und ruhig, düster und bewegte sich langsam.
Questo cane era cupo e silenzioso, cupo e lento nei movimenti.
Er warnte Curly, sich fernzuhalten, indem er sie einfach anstarrte.
Avvertì Curly di stargli lontano semplicemente lanciandole un'occhiata fulminante.
Seine Botschaft war klar: Lass mich in Ruhe, sonst gibt es Ärger.
Il suo messaggio era chiaro: lasciatemi in pace o saranno guai.
Er hieß Dave und nahm seine Umgebung kaum wahr.
Si chiamava Dave e non faceva quasi caso a ciò che lo circondava.
Er schlief oft, aß ruhig und gähnte ab und zu.
Dormiva spesso, mangiava tranquillamente e sbadigliava di tanto in tanto.

Das Schiff summte ständig, während unten der Propeller schlug.
La nave ronzava costantemente con il rumore dell'elica sottostante.
Die Tage vergingen, ohne dass sich viel änderte, aber das Wetter wurde kälter.
I giorni passarono senza grandi cambiamenti, ma il clima si fece più freddo.
Buck spürte es in seinen Knochen und bemerkte, dass es den anderen genauso ging.
Buck se lo sentiva nelle ossa e notò che anche gli altri lo sentivano.
Dann blieb eines Morgens der Propeller stehen und alles war still.
Poi una mattina l'elica si fermò e tutto rimase immobile.
Eine Energie durchströmte das Schiff; etwas hatte sich verändert.
Un'energia percorse la nave: qualcosa era cambiato.
François kam herunter, legte ihnen die Leinen an und brachte sie hoch.
François scese, li mise al guinzaglio e li portò su.
Buck stieg aus und fand den Boden weich, weiß und kalt.
Buck uscì e trovò il terreno morbido, bianco e freddo.
Er sprang erschrocken zurück und schnaubte völlig verwirrt.
Lui fece un balzo indietro allarmato e sbuffò in preda alla confusione più totale.
Seltsames weißes Zeug fiel vom grauen Himmel.
Una strana sostanza bianca cadeva dal cielo grigio.
Er schüttelte sich, aber die weißen Flocken landeten immer wieder auf ihm.
Si scosse, ma i fiocchi bianchi continuavano a cadergli addosso.
Er roch vorsichtig an dem weißen Zeug und leckte an ein paar eisigen Stückchen.
Annusò attentamente la sostanza bianca e ne leccò alcuni pezzetti ghiacciati.

Das Pulver brannte wie Feuer und verschwand dann einfach von seiner Zunge.
La polvere bruciò come il fuoco e poi svanì subito dalla sua lingua.
Buck versuchte es noch einmal und war verwirrt über die seltsame, verschwindende Kälte.
Buck ci riprovò, sconcertato dallo strano freddo che svaniva.
Die Männer um ihn herum lachten und Buck war verlegen.
Gli uomini intorno a lui risero e Buck si sentì in imbarazzo.
Er wusste nicht warum, aber er schämte sich für seine Reaktion.
Non sapeva perché, ma si vergognava della sua reazione.
Es war seine erste Erfahrung mit Schnee und es verwirrte ihn.
Era la sua prima esperienza con la neve e la cosa lo confuse.

Das Gesetz von Keule und Fang
La legge del bastone e della zanna

Bucks erster Tag am Strand von Dyea fühlte sich wie ein schrecklicher Albtraum an.
Il primo giorno di Buck sulla spiaggia di Dyea è stato un terribile incubo.
Jede Stunde brachte neue Schocks und unerwartete Veränderungen für Buck.
Ogni ora portava con sé nuovi shock e cambiamenti inaspettati per Buck.
Er war aus der Zivilisation gerissen und ins wilde Chaos gestürzt worden.
Era stato strappato alla civiltà e gettato nel caos più totale.
Dies war kein sonniges, faules Leben mit Langeweile und Ruhe.
Questa non era una vita soleggiata e pigra, fatta di noia e riposo.
Es gab keinen Frieden, keine Ruhe und keinen Moment ohne Gefahr.
Non c'era pace, né riposo, né momento senza pericolo.
Überall herrschte Verwirrung und die Gefahr war immer in der Nähe.
La confusione regnava su tutto e il pericolo era sempre vicino.
Buck musste wachsam bleiben, denn diese Männer und Hunde waren anders.
Buck doveva stare attento perché quegli uomini e quei cani erano diversi.
Sie kamen nicht aus der Stadt, sie waren wild und gnadenlos.
Non provenivano da città; erano selvaggi e spietati.
Diese Männer und Hunde kannten nur das Gesetz der Keule und der Reißzähne.
Questi uomini e questi cani conoscevano solo la legge del bastone e della zanna.
Buck hatte noch nie Hunde so kämpfen sehen wie diese wilden Huskys.

Buck non aveva mai visto dei cani combattere come questi feroci husky.

Seine erste Erfahrung lehrte ihn eine Lektion, die er nie vergessen würde.

La sua prima esperienza gli insegnò una lezione che non avrebbe mai dimenticato.

Er hatte Glück, dass er es nicht war, sonst wäre auch er gestorben.

Fu una fortuna che non fosse lui, altrimenti sarebbe morto anche lui.

Curly war derjenige, der litt, während Buck zusah und lernte.

Curly era quello che soffriva, mentre Buck osservava e imparava.

Sie hatten ihr Lager in der Nähe eines aus Baumstämmen gebauten Ladens aufgeschlagen.

Si erano accampati vicino a un deposito costruito con tronchi.

Curly versuchte, einem großen, wolfsähnlichen Husky gegenüber freundlich zu sein.

Curly cercò di essere amichevole con un grosso husky simile a un lupo.

Der Husky war kleiner als Curly, sah aber wild und böse aus.

L'husky era più piccolo di Curly, ma aveva un aspetto selvaggio e cattivo.

Ohne Vorwarnung sprang er auf und schlug ihr ins Gesicht.

Senza preavviso, lui saltò su e le tagliò il viso.

Seine Zähne schnitten in einer Bewegung von ihrem Auge bis zu ihrem Kiefer.

Con un solo movimento i suoi denti le tagliarono l'occhio fino alla mascella.

So kämpften Wölfe: Sie schlugen schnell zu und sprangen weg.

Ecco come combattevano i lupi: colpivano velocemente e saltavano via.

Aber es gab mehr zu lernen als nur diesen einen Angriff.

Ma c'era molto di più da imparare da quell'unico attacco.

Dutzende Huskys stürmten herein und bildeten einen stillen Kreis.
Decine di husky si precipitarono dentro e formarono un cerchio silenzioso.
Sie schauten aufmerksam zu und leckten sich hungrig die Lippen.
Osservavano attentamente e si leccavano le labbra per la fame.
Buck verstand weder ihr Schweigen noch ihre begierigen Blicke.
Buck non capiva il loro silenzio né i loro occhi ansiosi.
Curly stürzte sich ein zweites Mal auf den Husky, um ihn anzugreifen.
Curly si lanciò ad attaccare l'husky una seconda volta.
Mit einer kräftigen Bewegung seiner Brust warf er sie um.
Usò il suo petto per buttarla a terra con un movimento violento.
Sie fiel auf die Seite und konnte nicht wieder aufstehen.
Cadde su un fianco e non riuscì più a rialzarsi.
Darauf hatten die anderen die ganze Zeit gewartet.
Era proprio quello che gli altri aspettavano da tempo.
Die Huskies sprangen sie an und jaulten und knurrten wie wild.
Gli husky le saltarono addosso, guaindo e ringhiando freneticamente.
Sie schrie, als sie unter einem Haufen Hunde begruben.
Lei urlò mentre la seppellivano sotto una pila di cani.
Der Angriff erfolgte so schnell, dass Buck vor Schreck erstarrte.
L'attacco fu così rapido che Buck rimase immobile per lo shock.
Er sah, wie Spitz die Zunge herausstreckte, als würde er lachen.
Vide Spitz tirare fuori la lingua in un modo che sembrava una risata.
François schnappte sich eine Axt und rannte direkt in die Hundegruppe hinein.
François afferrò un'ascia e corse dritto verso il gruppo di cani.

Drei weitere Männer halfen mit Knüppeln, die Huskies zu vertreiben.
Altri tre uomini hanno usato dei manganelli per allontanare gli husky.
In nur zwei Minuten war der Kampf vorbei und die Hunde waren verschwunden.
In soli due minuti la lotta finì e i cani se ne andarono.
Curly lag tot im roten, zertrampelten Schnee, ihr Körper war zerfetzt.
Curly giaceva morta nella neve rossa calpestata, con il corpo fatto a pezzi.
Ein dunkelhäutiger Mann stand über ihr und verfluchte die brutale Szene.
Un uomo dalla pelle scura era in piedi davanti a lei, maledicendo la scena brutale.
Die Erinnerung blieb bei Buck und verfolgte ihn nachts in seinen Träumen.
Il ricordo rimase con Buck e ossessionò i suoi sogni notturni.
So war es hier: keine Fairness, keine zweite Chance.
Ecco come funzionava: niente equità, niente seconda possibilità.
Sobald ein Hund fiel, töteten die anderen ihn gnadenlos.
Una volta caduto un cane, gli altri lo uccidevano senza pietà.
Buck beschloss damals, dass er niemals zulassen würde, dass er fällt.
Buck decise allora che non si sarebbe mai lasciato cadere.
Spitz streckte erneut die Zunge heraus und lachte über das Blut.
Spitz tirò fuori di nuovo la lingua e rise guardando il sangue.
Von diesem Moment an hasste Buck Spitz aus vollem Herzen.
Da quel momento in poi, Buck odiò Spitz con tutto il cuore.

Bevor Buck sich von Curlys Tod erholen konnte, passierte etwas Neues.
Prima che Buck potesse riprendersi dalla morte di Curly, accadde qualcosa di nuovo.

François kam herüber und schnallte etwas um Bucks Körper.
François si avvicinò e legò qualcosa attorno al corpo di Buck.
Es war ein Geschirr wie das, das auf der Ranch für Pferde verwendet wurde.
Era un'imbracatura simile a quelle usate per i cavalli al ranch.
Buck hatte gesehen, wie Pferde arbeiteten, und nun musste auch er arbeiten.
Così come Buck aveva visto lavorare i cavalli, ora era costretto a lavorare anche lui.
Er musste François auf einem Schlitten in den nahegelegenen Wald ziehen.
Dovette trascinare François su una slitta nella foresta vicina.
Anschließend musste er eine Ladung schweres Brennholz zurückziehen.
Poi dovette trascinare indietro un pesante carico di legna da ardere.
Buck war stolz und deshalb tat es ihm weh, wie ein Arbeitstier behandelt zu werden.
Buck era orgoglioso e gli faceva male essere trattato come un animale da lavoro.
Aber er war klug und versuchte nicht, gegen die neue Situation anzukämpfen.
Ma era saggio e non cercò di combattere la nuova situazione.
Er akzeptierte sein neues Leben und gab bei jeder Aufgabe sein Bestes.
Accettò la sua nuova vita e diede il massimo in ogni compito.
Alles an der Arbeit war ihm fremd und ungewohnt.
Tutto di quel lavoro gli risultava strano e sconosciuto.
François war streng und verlangte unverzüglichen Gehorsam.
François era severo e pretendeva obbedienza senza indugio.
Seine Peitsche sorgte dafür, dass jeder Befehl sofort befolgt wurde.
La sua frusta garantiva che ogni comando venisse eseguito immediatamente.
Dave war der Schlittenführer, der Hund, der dem Schlitten hinter Buck am nächsten war.

Dave era il timoniere, il cane più vicino alla slitta dietro Buck.
Dave biss Buck in die Hinterbeine, wenn er einen Fehler machte.
Se commetteva un errore, Dave mordeva Buck sulle zampe posteriori.
Spitz war der Leithund und in dieser Rolle geschickt und erfahren.
Spitz era il cane guida, abile ed esperto nel ruolo.
Spitz konnte Buck nicht leicht erreichen, korrigierte ihn aber trotzdem.
Spitz non riusciva a raggiungere Buck facilmente, ma lo corresse comunque.
Er knurrte barsch oder zog den Schlitten auf eine Art, die Buck etwas beibrachte.
Ringhiava aspramente o tirava la slitta in modi che insegnavano a Buck.
Durch dieses Training lernte Buck schneller, als alle erwartet hatten.
Grazie a questo addestramento, Buck imparò più velocemente di quanto tutti si aspettassero.
Er hat hart gearbeitet und sowohl von François als auch von den anderen Hunden gelernt.
Lavorò duramente e imparò sia da François che dagli altri cani.
Als sie zurückkamen, kannte Buck die wichtigsten Befehle bereits.
Quando tornarono, Buck conosceva già i comandi chiave.
Von François hat er gelernt, beim Laut „ho" anzuhalten.
Imparò a fermarsi al suono della parola "oh" di François.
Er lernte, wann er den Schlitten ziehen und rennen musste.
Imparò quando era il momento di tirare la slitta e correre.
Er lernte, in den Kurven des Weges ohne Probleme weit abzubiegen.
Imparò a svoltare senza problemi nelle curve del sentiero.
Er lernte auch, Dave auszuweichen, wenn der Schlitten schnell bergab fuhr.

Imparò anche a evitare Dave quando la slitta scendeva velocemente.

„Das sind sehr gute Hunde", sagte François stolz zu Perrault.
"Sono cani molto buoni", disse orgoglioso François a Perrault.

„Dieser Buck zieht wie der Teufel – ich bringe ihm das so schnell bei, wie ich nur kann."
"Quel Buck tira come un dannato, glielo insegno subito."

Später am Tag kam Perrault mit zwei weiteren Huskys zurück.
Più tardi quel giorno, Perrault tornò con altri due husky.

Ihre Namen waren Billee und Joe und sie waren Brüder.
Si chiamavano Billee e Joe ed erano fratelli.

Sie stammten von derselben Mutter, waren sich aber überhaupt nicht ähnlich.
Provenivano dalla stessa madre, ma non erano affatto simili.

Billee war gutmütig und zu allen sehr freundlich.
Billee era un tipo dolce e molto amichevole con tutti.

Joe war das Gegenteil – ruhig, wütend und immer am Knurren.
Joe era l'opposto: silenzioso, arrabbiato e sempre ringhiante.

Buck begrüßte sie freundlich und blieb beiden gegenüber ruhig.
Buck li salutò amichevolmente e si mantenne calmo con entrambi.

Dave schenkte ihnen keine Beachtung und blieb wie üblich still.
Dave non prestò loro attenzione e rimase in silenzio come al solito.

Um seine Dominanz zu demonstrieren, griff Spitz zuerst Billee und dann Joe an.
Spitz attaccò prima Billee, poi Joe, per dimostrare la sua superiorità.

Billee wedelte mit dem Schwanz und versuchte, freundlich zu Spitz zu sein.
Billee scodinzolava e cercava di essere amichevole con Spitz.

Als das nicht funktionierte, versuchte er stattdessen wegzulaufen.
Quando questo non funzionò, cercò di scappare.
Er weinte traurig, als Spitz ihn fest in die Seite biss.
Pianse tristemente quando Spitz lo morse forte sul fianco.
Aber Joe war ganz anders und ließ sich nicht einschüchtern.
Ma Joe era molto diverso e si rifiutava di farsi prendere in giro.
Jedes Mal, wenn Spitz näher kam, drehte sich Joe schnell um, um ihm in die Augen zu sehen.
Ogni volta che Spitz si avvicinava, Joe si girava velocemente per affrontarlo.
Sein Fell sträubte sich, seine Lippen kräuselten sich und seine Zähne schnappten wild.
La sua pelliccia si drizzò, le sue labbra si arricciarono e i suoi denti schioccarono selvaggiamente.
Joes Augen glänzten vor Angst und Wut und forderten Spitz heraus, zuzuschlagen.
Gli occhi di Joe brillavano di paura e rabbia, sfidando Spitz a colpire.
Spitz gab den Kampf auf und wandte sich gedemütigt und wütend ab.
Spitz abbandonò la lotta e si voltò, umiliato e arrabbiato.
Er ließ seine Frustration an dem armen Billee aus und jagte ihn davon.
Sfogò la sua frustrazione sul povero Billee e lo cacciò via.
An diesem Abend fügte Perrault dem Team einen weiteren Hund hinzu.
Quella sera Perrault aggiunse un altro cane alla squadra.
Dieser Hund war alt, mager und mit Kampfnarben übersät.
Questo cane era vecchio, magro e coperto di cicatrici di battaglia.
Eines seiner Augen fehlte, doch das andere blitzte kraftvoll auf.
Gli mancava un occhio, ma l'altro brillava di potere.
Der neue Hund hieß Solleks, was „der Wütende" bedeutet.

Il nome del nuovo cane era Solleks, che significa "l'Arrabbiato".

Wie Dave verlangte Solleks nichts von anderen und gab nichts zurück.
Come Dave, Solleks non chiedeva nulla agli altri e non dava nulla in cambio.

Als Solleks langsam ins Lager ging, blieb sogar Spitz fern.
Quando Solleks entrò lentamente nell'accampamento, persino Spitz rimase lontano.

Er hatte eine seltsame Angewohnheit, die Buck unglücklicherweise entdeckte.
Aveva una strana abitudine che Buck ebbe la sfortuna di scoprire.

Solleks hasste es, von der Seite angesprochen zu werden, auf der er blind war.
Solleks detestava essere avvicinato dal lato in cui era cieco.

Buck wusste das nicht und machte diesen Fehler versehentlich.
Buck non lo sapeva e commise quell'errore per sbaglio.

Solleks wirbelte herum und versetzte Buck einen schnellen, tiefen Schlag auf die Schulter.
Solleks si voltò di scatto e colpì la spalla di Buck in modo profondo e rapido.

Von diesem Moment an kam Buck nie wieder in die Nähe von Solleks' blinder Seite.
Da quel momento in poi, Buck non si avvicinò mai più al lato cieco di Solleks.

Für den Rest ihrer gemeinsamen Zeit gab es nie wieder Probleme.
Non ebbero mai più problemi per il resto del tempo che trascorsero insieme.

Solleks wollte nur in Ruhe gelassen werden, wie der ruhige Dave.
Solleks voleva solo essere lasciato solo, come il tranquillo Dave.

Doch Buck erfuhr später, dass jeder von ihnen ein anderes geheimes Ziel hatte.

Ma Buck avrebbe scoperto in seguito che ognuno di loro aveva un altro obiettivo segreto.

In dieser Nacht stand Buck vor einer neuen und beunruhigenden Herausforderung: Wie sollte er schlafen?

Quella notte Buck si trovò ad affrontare una nuova e preoccupante sfida: come dormire.

Das Zelt leuchtete warm im Kerzenlicht auf dem schneebedeckten Feld.

La tenda era illuminata caldamente dalla luce delle candele nel campo innevato.

Buck ging hinein und dachte, er könnte sich dort wie zuvor ausruhen.

Buck entrò, pensando che lì avrebbe potuto riposare come prima.

Aber Perrault und François schrien ihn an und warfen Pfannen.

Ma Perrault e François gli urlarono contro e gli tirarono delle padelle.

Schockiert und verwirrt rannte Buck in die eisige Kälte hinaus.

Sconvolto e confuso, Buck corse fuori nel freddo gelido.

Ein bitterkalter Wind stach ihm in die verletzte Schulter und ließ seine Pfoten erfrieren.

Un vento gelido gli pungeva la spalla ferita e gli congelava le zampe.

Er legte sich in den Schnee und versuchte, im Freien zu schlafen.

Si sdraiò sulla neve e cercò di dormire all'aperto.

Doch die Kälte zwang ihn bald, heftig zitternd wieder aufzustehen.

Ma il freddo lo costrinse presto a rialzarsi, tremando forte.

Er wanderte durch das Lager und versuchte, ein wärmeres Plätzchen zu finden.

Vagò per l'accampamento, cercando di trovare un posto più caldo.

Aber jede Ecke war genauso kalt wie die vorherige.

Ma ogni angolo era freddo come quello precedente.

Manchmal sprangen ihn wilde Hunde aus der Dunkelheit an.
A volte dei cani feroci gli saltavano addosso dall'oscurità.
Buck sträubte sein Fell, fletschte die Zähne und knurrte warnend.
Buck drizzò il pelo, scoprì i denti e ringhiò in tono ammonitore.
Er lernte schnell und die anderen Hunde zogen sich schnell zurück.
Lui stava imparando in fretta e gli altri cani si sono subito tirati indietro.
Trotzdem hatte er keinen Platz zum Schlafen und keine Ahnung, was er tun sollte.
Tuttavia, non aveva un posto dove dormire e non aveva idea di cosa fare.
Endlich kam ihm ein Gedanke: Er sollte nach seinen Teamkollegen sehen.
Alla fine gli venne in mente un pensiero: andare a dare un'occhiata ai suoi compagni di squadra.
Er kehrte in ihre Gegend zurück und war überrascht, dass sie verschwunden waren.
Ritornò nella loro zona e rimase sorpreso nel constatare che non c'erano più.
Erneut durchsuchte er das Lager, konnte sie jedoch immer noch nicht finden.
Cercò di nuovo nell'accampamento, ma ancora non riuscì a trovarli.
Er wusste, dass sie nicht im Zelt sein durften, sonst wäre er auch dort gewesen.
Sapeva che loro non potevano stare nella tenda, altrimenti ci sarebbe stato anche lui.
Wo also waren all die Hunde in diesem eisigen Lager geblieben?
E allora, dove erano finiti tutti i cani in quell'accampamento ghiacciato?
Buck, kalt und elend, umrundete langsam das Zelt.

Buck, infreddolito e infelice, girò lentamente intorno alla tenda.
Plötzlich sanken seine Vorderbeine in den weichen Schnee und er erschrak.
All'improvviso, le sue zampe anteriori sprofondarono nella neve soffice e lo spaventarono.
Etwas zappelte unter seinen Füßen und er sprang ängstlich zurück.
Qualcosa si mosse sotto i suoi piedi e lui fece un salto indietro per la paura.
Er knurrte und fauchte, ohne zu wissen, was sich unter dem Schnee verbarg.
Ringhiava e ringhiava, non sapendo cosa si nascondesse sotto la neve.
Dann hörte er ein freundliches kleines Bellen, das seine Angst linderte.
Poi udì un piccolo abbaio amichevole che placò la sua paura.
Er schnüffelte in der Luft und kam näher, um zu sehen, was verborgen war.
Annusò l'aria e si avvicinò per vedere cosa fosse nascosto.
Unter dem Schnee lag, zu einer warmen Kugel zusammengerollt, der kleine Billee.
Sotto la neve, rannicchiata in una calda palla, c'era la piccola Billee.
Billee wedelte mit dem Schwanz und leckte Bucks Gesicht zur Begrüßung.
Billee scodinzolò e leccò il muso di Buck per salutarlo.
Buck sah, wie Billee im Schnee einen Schlafplatz gebaut hatte.
Buck vide come Billee si era costruito un posto per dormire nella neve.
Er hatte sich eingegraben und nutzte seine eigene Wärme, um sich warm zu halten.
Aveva scavato e sfruttato il suo calore per scaldarsi.
Buck hatte eine weitere Lektion gelernt – so schliefen die Hunde.

Buck aveva imparato un'altra lezione: ecco come dormivano i cani.
Er suchte sich eine Stelle aus und begann, sein eigenes Loch in den Schnee zu graben.
Scelse un posto e cominciò a scavare la sua buca nella neve.
Anfangs bewegte er sich zu viel und verschwendete Energie.
All'inizio si muoveva troppo e sprecava energie.
Doch bald erwärmte sein Körper den Raum und er fühlte sich sicher.
Ma ben presto il suo corpo riscaldò lo spazio e si sentì al sicuro.
Er rollte sich fest zusammen und schlief bald fest.
Si rannicchiò forte e poco dopo si addormentò profondamente.
Der Tag war lang und hart gewesen und Buck war erschöpft.
La giornata era stata lunga e dura e Buck era esausto.
Er schlief tief und fest, obwohl seine Träume wild waren.
Dormì profondamente e comodamente, anche se fece sogni selvaggi.
Er knurrte und bellte im Schlaf und wand sich im Traum.
Ringhiava e abbaiava nel sonno, contorcendosi mentre sognava.

Buck wachte erst auf, als im Lager bereits Leben erwachte.
Buck non si svegliò finché l'accampamento non cominciò a prendere vita.
Zuerst wusste er nicht, wo er war oder was passiert war.
All'inizio non sapeva dove si trovasse o cosa fosse successo.
Über Nacht war Schnee gefallen und hatte seinen Körper vollständig begraben.
La neve era caduta durante la notte e aveva seppellito completamente il suo corpo.
Der Schnee umgab ihn von allen Seiten dicht.
La neve lo circondava, fitta su tutti i lati.
Plötzlich durchfuhr eine Welle der Angst Bucks ganzen Körper.
All'improvviso un'ondata di paura percorse tutto il corpo di Buck.

Es war die Angst, gefangen zu sein, eine Angst aus tiefen Instinkten.
Era la paura di rimanere intrappolati, una paura che proveniva da istinti profondi.

Obwohl er noch nie eine Falle gesehen hatte, lebte die Angst in ihm.
Sebbene non avesse mai visto una trappola, la paura era viva dentro di lui.

Er war ein zahmer Hund, aber jetzt erwachten seine alten wilden Instinkte.
Era un cane addomesticato, ma ora i suoi vecchi istinti selvaggi si stavano risvegliando.

Bucks Muskeln spannten sich an und sein Fell stellte sich auf seinem ganzen Rücken auf.
I muscoli di Buck si irrigidirono e il pelo gli si rizzò su tutta la schiena.

Er knurrte wild und sprang senkrecht durch den Schnee nach oben.
Ringhiò furiosamente e balzò in piedi nella neve.

Als er ins Tageslicht trat, flog Schnee in alle Richtungen.
La neve volava in ogni direzione mentre lui irrompeva nella luce del giorno.

Schon vor der Landung sah Buck das Lager vor sich ausgebreitet.
Ancora prima di atterrare, Buck vide l'accampamento disteso davanti a lui.

Er erinnerte sich auf einmal an alles vom Vortag.
Ricordò tutto del giorno prima, tutto in una volta.

Er erinnerte sich daran, wie er mit Manuel spazieren gegangen war und an diesem Ort gelandet war.
Ricordava di aver passeggiato con Manuel e di essere finito in quel posto.

Er erinnerte sich daran, wie er das Loch gegraben hatte und in der Kälte eingeschlafen war.
Ricordava di aver scavato la buca e di essersi addormentato al freddo.

Jetzt war er wach und die wilde Welt um ihn herum war klar.
Ora era sveglio e il mondo selvaggio intorno a lui era limpido.
Ein Ruf von François begrüßte Bucks plötzliches Auftauchen.
Un grido di François annunciò l'improvvisa apparizione di Buck.
„Was habe ich gesagt?", rief der Hundeführer Perrault laut zu.
"Cosa ho detto?" gridò a gran voce il conducente del cane a Perrault.
„Dieser Buck lernt wirklich sehr schnell", fügte François hinzu.
"Quel Buck impara sicuramente in fretta", ha aggiunto François.
Perrault nickte ernst und war offensichtlich mit dem Ergebnis zufrieden.
Perrault annuì gravemente, visibilmente soddisfatto del risultato.
Als Kurier für die kanadische Regierung beförderte er Depeschen.
In qualità di corriere del governo canadese, trasportava dispacci.
Er war bestrebt, die besten Hunde für seine wichtige Mission zu finden.
Era ansioso di trovare i cani migliori per la sua importante missione.
Er war besonders erfreut, dass Buck nun Teil des Teams war.
Ora si sentiva particolarmente contento che Buck facesse parte della squadra.
Innerhalb einer Stunde kamen drei weitere Huskies zum Team hinzu.
Nel giro di un'ora, alla squadra furono aggiunti altri tre husky.
Damit betrug die Gesamtzahl der Hunde im Team neun.
Ciò ha portato il numero totale dei cani della squadra a nove.
Innerhalb von fünfzehn Minuten lagen alle Hunde im Geschirr.

Nel giro di quindici minuti tutti i cani erano imbracati.
Das Schlittenteam schwang sich den Weg hinauf in Richtung Dyea Cañon.
La squadra di slitte stava risalendo il sentiero verso Dyea Cañon.
Buck war froh, gehen zu können, auch wenn die Arbeit, die vor ihm lag, hart war.
Buck era contento di andarsene, anche se il lavoro che lo attendeva era duro.
Er stellte fest, dass er weder die Arbeit noch die Kälte besonders verabscheute.
Scoprì di non disprezzare particolarmente né il lavoro né il freddo.
Er war überrascht von der Begeisterung, die das gesamte Team erfüllte.
Fu sorpreso dall'entusiasmo che pervadeva tutta la squadra.
Noch überraschender war die Veränderung, die bei Dave und Solleks vor sich ging.
Ancora più sorprendente fu il cambiamento avvenuto in Dave e Solleks.
Diese beiden Hunde waren völlig unterschiedlich, als sie ein Geschirr trugen.
Questi due cani erano completamente diversi quando venivano imbrigliati.
Ihre Passivität und Sorglosigkeit waren völlig verschwunden.
La loro passività e la loro disattenzione erano completamente scomparse.
Sie waren aufmerksam und aktiv und bestrebt, ihre Arbeit gut zu machen.
Erano attenti e attivi, desiderosi di svolgere bene il loro lavoro.
Sie reagierten äußerst verärgert über alles, was zu Verzögerungen oder Verwirrung führte.
Si irritavano ferocemente per qualsiasi cosa provocasse ritardi o confusione.
Die harte Arbeit an den Zügeln stand im Mittelpunkt ihres gesamten Wesens.

Il duro lavoro sulle redini era il centro del loro intero essere.
Das Schlittenziehen schien das Einzige zu sein, was ihnen wirklich Spaß machte.
Sembrava che l'unica cosa che gli piacesse davvero fosse tirare la slitta.
Dave war am Ende der Gruppe und dem Schlitten am nächsten.
Dave era in fondo al gruppo, il più vicino alla slitta.
Buck landete vor Dave und Solleks zog an Buck vorbei.
Buck fu messo davanti a Dave e Solleks superò Buck.
Die übrigen Hunde liefen in einer Reihe vorn.
Il resto dei cani era disposto in fila indiana davanti a loro.
Die Führungsposition an der Spitze besetzte Spitz.
La posizione di testa in prima linea era occupata da Spitz.
Buck war zur Einweisung zwischen Dave und Solleks platziert worden.
Buck era stato messo tra Dave e Solleks per essere istruito.
Er lernte schnell und sie waren strenge und fähige Lehrer.
Lui imparava in fretta e gli insegnanti erano risoluti e capaci.
Sie ließen nie zu, dass Buck lange im Irrtum blieb.
Non permisero mai a Buck di restare a lungo nell'errore.
Sie erteilten ihre Lektionen, wenn nötig, mit scharfen Zähnen.
Quando necessario, impartivano le lezioni con denti affilati.
Dave war fair und zeigte eine ruhige, ernste Art von Weisheit.
Dave era giusto e dimostrava una saggezza pacata e seria.
Er hat Buck nie ohne guten Grund gebissen.
Non mordeva mai Buck senza una buona ragione.
Aber er hat es nie versäumt, zuzubeißen, wenn Buck eine Korrektur brauchte.
Ma non mancava mai di mordere quando Buck aveva bisogno di essere corretto.
François' Peitsche war immer bereit und untermauerte ihre Autorität.
La frusta di François era sempre pronta e sosteneva la loro autorità.

Buck merkte bald, dass es besser war zu gehorchen, als sich zu wehren.
Buck scoprì presto che era meglio obbedire che reagire.
Einmal verhedderte sich Buck während einer kurzen Pause in den Zügeln.
Una volta, durante un breve riposo, Buck rimase impigliato nelle redini.
Er verzögerte den Start und brachte die Bewegungen des Teams durcheinander.
Ritardò la partenza e confuse i movimenti della squadra.
Dave und Solleks stürzten sich auf ihn und verprügelten ihn brutal.
Dave e Solleks si avventarono su di lui e lo picchiarono duramente.
Das Gewirr wurde nur noch schlimmer, aber Buck lernte seine Lektion.
La situazione peggiorò ulteriormente, ma Buck imparò bene la lezione.
Von da an hielt er die Zügel straff und arbeitete vorsichtig.
Da quel momento in poi tenne le redini tese e lavorò con attenzione.
Bevor der Tag zu Ende war, hatte Buck einen Großteil seiner Aufgabe gemeistert.
Prima che la giornata finisse, Buck aveva portato a termine gran parte del suo compito.
Seine Teamkollegen hörten fast auf, ihn zu korrigieren oder zu beißen.
I suoi compagni di squadra quasi smisero di correggerlo o di morderlo.
François' Peitsche knallte immer seltener durch die Luft.
La frusta di François schioccava nell'aria sempre meno spesso.
Perrault hob sogar Bucks Füße an und untersuchte sorgfältig jede Pfote.
Perrault sollevò addirittura i piedi di Buck ed esaminò attentamente ogni zampa.
Es war ein harter Tageslauf gewesen, lang und anstrengend für alle.

Era stata una giornata di corsa dura, lunga ed estenuante per tutti loro.
Sie reisten den Cañon hinauf, durch Sheep Camp und an den Scales vorbei.
Risalirono il Cañon, attraversarono Sheep Camp e superarono le Scales.
Sie überquerten die Baumgrenze, dann Gletscher und meterhohe Schneeverwehungen.
Superarono il limite della vegetazione arborea, poi ghiacciai e cumuli di neve alti diversi metri.
Sie erklommen die große, kalte und unwirtliche Chilkoot-Wasserscheide.
Scalarono il grande e freddo Chilkoot Divide.
Dieser hohe Bergrücken lag zwischen Salzwasser und dem gefrorenen Landesinneren.
Quella cresta elevata si ergeva tra l'acqua salata e l'interno ghiacciato.
Die Berge bewachten den traurigen und einsamen Norden mit Eis und steilen Anstiegen.
Le montagne custodivano il triste e solitario Nord con ghiaccio e ripide salite.
Sie kamen gut voran und erreichten eine lange Kette von Seen unterhalb der Wasserscheide.
Scesero rapidamente lungo una lunga catena di laghi sotto la dorsale.
Diese Seen füllten die alten Krater erloschener Vulkane.
Questi laghi riempivano gli antichi crateri di vulcani spenti.
Spät in der Nacht erreichten sie ein großes Lager am Lake Bennett.
Quella notte tardi raggiunsero un grande accampamento presso il lago Bennett.
Tausende Goldsucher waren dort und bauten Boote für den Frühling.
Migliaia di cercatori d'oro erano lì, intenti a costruire barche per la primavera.
Das Eis würde bald aufbrechen und sie mussten bereit sein.
Il ghiaccio si sarebbe presto rotto e dovevano essere pronti.

Buck grub sein Loch in den Schnee und fiel in einen tiefen Schlaf.
Buck scavò la sua buca nella neve e cadde in un sonno profondo.
Er schlief wie ein Arbeiter, erschöpft von einem harten Arbeitstag.
Dormiva come un lavoratore, esausto dopo una dura giornata di lavoro.
Doch zu früh wurde er in der Dunkelheit aus dem Schlaf gerissen.
Ma venne strappato al sonno troppo presto, nell'oscurità.
Er wurde wieder mit seinen Kumpels angeschirrt und vor den Schlitten gespannt.
Fu nuovamente imbrigliato insieme ai suoi compagni e attaccato alla slitta.
An diesem Tag legten sie sechzig Kilometer zurück, weil der Schnee festgetreten war.
Quel giorno percorsero quaranta miglia, perché la neve era ben calpestata.
Am nächsten Tag und noch viele Tage danach war der Schnee weich.
Il giorno dopo, e per molti giorni a seguire, la neve era soffice.
Sie mussten den Weg selbst bahnen, härter arbeiten und langsamer vorankommen.
Dovettero farsi strada da soli, lavorando di più e muovendosi più lentamente.
Normalerweise ging Perrault mit Schwimmhäuten an den Schneeschuhen vor dem Team her.
Di solito, Perrault camminava davanti alla squadra con le ciaspole palmate.
Seine Schritte verdichteten den Schnee und erleichterten so die Fortbewegung des Schlittens.
I suoi passi compattavano la neve, facilitando lo spostamento della slitta.
François, der vom Steuerstand aus steuerte, übernahm manchmal die Kontrolle.

François, che era al timone della barca a vela, a volte prendeva il comando.
Aber es kam selten vor, dass François die Führung übernahm
Ma era raro che François prendesse l'iniziativa
weil Perrault es eilig hatte, die Briefe und Pakete auszuliefern.
perché Perrault aveva fretta di consegnare le lettere e i pacchi.
Perrault war stolz auf sein Wissen über Schnee und insbesondere Eis.
Perrault era orgoglioso della sua conoscenza della neve, e in particolare del ghiaccio.
Dieses Wissen war von entscheidender Bedeutung, da das Eis im Herbst gefährlich dünn war.
Questa conoscenza era essenziale perché il ghiaccio autunnale era pericolosamente sottile.
Wo das Wasser unter der Oberfläche schnell floss, gab es überhaupt kein Eis.
Dove l'acqua scorreva rapidamente sotto la superficie non c'era affatto ghiaccio.

Tag für Tag wiederholte sich endlos die gleiche Routine.
Giorno dopo giorno, la stessa routine si ripeteva senza fine.
Buck arbeitete unermüdlich von morgens bis abends in den Zügeln.
Buck lavorava senza sosta con le redini, dall'alba alla sera.
Sie verließen das Lager im Dunkeln, lange bevor die Sonne aufgegangen war.
Lasciarono l'accampamento al buio, molto prima che sorgesse il sole.
Als es Tag wurde, hatten sie bereits viele Kilometer zurückgelegt.
Quando spuntò l'alba, avevano già percorso molti chilometri.
Sie schlugen ihr Lager nach Einbruch der Dunkelheit auf, aßen Fisch und gruben sich in den Schnee ein.
Si accamparono dopo il tramonto, mangiando pesce e scavando buche nella neve.

Buck war immer hungrig und mit seiner Ration nie wirklich zufrieden.
Buck era sempre affamato e non era mai veramente soddisfatto della sua razione.
Er erhielt jeden Tag anderthalb Pfund getrockneten Lachs.
Riceveva ogni giorno mezzo chilo di salmone essiccato.
Doch das Essen schien in ihm zu verschwinden und ließ den Hunger zurück.
Ma il cibo sembrò svanire dentro di lui, lasciandogli solo la fame.
Er litt unter ständigem Hunger und träumte von mehr Essen.
Soffriva di continui morsi della fame e sognava di avere più cibo.
Die anderen Hunde haben nur ein Pfund abgenommen, sind aber stark geblieben.
Gli altri cani hanno ricevuto solo mezzo chilo di cibo, ma sono rimasti forti.
Sie waren kleiner und in das Leben im Norden hineingeboren.
Erano più piccoli ed erano nati in una società nordica.
Er verlor rasch die Sorgfalt, die sein früheres Leben geprägt hatte.
Perse rapidamente la pignoleria che aveva caratterizzato la sua vecchia vita.
Er war ein gieriger Esser gewesen, aber jetzt war das nicht mehr möglich.
Fino a quel momento era stato un mangiatore prelibato, ma ora non gli era più possibile.
Seine Kameraden waren zuerst fertig und raubten ihm seine noch nicht aufgegessene Ration.
I suoi compagni arrivarono primi e gli rubarono la razione rimasta.
Als sie einmal damit anfingen, gab es keine Möglichkeit mehr, sein Essen vor ihnen zu verteidigen.
Una volta cominciati, non c'era più modo di difendere il cibo da loro.

Während er zwei oder drei Hunde abwehrte, stahlen die anderen den Rest.
Mentre lui lottava contro due o tre cani, gli altri rubarono il resto.
Um dies zu beheben, begann er, so schnell zu essen wie die anderen.
Per risolvere il problema, cominciò a mangiare velocemente come mangiavano gli altri.
Der Hunger trieb ihn so sehr an, dass er sogar Essen zu sich nahm, das ihm nicht gehörte.
La fame lo spingeva così forte che arrivò persino a prendere del cibo non suo.
Er beobachtete die anderen und lernte schnell aus ihren Handlungen.
Osservò gli altri e imparò rapidamente dalle loro azioni.
Er sah, wie Pike, ein neuer Hund, Perrault eine Scheibe Speck stahl.
Vide Pike, un nuovo cane, rubare una fetta di pancetta a Perrault.
Pike hatte gewartet, bis Perrault sich umdrehte, um den Speck zu stehlen.
Pike aveva aspettato che Perrault gli voltasse le spalle per rubare la pagnotta.
Am nächsten Tag machte Buck es Pike nach und stahl das ganze Stück.
Il giorno dopo, Buck copiò Pike e rubò l'intero pezzo.
Es folgte ein großer Aufruhr, doch Buck wurde nicht verdächtigt.
Seguì un gran tumulto, ma Buck non fu sospettato.
Stattdessen wurde Dub bestraft, ein tollpatschiger Hund, der immer erwischt wurde.
Al suo posto venne punito Dub, un cane goffo che veniva sempre beccato.
Dieser erste Diebstahl machte Buck zu einem Hund, der in der Lage war, im Norden zu überleben.
Quel primo furto fece di Buck un cane adatto a sopravvivere al Nord.

Er zeigte, dass er sich an neue Bedingungen anpassen und schnell lernen konnte.
Ha dimostrato di sapersi adattare alle nuove condizioni e di saper imparare rapidamente.
Ohne diese Anpassungsfähigkeit wäre er schnell und auf schlimme Weise gestorben.
Senza tale adattabilità, sarebbe morto rapidamente e gravemente.
Es markierte auch den Zusammenbruch seiner moralischen Natur und seiner früheren Werte.
Segnò anche il crollo della sua natura morale e dei suoi valori passati.
Im Südland hatte er nach dem Gesetz der Liebe und Güte gelebt.
Nel Southland aveva vissuto secondo la legge dell'amore e della gentilezza.
Dort war es sinnvoll, Eigentum und die Gefühle anderer Hunde zu respektieren.
Lì aveva senso rispettare la proprietà e i sentimenti degli altri cani.
Aber das Nordland befolgte das Gesetz der Keule und das Gesetz der Reißzähne.
Ma i Northland seguivano la legge del bastone e la legge della zanna.
Wer hier alte Werte respektierte, war dumm und würde scheitern.
Chiunque rispettasse i vecchi valori era uno sciocco e avrebbe fallito.
Buck hat das alles nicht durchdacht.
Buck non rifletté su tutto questo nella sua mente.
Er war fit und passte sich daher an, ohne darüber nachdenken zu müssen.
Era in forma e quindi si adattò senza pensarci due volte.
Sein ganzes Leben lang war er noch nie vor einem Kampf davongelaufen.
In tutta la sua vita non era mai fuggito da una rissa.

Doch die Holzkeule des Mannes im roten Pullover änderte diese Regel.
Ma la mazza di legno dell'uomo con il maglione rosso cambiò la regola.
Jetzt folgte er einem tieferen, älteren Code, der in sein Wesen eingeschrieben war.
Ora seguiva un codice più profondo e antico, inscritto nel suo essere.
Er stahl nicht aus Vergnügen, sondern aus Hunger.
Non rubava per piacere, ma per il dolore della fame.
Er raubte nie offen, sondern stahl mit List und Sorgfalt.
Non rubava mai apertamente, ma rubava con astuzia e attenzione.
Er handelte aus Respekt vor der Holzkeule und aus Angst vor dem Fangzahn.
Agì per rispetto verso la clava di legno e per paura delle zanne.
Kurz gesagt, er hat das getan, was einfacher und sicherer war, als es nicht zu tun.
In breve, ha fatto ciò che era più facile e sicuro che non farlo.
Seine Entwicklung – oder vielleicht seine Rückkehr zu alten Instinkten – verlief schnell.
Il suo sviluppo, o forse il suo ritorno ai vecchi istinti, fu rapido.
Seine Muskeln verhärteten sich, bis sie sich stark wie Eisen anfühlten.
I suoi muscoli si indurirono fino a diventare forti come il ferro.
Schmerzen machten ihm nichts mehr aus, es sei denn, sie waren ernst.
Non gli importava più del dolore, a meno che non fosse grave.
Er wurde durch und durch effizient und verschwendete überhaupt nichts.
Divenne efficiente dentro e fuori, senza sprecare nulla.
Er konnte Dinge essen, die scheußlich, verdorben oder schwer verdaulich waren.
Poteva mangiare cose disgustose, marce o difficili da digerire.

Was auch immer er aß, sein Magen verbrauchte das letzte bisschen davon.
Qualunque cosa mangiasse, il suo stomaco ne sfruttava ogni singolo pezzetto di valore.
Sein Blut transportierte die Nährstoffe weit durch seinen kräftigen Körper.
Il suo sangue trasportava i nutrienti in tutto il suo potente corpo.
Dadurch baute er starkes Gewebe auf, das ihm eine unglaubliche Ausdauer verlieh.
Ciò gli ha permesso di sviluppare tessuti forti che gli hanno conferito un'incredibile resistenza.
Sein Seh- und Geruchssinn wurden viel feiner als zuvor.
La sua vista e il suo olfatto diventarono molto più sensibili di prima.
Sein Gehör wurde so scharf, dass er im Schlaf leise Geräusche wahrnehmen konnte.
Il suo udito diventò così acuto che riusciva a percepire anche i suoni più deboli durante il sonno.
In seinen Träumen wusste er, ob die Geräusche Sicherheit oder Gefahr bedeuteten.
Nei sogni sapeva se quei suoni significavano sicurezza o pericolo.
Er lernte, mit den Zähnen auf das Eis zwischen seinen Zehen zu beißen.
Imparò a mordere con i denti il ghiaccio tra le dita dei piedi.
Wenn ein Wasserloch zufror, brach er das Eis mit seinen Beinen.
Se una pozza d'acqua si ghiacciava, lui rompeva il ghiaccio con le gambe.
Er bäumte sich auf und schlug mit seinen steifen Vorderbeinen hart auf das Eis.
Si impennò e colpì duramente il ghiaccio con gli arti anteriori rigidi.
Seine bemerkenswerteste Fähigkeit war die Vorhersage von Windänderungen über Nacht.

La sua abilità più sorprendente era quella di prevedere i cambiamenti del vento durante la notte.
Selbst bei Windstille suchte er sich windgeschützte Stellen aus.
Anche quando l'aria era immobile, sceglieva luoghi riparati dal vento.
Wo auch immer er sein Nest grub, der Wind des nächsten Tages strich an ihm vorbei.
Ovunque scavasse il nido, il vento del giorno dopo lo superava.
Er landete immer gemütlich und geschützt, in Lee der Brise.
Alla fine si ritrovava sempre al sicuro e protetto, al riparo dal vento.
Buck hat nicht nur durch Erfahrung gelernt – auch seine Instinkte sind zurückgekehrt.
Buck non solo imparò dall'esperienza: anche il suo istinto tornò.
Die Gewohnheiten der domestizierten Generationen begannen zu verschwinden.
Le abitudini delle generazioni addomesticate cominciarono a scomparire.
Er erinnerte sich vage an die alten Zeiten seiner Rasse.
Ricordava vagamente i tempi antichi della sua razza.
Er dachte an die Zeit zurück, als wilde Hunde in Rudeln durch die Wälder rannten.
Ripensò a quando i cani selvatici correvano in branco nelle foreste.
Sie hatten ihre Beute gejagt und getötet, während sie sie verfolgten.
Avevano inseguito e ucciso la loro preda mentre la inseguivano.
Buck lernte leicht, mit Biss und Schnelligkeit zu kämpfen.
Per Buck fu facile imparare a combattere con forza e velocità.
Er verwendete Schnitte, Hiebe und schnelle Schnappschüsse, genau wie seine Vorfahren.
Come i suoi antenati, usava tagli, squarci e schiocchi rapidi.

Diese Vorfahren regten sich in ihm und erweckten seine wilde Natur.
Quegli antenati si risvegliarono in lui e risvegliarono la sua natura selvaggia.
Ihre alten Fähigkeiten waren ihm durch die Blutlinie vererbt worden.
Le loro vecchie abilità gli erano state trasmesse attraverso la linea di sangue.
Ihre Tricks gehörten ihm nun, ohne dass er üben oder sich anstrengen musste.
Ora i loro trucchi erano suoi, senza bisogno di pratica o sforzo.

In stillen, kalten Nächten hob Buck die Nase und heulte.
Nelle notti fredde e tranquille, Buck sollevava il naso e ululò.
Er heulte lang und tief, so wie es die Wölfe vor langer Zeit getan hatten.
Ululò a lungo e profondamente, come facevano i lupi tanto tempo fa.
Durch ihn streckten seine toten Vorfahren ihre Nasen und heulten.
Attraverso di lui, i suoi antenati defunti puntarono il naso e ulularono.
Sie heulten durch die Jahrhunderte mit seiner Stimme und Gestalt.
Hanno ululato attraverso i secoli con la sua voce e la sua forma.
Seine Kadenzen waren ihre, alte Schreie, die von Kummer und Kälte erzählten.
Le sue cadenze erano le loro, vecchi gridi che parlavano di dolore e di freddo.
Sie sangen von Dunkelheit, Hunger und der Bedeutung des Winters.
Cantavano dell'oscurità, della fame e del significato dell'inverno.
Buck bewies, wie das Leben von Kräften jenseits des eigenen Ichs geprägt wird.

Buck ha dimostrato come la vita sia plasmata da forze che vanno oltre noi stessi,
Das uralte Lied stieg durch Buck auf und ergriff seine Seele.
l'antico canto risuonò nelle vene di Buck e si impadronì della sua anima.
Er fand sich selbst, weil Menschen im Norden Gold gefunden hatten.
Ritrovò se stesso perché gli uomini avevano trovato l'oro nel Nord.
Und er fand sich selbst, weil Manuel, der Gärtnergehilfe, Geld brauchte.
E lo trovò perché Manuel, l'aiutante giardiniere, aveva bisogno di soldi.

Das dominante Urtier
La Bestia Primordiale Dominante

In Buck war das dominante Urtier so stark wie eh und je.
La bestia primordiale dominante era più forte che mai in Buck.
Doch das dominante Urtier hatte in ihm geschlummert.
Ma la bestia primordiale dominante era rimasta dormiente in lui.
Das Leben auf dem Trail war hart, aber es stärkte das Tier in Buck.
La vita sui sentieri era dura, ma rafforzava la bestia che era in Buck.
Insgeheim wurde das Biest von Tag zu Tag stärker.
Segretamente la bestia diventava sempre più forte ogni giorno.
Doch dieses innere Wachstum blieb der Außenwelt verborgen.
Ma quella crescita interiore è rimasta nascosta al mondo esterno.
In Buck baute sich eine stille und ruhige Urkraft auf.
Una forza primordiale calma e silenziosa si stava formando dentro Buck.
Neue Gerissenheit verlieh Buck Gleichgewicht, Ruhe und Selbstbeherrschung.
Una nuova astuzia diede a Buck equilibrio, calma e compostezza.
Buck konzentrierte sich sehr auf die Anpassung und fühlte sich nie völlig entspannt.
Buck si concentrò molto sull'adattamento, senza mai sentirsi completamente rilassato.
Er ging Konflikten aus dem Weg, fing nie Streit an und suchte auch nie Ärger.
Evitava i conflitti, non iniziava mai litigi e non cercava mai guai.
Jede Bewegung von Buck war von langsamer, stetiger Nachdenklichkeit geprägt.
Ogni mossa di Buck era scandita da una riflessione lenta e costante.

Er vermied überstürzte Entscheidungen und plötzliche, rücksichtslose Entschlüsse.
Evitava scelte avventate e decisioni improvvise e sconsiderate.
Obwohl Buck Spitz zutiefst hasste, zeigte er ihm gegenüber keine Aggression.
Sebbene Buck odiasse profondamente Spitz, non gli mostrò alcuna aggressività.
Buck hat Spitz nie provoziert und sein Verhalten zurückhaltend gehalten.
Buck non provocò mai Spitz e mantenne le sue azioni moderate.
Spitz hingegen spürte die wachsende Gefahr, die von Buck ausging.
Spitz, d'altro canto, percepì il pericolo crescente in Buck.
Er sah in Buck eine Bedrohung und eine ernsthafte Herausforderung seiner Macht.
Vedeva Buck come una minaccia e una seria sfida al suo potere.
Er nutzte jede Gelegenheit, um zu knurren und seine scharfen Zähne zu zeigen.
Coglieva ogni occasione per ringhiare e mostrare i suoi denti aguzzi.
Er versuchte, den tödlichen Kampf zu beginnen, der bevorstand.
Stava cercando di dare inizio allo scontro mortale che sarebbe dovuto avvenire.
Schon zu Beginn der Reise wäre es beinahe zu einem Streit zwischen ihnen gekommen.
All'inizio del viaggio, tra loro scoppiò quasi una lite.
Doch ein unerwarteter Unfall verhinderte den Kampf.
Ma un incidente inaspettato impedì che il combattimento avesse luogo.
An diesem Abend schlugen sie ihr Lager am bitterkalten Lake Le Barge auf.
Quella sera si accamparono sul gelido lago Le Barge.
Es schneite heftig und der Wind war schneidend wie ein Messer.

La neve cadeva fitta e il vento era tagliente come una lama.
Die Nacht war zu schnell hereingebrochen und Dunkelheit umgab sie.
La notte era scesa troppo in fretta e l'oscurità li aveva avvolti.
Sie hätten sich kaum einen schlechteren Ort zum Ausruhen aussuchen können.
Difficilmente avrebbero potuto scegliere un posto peggiore per riposare.
Die Hunde suchten verzweifelt nach einem Platz zum Hinlegen.
I cani cercavano disperatamente un posto dove sdraiarsi.
Hinter der kleinen Gruppe erhob sich steil eine hohe Felswand.
Dietro il piccolo gruppo si ergeva un'alta parete rocciosa.
Das Zelt wurde in Dyea zurückgelassen, um die Last zu erleichtern.
Per alleggerire il carico, la tenda era stata lasciata a Dyea.
Ihnen blieb nichts anderes übrig, als das Feuer auf dem Eis selbst zu machen.
Non avevano altra scelta che accendere il fuoco direttamente sul ghiaccio.
Sie breiten ihre Schlafmäntel direkt auf dem zugefrorenen See aus.
Stendevano i loro accappatoi direttamente sul lago ghiacciato.
Ein paar Stücke Treibholz gaben ihnen ein wenig Feuer.
Qualche pezzo di legno galleggiante dava loro un po' di fuoco.
Doch das Feuer wurde auf dem Eis entfacht und taute hindurch.
Ma il fuoco è stato acceso sul ghiaccio e attraverso di esso si è scongelato.
Schließlich aßen sie ihr Abendessen im Dunkeln.
Alla fine cenarono al buio.
Buck rollte sich neben dem Felsen zusammen, geschützt vor dem kalten Wind.
Buck si rannicchiò accanto alla roccia, al riparo dal vento freddo.

Der Platz war so warm und sicher, dass Buck es hasste, wegzugehen.
Il posto era così caldo e sicuro che Buck non voleva andarsene.
Aber François hatte den Fisch aufgewärmt und verteilte die Rationen.
Ma François aveva scaldato il pesce e stava distribuendo le razioni.
Buck aß schnell fertig und ging zurück in sein Bett.
Buck finì di mangiare in fretta e tornò a letto.
Aber Spitz lag jetzt dort, wo Buck sein Bett gemacht hatte.
Ma Spitz ora giaceva dove Buck aveva preparato il suo letto.
Ein leises Knurren warnte Buck, dass Spitz sich weigerte, sich zu bewegen.
Un ringhio basso avvertì Buck che Spitz si rifiutava di muoversi.
Bisher hatte Buck diesen Kampf mit Spitz vermieden.
Finora Buck aveva evitato lo scontro con Spitz.
Doch tief in Bucks Innerem brach das Biest schließlich aus.
Ma nel profondo di Buck la bestia alla fine si liberò.
Der Diebstahl seines Schlafplatzes war zu viel für ihn.
Il furto del suo posto letto era troppo da tollerare.
Buck stürzte sich voller Wut und Zorn auf Spitz.
Buck si lanciò contro Spitz, pieno di rabbia e furore.
Bis jetzt hatte Spitz gedacht, Buck sei bloß ein großer Hund.
Fino a quel momento Spitz aveva pensato che Buck fosse solo un grosso cane.
Er glaubte nicht, dass Buck durch seinen Geist überlebt hatte.
Non pensava che Buck fosse sopravvissuto grazie al suo spirito.
Er erwartete Angst und Feigheit, nicht Wut und Rache.
Si aspettava paura e codardia, non furia e vendetta.
François starrte die beiden Hunde an, als sie aus dem zerstörten Nest stürmten.
François rimase a guardare mentre entrambi i cani schizzavano fuori dal nido in rovina.
Er verstand sofort, was den wilden Kampf ausgelöst hatte.

Capì subito cosa aveva scatenato quella violenta lotta.
„Aa-ah!", rief François, um dem braunen Hund zuzujubeln.
"Aa-ah!" gridò François in sostegno del cane marrone.
„Verprügelt ihn! Bei Gott, bestraft diesen hinterhältigen Dieb!"
"Dategli una bella lezione! Per Dio, punite quel ladro furbo!"
Spitz zeigte gleichermaßen Bereitschaft und wilden Kampfeswillen.
Spitz dimostrò altrettanta prontezza e fervore nel combattere.
Er schrie wütend auf, während er schnell im Kreis kreiste und nach einer Öffnung suchte.
Gridò di rabbia mentre girava velocemente in tondo, cercando un varco.
Buck zeigte den gleichen Kampfeshunger und die gleiche Vorsicht.
Buck mostrò la stessa fame di combattere e la stessa cautela.
Auch er umkreiste seinen Gegner und versuchte, im Kampf die Oberhand zu gewinnen.
Anche lui girò intorno al suo avversario, cercando di avere la meglio nella battaglia.
Dann geschah etwas Unerwartetes und veränderte alles.
Poi accadde qualcosa di inaspettato e cambiò tutto.
Dieser Moment verzögerte den letztendlichen Kampf um die Führung.
Quel momento ritardò l'eventuale lotta per la leadership.
Bis zum Ende warteten noch viele Meilen voller Mühe und Anstrengung.
Ci sarebbero ancora molti chilometri di sentiero e di lotta da percorrere prima della fine.
Perrault stieß einen Fluch aus, als eine Keule auf Knochen schlug.
Perrault urlò un'imprecazione mentre una mazza colpiva l'osso.
Es folgte ein scharfer Schmerzensschrei, dann brach überall Chaos aus.
Seguì un acuto grido di dolore, poi il caos esplose tutt'intorno.

Dunkle Gestalten bewegten sich im Lager; wilde Huskys, ausgehungert und wild.
Forme scure si muovevano nell'accampamento: husky selvatici, affamati e feroci.

Vier oder fünf Dutzend Huskys hatten das Lager von weitem erschnüffelt.
Quattro o cinque dozzine di husky avevano fiutato l'accampamento da molto lontano.

Sie hatten sich leise hineingeschlichen, während die beiden Hunde in der Nähe kämpften.
Si erano introdotti furtivamente mentre i due cani litigavano lì vicino.

François und Perrault griffen an und schwangen Knüppel auf die Eindringlinge.
François e Perrault si lanciarono all'attacco, colpendo con i manganelli gli invasori.

Die ausgehungerten Huskies zeigten ihre Zähne und wehrten sich rasend.
Gli husky affamati mostrarono i denti e si dibatterono freneticamente.

Der Geruch von Fleisch und Brot hatte sie alle Angst vertreiben lassen.
L'odore della carne e del pane li aveva fatti superare ogni paura.

Perrault schlug einen Hund, der seinen Kopf in der Fresskiste vergraben hatte.
Perrault picchiò un cane che aveva nascosto la testa nella buca delle vivande.

Der Schlag war hart, die Schachtel kippte um und das Essen quoll heraus.
Il colpo fu violento e la scatola si ribaltò, facendo fuoriuscire il cibo.

Innerhalb von Sekunden rissen sich zwanzig wilde Tiere über das Brot und das Fleisch her.
Nel giro di pochi secondi, una ventina di bestie feroci si avventarono sul pane e sulla carne.

Die Keulen der Männer landeten Schlag auf Schlag, doch kein Hund ließ nach.
I bastoni degli uomini sferrarono un colpo dopo l'altro, ma nessun cane si allontanò.

Sie schrien vor Schmerz, kämpften aber, bis kein Futter mehr übrig war.
Urlavano di dolore, ma continuarono a lottare finché non rimase più cibo.

Inzwischen waren die Schlittenhunde aus ihren verschneiten Betten gesprungen.
Nel frattempo i cani da slitta erano saltati giù dalle loro culle innevate.

Sie wurden sofort von den bösartigen, hungrigen Huskys angegriffen.
Furono immediatamente attaccati dai feroci e affamati husky.

Buck hatte noch nie zuvor so wilde und ausgehungerte Tiere gesehen.
Buck non aveva mai visto prima creature così selvagge e affamate.

Ihre Haut hing lose und verbarg kaum ihr Skelett.
La loro pelle pendeva flaccida, nascondendo a malapena lo scheletro.

In ihren Augen brannte ein Feuer aus Hunger und Wahnsinn
C'era un fuoco nei loro occhi, per fame e follia

Sie waren nicht aufzuhalten, ihrem wilden Ansturm war kein Widerstand zu leisten.
Non c'era modo di fermarli, di resistere al loro assalto selvaggio.

Die Schlittenhunde wurden zurückgedrängt und gegen die Felswand gedrückt.
I cani da slitta vennero spinti indietro e premuti contro la parete della scogliera.

Drei Huskies griffen Buck gleichzeitig an und rissen ihm das Fleisch auf.
Tre husky attaccarono Buck contemporaneamente, lacerandogli la carne.

Aus den Schnittwunden an seinem Kopf und seinen Schultern strömte Blut.
Il sangue gli colava dalla testa e dalle spalle, dove era stato tagliato.
Der Lärm erfüllte das Lager: Knurren, Jaulen und Schmerzensschreie.
Il rumore riempì l'accampamento: ringhi, guaiti e grida di dolore.
Billee weinte wie immer laut, gefangen im Kampf und in der Panik.
Billee pianse forte, come al solito, presa dal panico e dalla mischia.
Dave und Solleks standen Seite an Seite, blutend, aber trotzig.
Dave e Solleks rimasero fianco a fianco, sanguinanti ma con aria di sfida.
Joe kämpfte wie ein Dämon und biss alles, was ihm zu nahe kam.
Joe lottava come un demonio, mordendo tutto ciò che gli si avvicinava.
Mit einem brutalen Schnappen seines Kiefers zerquetschte er das Bein eines Huskys.
Con un violento schiocco di mascelle schiacciò la zampa di un husky.
Pike sprang auf den verletzten Husky und brach ihm sofort das Genick.
Pike saltò sull'husky ferito e gli ruppe il collo all'istante.
Buck packte einen Husky an der Kehle und riss ihm die Ader auf.
Buck afferrò un husky per la gola e gli strappò la vena.
Blut spritzte und der warme Geschmack trieb Buck in Raserei.
Il sangue schizzò e il sapore caldo mandò Buck in delirio.
Ohne zu zögern stürzte er sich auf einen anderen Angreifer.
Si lanciò contro un altro aggressore senza esitazione.
Im selben Moment gruben sich scharfe Zähne in Bucks Kehle.

Nello stesso momento, denti aguzzi si conficcarono nella gola di Buck.
Spitz hatte von der Seite zugeschlagen und ohne Vorwarnung angegriffen.
Spitz aveva colpito di lato, attaccando senza preavviso.
Perrault und François hatten die Hunde besiegt, die das Futter stahlen.
Perrault e François avevano sconfitto i cani rubando il cibo.
Nun eilten sie ihren Hunden zu Hilfe, um die Angreifer abzuwehren.
Ora si precipitarono ad aiutare i loro cani a respingere gli aggressori.
Die ausgehungerten Hunde zogen sich zurück, als die Männer ihre Keulen schwangen.
I cani affamati si ritirarono mentre gli uomini roteavano i loro manganelli.
Buck konnte sich dem Angriff befreien, doch die Flucht war nur von kurzer Dauer.
Buck riuscì a liberarsi dall'attacco, ma la fuga fu breve.
Die Männer rannten los, um ihre Hunde zu retten, und die Huskies kamen erneut zum Vorschein.
Gli uomini corsero a salvare i loro cani e gli husky tornarono ad attaccarli.
Billee, der aus Angst Mut fasste, sprang in die Hundemeute.
Billee, spaventato e coraggioso, si lanciò nel branco di cani.
Doch dann floh er in blanker Angst und Panik über das Eis.
Ma poi fuggì attraverso il ghiaccio, in preda al terrore e al panico.
Pike und Dub folgten dicht dahinter und rannten um ihr Leben.
Pike e Dub li seguirono da vicino, correndo per salvarsi la vita.
Der Rest des Teams löste sich auf, zerstreute sich und folgte ihnen.
Il resto della squadra si disperse e li inseguì.
Buck nahm all seine Kräfte zusammen, um loszurennen, doch dann sah er einen Blitz.
Buck raccolse le forze per correre, ma poi vide un lampo.

Spitz stürzte sich auf Buck und versuchte, ihn zu Boden zu schlagen.
Spitz si lanciò verso Buck, cercando di buttarlo a terra.
Unter dieser Meute von Huskys hätte Buck nicht entkommen können.
Sotto quella banda di husky, Buck non avrebbe avuto scampo.
Aber Buck blieb standhaft und wappnete sich für den Schlag von Spitz.
Ma Buck rimase fermo e si preparò al colpo di Spitz.
Dann drehte er sich um und rannte mit dem fliehenden Team auf das Eis hinaus.
Poi si voltò e corse sul ghiaccio con la squadra in fuga.

Später versammelten sich die neun Schlittenhunde im Schutz des Waldes.
Più tardi i nove cani da slitta si radunarono al riparo del bosco.
Niemand verfolgte sie mehr, aber sie waren geschlagen und verwundet.
Nessuno li inseguiva più, ma erano malconci e feriti.
Jeder Hund hatte Wunden; vier oder fünf tiefe Schnitte an jedem Körper.
Ogni cane presentava delle ferite: quattro o cinque tagli profondi su ogni corpo.
Dub hatte ein verletztes Hinterbein und konnte kaum noch laufen.
Dub aveva una zampa posteriore ferita e ora faceva fatica a camminare.
Dolly, der neueste Hund aus Dyea, hatte eine aufgeschlitzte Kehle.
Dolly, l'ultimo cane arrivato da Dyea, aveva la gola tagliata.
Joe hatte ein Auge verloren und Billees Ohr war in Stücke geschnitten
Joe aveva perso un occhio e l'orecchio di Billee era stato tagliato a pezzi
Alle Hunde schrien die ganze Nacht vor Schmerz und Niederlage.

Tutti i cani piansero per il dolore e la sconfitta durante la notte.

Im Morgengrauen krochen sie wund und gebrochen zurück ins Lager.

All'alba tornarono lentamente all'accampamento, doloranti e distrutti.

Die Huskies waren verschwunden, aber der Schaden war angerichtet.

Gli husky erano scomparsi, ma il danno era fatto.

Perrault und François standen schlecht gelaunt vor der Ruine.

Perrault e François erano di pessimo umore e osservavano le rovine.

Die Hälfte der Lebensmittel war verschwunden und von den hungrigen Dieben geschnappt worden.

Metà del cibo era sparito, rubato dai ladri affamati.

Die Huskies hatten Schlittenbindungen und Planen zerrissen.

Gli husky avevano strappato le corde e la tela della slitta.

Alles, was nach Essen roch, wurde vollständig verschlungen.

Tutto ciò che aveva odore di cibo era stato divorato completamente.

Sie aßen ein Paar von Perraults Reisestiefeln aus Elchleder.

Mangiarono un paio di stivali da viaggio in pelle di alce di Perrault.

Sie zerkauten Lederreis und ruinierten Riemen, sodass sie nicht mehr verwendet werden konnten.

Hanno masticato le pelli e rovinato i cinturini rendendoli inutilizzabili.

François hörte auf, auf die zerrissene Peitsche zu starren, um nach den Hunden zu sehen.

François smise di fissare la frusta strappata per controllare i cani.

„Ah, meine Freunde", sagte er mit leiser, besorgter Stimme.

«Ah, amici miei», disse con voce bassa e preoccupata.

„Vielleicht verwandeln euch all diese Bisse in tollwütige Tiere."

"Forse tutti questi morsi vi trasformeranno in bestie pazze."
„Vielleicht alles tollwütige Hunde, heiliger Scheiß! Was meinst du, Perrault?"
"Forse tutti cani rabbiosi, sacredam! Che ne pensi, Perrault?"
Perrault schüttelte den Kopf, seine Augen waren dunkel vor Sorge und Angst.
Perrault scosse la testa, con gli occhi scuri per la preoccupazione e la paura.
Zwischen ihnen und Dawson lagen noch sechshundertvierzig Kilometer.
C'erano ancora quattrocento miglia tra loro e Dawson.
Der Hundewahnsinn könnte nun jede Überlebenschance zerstören.
La follia dei cani potrebbe ormai distruggere ogni possibilità di sopravvivenza.
Sie verbrachten zwei Stunden damit, zu fluchen und zu versuchen, die Ausrüstung zu reparieren.
Hanno passato due ore a imprecare e a cercare di riparare l'attrezzatura.
Das verwundete Team verließ schließlich gebrochen und besiegt das Lager.
La squadra ferita alla fine lasciò l'accampamento, distrutta e sconfitta.
Dies war der bisher schwierigste Weg und jeder Schritt war schmerzhaft.
Questo è stato il sentiero più duro finora e ogni passo è stato doloroso.
Der Thirty Mile River war nicht zugefroren und rauschte wild.
Il fiume Thirty Mile non era ghiacciato e scorreva impetuoso.
Nur an ruhigen Stellen und in wirbelnden Wirbeln konnte das Eis halten.
Soltanto nei punti calmi e nei vortici il ghiaccio riusciva a resistere.
Sechs Tage harter Arbeit vergingen, bis die dreißig Meilen geschafft waren.

Trascorsero sei giorni di duro lavoro per percorrere le trenta miglia.
Jeder Kilometer des Weges barg Gefahren und Todesgefahr.
Ogni miglio del sentiero porta con sé pericoli e minacce di morte.
Die Männer und Hunde riskierten mit jedem schmerzhaften Schritt ihr Leben.
Uomini e cani rischiavano la vita a ogni passo doloroso.
Perrault durchbrach ein Dutzend Mal dünne Eisbrücken.
Perrault riuscì a superare i sottili ponti di ghiaccio una dozzina di volte.
Er trug eine Stange und ließ sie über das Loch fallen, das sein Körper hinterlassen hatte.
Prese un palo e lo lasciò cadere nel buco creato dal suo corpo.
Mehr als einmal rettete diese Stange Perrault vor dem Ertrinken.
Quel palo salvò Perrault più di una volta dall'annegamento.
Die Kältewelle hielt an, die Lufttemperatur lag bei minus fünfzig Grad.
L'ondata di freddo persisteva, la temperatura era di cinquanta gradi sotto zero.
Jedes Mal, wenn er hineinfiel, musste Perrault ein Feuer anzünden, um zu überleben.
Ogni volta che cadeva, Perrault era costretto ad accendere un fuoco per sopravvivere.
Nasse Kleidung gefror schnell, also trocknete er sie in der Nähe der sengenden Hitze.
Gli abiti bagnati si congelavano rapidamente, perciò li faceva asciugare vicino al calore cocente.
Perrault hatte nie Angst und das machte ihn zu einem Kurier.
Perrault non provava mai paura, e questo faceva di lui un corriere.
Er wurde für die Gefahr auserwählt und begegnete ihr mit stiller Entschlossenheit.
Fu scelto per affrontare il pericolo e lo affrontò con silenziosa determinazione.

Er drängte sich gegen den Wind vorwärts, sein runzliges Gesicht war erfroren.
Si spinse in avanti controvento, con il viso raggrinzito e congelato.
Von der Morgendämmerung bis zum Einbruch der Nacht führte Perrault sie weiter.
Perrault li guidò in avanti dall'alba al tramonto.
Er ging auf einer schmalen Eiskante, die bei jedem Schritt knackte.
Camminava sul ghiaccio sottile che scricchiolava a ogni passo.
Sie wagten nicht, anzuhalten – jede Pause hätte das Risiko eines tödlichen Zusammenbruchs bedeutet.
Non osavano fermarsi: ogni pausa rischiava di provocare un crollo mortale.
Einmal brach der Schlitten durch und zog Dave und Buck hinein.
Una volta la slitta si ruppe, trascinando dentro Dave e Buck.
Als sie freigezogen wurden, waren beide fast erfroren.
Quando furono liberati, entrambi erano quasi congelati.
Die Männer machten schnell ein Feuer, um Buck und Dave am Leben zu halten.
Gli uomini accesero rapidamente un fuoco per salvare Buck e Dave.
Die Hunde waren von der Nase bis zum Schwanz mit Eis bedeckt und steif wie geschnitztes Holz.
I cani erano ricoperti di ghiaccio dal naso alla coda, rigidi come legno intagliato.
Die Männer ließen sie in der Nähe des Feuers im Kreis laufen, um ihre Körper aufzutauen.
Gli uomini li fecero correre in cerchio vicino al fuoco per scongelarne i corpi.
Sie kamen den Flammen so nahe, dass ihr Fell versengt wurde.
Si avvicinarono così tanto alle fiamme che la loro pelliccia rimase bruciacchiata.
Als nächster durchbrach Spitz das Eis und zog das Team hinter sich her.

Spitz ruppe poi il ghiaccio, trascinando dietro di sé la squadra.
Der Bruch reichte bis zu der Stelle, an der Buck zog.
La frenata arrivava fino al punto in cui Buck stava tirando.
Buck lehnte sich weit zurück, seine Pfoten rutschten und zitterten auf der Kante.
Buck si appoggiò bruscamente allo schienale, con le zampe che scivolavano e tremavano sul bordo.
Dave streckte sich ebenfalls nach hinten, direkt hinter Buck auf der Leine.
Anche Dave si sforzò all'indietro, proprio dietro Buck sulla linea.
François zog den Schlitten, seine Muskeln knackten vor Anstrengung.
François tirava la slitta e i suoi muscoli scricchiolavano per lo sforzo.
Ein anderes Mal brach das Randeis vor und hinter dem Schlitten.
Un'altra volta, il ghiaccio del bordo si è crepato davanti e dietro la slitta.
Sie hatten keinen anderen Ausweg, als eine gefrorene Felswand zu erklimmen.
Non avevano altra via d'uscita se non quella di arrampicarsi su una parete ghiacciata.
Perrault schaffte es irgendwie, die Mauer zu erklimmen; wie durch ein Wunder blieb er am Leben.
In qualche modo Perrault riuscì a scalare il muro: un miracolo lo tenne in vita.
François blieb unten und betete um dasselbe Glück.
François rimase sottocoperta, pregando che gli capitasse la stessa fortuna.
Sie banden jeden Riemen, jede Zurrschnur und jede Leine zu einem langen Seil zusammen.
Legarono ogni cinghia, legatura e tirante in un'unica lunga corda.
Die Männer zogen jeden Hund einzeln nach oben.
Gli uomini trascinarono i cani uno alla volta fino in cima.

François kletterte als Letzter, nach dem Schlitten und der gesamten Ladung.
François salì per ultimo, dopo la slitta e tutto il carico.
Dann begann eine lange Suche nach einem Weg von den Klippen hinunter.
Poi iniziò una lunga ricerca di un sentiero che scendesse dalle scogliere.
Schließlich stiegen sie mit demselben Seil ab, das sie selbst hergestellt hatten.
Alla fine scesero utilizzando la stessa corda che avevano costruito.
Es wurde Nacht, als sie erschöpft und wund zum Flussbett zurückkehrten.
Scese la notte mentre tornavano al letto del fiume, esausti e doloranti.
Der ganze Tag hatte ihnen nur eine Viertelmeile Gewinn eingebracht.
Avevano impiegato un giorno intero per percorrere solo un quarto di miglio.
Als sie das Hootalinqua erreichten, war Buck erschöpft.
Quando giunsero all'Hootalinqua, Buck era sfinito.
Die anderen Hunde litten ebenso sehr unter den Bedingungen auf dem Trail.
Anche gli altri cani soffrivano le stesse condizioni del sentiero.
Aber Perrault musste Zeit gutmachen und trieb sie jeden Tag weiter an.
Ma Perrault aveva bisogno di recuperare tempo e li spingeva avanti giorno dopo giorno.
Am ersten Tag reisten sie dreißig Meilen nach Big Salmon.
Il primo giorno percorsero trenta miglia fino a Big Salmon.
Am nächsten Tag reisten sie fünfunddreißig Meilen nach Little Salmon.
Il giorno dopo percorsero trentacinque miglia fino a Little Salmon.
Am dritten Tag kämpften sie sich durch sechzig Kilometer lange, eisige Strecken.
Il terzo giorno percorsero quaranta miglia ghiacciate.

Zu diesem Zeitpunkt näherten sie sich der Siedlung Five Fingers.
A quel punto si stavano avvicinando all'insediamento di Five Fingers.

Bucks Füße waren weicher als die harten Füße der einheimischen Huskys.
I piedi di Buck erano più morbidi di quelli duri degli husky autoctoni.

Seine Pfoten waren im Laufe vieler zivilisierter Generationen zart geworden.
Le sue zampe erano diventate tenere nel corso di molte generazioni civilizzate.

Vor langer Zeit wurden seine Vorfahren von Flussmännern oder Jägern gezähmt.
Molto tempo fa, i suoi antenati erano stati addomesticati dagli uomini del fiume o dai cacciatori.

Jeden Tag humpelte Buck unter Schmerzen und ging auf wunden, schmerzenden Pfoten.
Ogni giorno Buck zoppicava per il dolore, camminando con le zampe screpolate e doloranti.

Im Lager fiel Buck wie eine leblose Gestalt in den Schnee.
Giunto all'accampamento, Buck cadde come un corpo senza vita sulla neve.

Obwohl Buck am Verhungern war, stand er nicht auf, um sein Abendessen einzunehmen.
Sebbene fosse affamato, Buck non si alzò per consumare il pasto serale.

François brachte Buck seine Ration und legte ihm Fisch neben die Schnauze.
François portò la sua razione a Buck, mettendogli del pesce vicino al muso.

Jeden Abend massierte der Fahrer Bucks Füße eine halbe Stunde lang.
Ogni notte l'autista massaggiava i piedi di Buck per mezz'ora.

François hat sogar seine eigenen Mokassins zerschnitten, um daraus Hundeschuhe zu machen.

François arrivò persino a tagliare i suoi mocassini per farne delle calzature per cani.
Vier warme Schuhe waren für Buck eine große und willkommene Erleichterung.
Quattro scarpe calde diedero a Buck un grande e gradito sollievo.
Eines Morgens vergaß François die Schuhe und Buck weigerte sich aufzustehen.
Una mattina François dimenticò le scarpe e Buck si rifiutò di alzarsi.
Buck lag auf dem Rücken, die Füße in der Luft, und wedelte mitleiderregend damit herum.
Buck giaceva sulla schiena, con i piedi in aria, e li agitava in modo pietoso.
Sogar Perrault grinste beim Anblick von Bucks dramatischer Bitte.
Persino Perrault sorrise alla vista dell'appello drammatico di Buck.
Bald wurden Bucks Füße hart und die Schuhe konnten weggeworfen werden.
Ben presto i piedi di Buck diventarono duri e le scarpe poterono essere tolte.
In Pelly stieß Dolly beim Angeschirrtwerden ein schreckliches Heulen aus.
A Pelly, durante il periodo in cui veniva imbrigliata, Dolly emise un ululato terribile.
Der Schrei war lang und voller Wahnsinn und erschütterte jeden Hund.
Il grido era lungo e pieno di follia, e fece tremare tutti i cani.
Jeder Hund zuckte vor Angst zusammen, ohne den Grund zu kennen.
Ogni cane si rizzava per la paura, senza capirne il motivo.
Dolly war verrückt geworden und stürzte sich direkt auf Buck.
Dolly era impazzita e si era scagliata contro Buck.
Buck hatte noch nie Wahnsinn gesehen, aber sein Herz war von Entsetzen erfüllt.

Buck non aveva mai visto la follia, ma l'orrore gli riempì il cuore.

Ohne nachzudenken, drehte er sich um und floh in absoluter Panik.

Senza pensarci due volte, si voltò e fuggì in preda al panico più assoluto.

Dolly jagte ihm hinterher, ihre Augen waren wild, Speichel spritzte aus ihrem Maul.

Dolly lo inseguì, con gli occhi selvaggi e la saliva che le colava dalle fauci.

Sie blieb direkt hinter Buck, holte nie auf und fiel nie zurück.

Si tenne sempre dietro a Buck, senza mai guadagnare terreno e senza mai indietreggiare.

Buck rannte durch den Wald, die Insel hinunter und über zerklüftetes Eis.

Buck corse attraverso i boschi, giù per l'isola, sul ghiaccio frastagliato.

Er überquerte die Insel und erreichte eine weitere, bevor er im Kreis zurück zum Fluss ging.

Attraversò un'isola, poi un'altra, per poi tornare indietro verso il fiume.

Dolly jagte ihn immer noch und knurrte ihn bei jedem Schritt an.

Dolly continuava a inseguirlo, ringhiando sempre più forte a ogni passo.

Buck konnte ihren Atem und ihre Wut hören, obwohl er es nicht wagte, zurückzublicken.

Buck poteva sentire il suo respiro e la sua rabbia, anche se non osava voltarsi indietro.

François rief aus der Ferne und Buck drehte sich in die Richtung der Stimme um.

François gridò da lontano e Buck si voltò verso la voce.

Immer noch nach Luft schnappend rannte Buck vorbei und setzte seine ganze Hoffnung auf François.

Ancora senza fiato, Buck corse oltre, riponendo ogni speranza in François.

Der Hundeführer hob eine Axt und wartete, während Buck vorbeiflog.
Il conducente del cane sollevò un'ascia e aspettò che Buck gli passasse accanto.
Die Axt kam schnell herunter und traf Dollys Kopf mit tödlicher Wucht.
L'ascia calò rapidamente e colpì la testa di Dolly con forza mortale.
Buck brach neben dem Schlitten zusammen, keuchte und konnte sich nicht bewegen.
Buck crollò vicino alla slitta, ansimando e incapace di muoversi.
In diesem Moment hatte Spitz die Chance, einen erschöpften Gegner zu schlagen.
Quel momento diede a Spitz la possibilità di colpire un nemico esausto.
Zweimal biss er Buck und riss das Fleisch bis auf den weißen Knochen auf.
Morse Buck due volte, strappandogli la carne fino all'osso bianco.
François' Peitsche knallte und traf Spitz mit voller, wütender Wucht.
La frusta di François schioccò, colpendo Spitz con tutta la sua forza, con furia.
Buck sah mit Freude zu, wie Spitz seine bisher härteste Tracht Prügel bekam.
Buck guardò con gioia Spitz mentre riceveva il pestaggio più duro fino a quel momento.
„Er ist ein Teufel, dieser Spitz", murmelte Perrault düster vor sich hin.
«È un diavolo, quello Spitz», borbottò Perrault tra sé e sé.
„Eines Tages wird dieser verfluchte Hund Buck töten – das schwöre ich."
"Un giorno o l'altro, quel cane maledetto ucciderà Buck, lo giuro."
„Dieser Buck hat zwei Teufel in sich", antwortete François mit einem Nicken.

«Quel Buck ha due diavoli dentro di sé», rispose François annuendo.

„Wenn ich Buck beobachte, weiß ich, dass etwas Wildes in ihm lauert."

"Quando osservo Buck, so che dentro di lui si cela qualcosa di feroce."

„Eines Tages wird er rasend vor Wut werden und Spitz in Stücke reißen."

"Un giorno, si infurierà come il fuoco e farà a pezzi Spitz."

„Er wird den Hund zerkauen und ihn auf den gefrorenen Schnee spucken."

"Masticherà quel cane e lo sputerà sulla neve ghiacciata."

„Das weiß ich ganz sicher tief in meinem Innern."

"Certo, lo so fin nel profondo."

Von diesem Moment an befanden sich die beiden Hunde im Krieg.

Da quel momento in poi, i due cani furono in guerra tra loro.

Spitz führte das Team an und hatte die Macht, aber Buck stellte das in Frage.

Spitz guidava la squadra e deteneva il potere, ma Buck lo sfidava.

Spitz sah seinen Rang durch diesen seltsamen Fremden aus dem Süden bedroht.

Spitz si rese conto che il suo rango era minacciato da questo strano straniero del Sud.

Buck war anders als alle Südstaatenhunde, die Spitz zuvor gekannt hatte.

Buck era diverso da tutti i cani del sud che Spitz aveva conosciuto fino ad allora.

Die meisten von ihnen scheiterten – sie waren zu schwach, um Kälte und Hunger zu überleben.

La maggior parte di loro fallì: troppo deboli per sopravvivere al freddo e alla fame.

Sie starben schnell unter der harten Arbeit, dem Frost und der langsamen Hungersnot.

Morirono rapidamente a causa del lavoro, del gelo e del lento bruciare della carestia.

Buck stand abseits – mit jedem Tag stärker, klüger und wilder.
Buck si distingueva: ogni giorno più forte, più intelligente e più selvaggio.
Er gedieh trotz aller Härte und wuchs heran, bis er den nördlichen Huskies ebenbürtig war.
Ha prosperato nonostante le difficoltà, crescendo al pari degli husky del nord.
Buck hatte Kraft, wilde Geschicklichkeit und einen geduldigen, tödlichen Instinkt.
Buck era dotato di forza, abilità straordinaria e un istinto paziente e letale.
Der Mann mit der Keule hatte Buck die Unbesonnenheit ausgetrieben.
L'uomo con la mazza aveva annientato Buck per fargli perdere la temerarietà.
Die blinde Wut war verschwunden und durch stille Gerissenheit und Kontrolle ersetzt worden.
La furia cieca se n'era andata, sostituita da un'astuzia silenziosa e dal controllo.
Er wartete ruhig und ursprünglich und wartete auf den richtigen Moment.
Attese, calmo e primordiale, in attesa del momento giusto.
Ihr Kampf um die Vorherrschaft wurde unvermeidlich und deutlich.
La loro lotta per il comando divenne inevitabile e chiara.
Buck strebte nach einer Führungsposition, weil sein Geist es verlangte.
Buck desiderava la leadership perché il suo spirito la richiedeva.
Er wurde von dem seltsamen Stolz getrieben, der aus der Jagd und dem Geschirr entstand.
Era spinto da quello strano orgoglio che nasceva dal sentiero e dall'imbracatura.
Dieser Stolz ließ die Hunde ziehen, bis sie im Schnee zusammenbrachen.

Quell'orgoglio faceva sì che i cani tirassero fino a crollare sulla neve.
Der Stolz verleitete sie dazu, all ihre Kraft einzusetzen.
L'orgoglio li spinse a dare tutta la forza che avevano.
Stolz kann einen Schlittenhund sogar in den Tod treiben.
L'orgoglio può trascinare un cane da slitta fino al punto di ucciderlo.
Der Verlust des Geschirrs ließ die Hunde gebrochen und ziellos zurück.
Perdere l'imbracatura rendeva i cani deboli e senza scopo.
Das Herz eines Schlittenhundes kann vor Scham brechen, wenn er in den Ruhestand geht.
Il cuore di un cane da slitta può essere spezzato dalla vergogna quando va in pensione.
Dave lebte von diesem Stolz, während er den Schlitten hinter sich herzog.
Dave viveva con questo orgoglio mentre trascinava la slitta da dietro.
Auch Solleks gab mit grimmiger Stärke und Loyalität alles.
Anche Solleks diede il massimo con cupa forza e lealtà.
Jeden Morgen verwandelte der Stolz ihre Verbitterung in Entschlossenheit.
Ogni mattina l'orgoglio li trasformava da amareggiati a determinati.
Sie drängten den ganzen Tag und verstummten dann am Ende des Lagers.
Spinsero per tutto il giorno, poi tacquero una volta giunti alla fine dell'accampamento.
Dieser Stolz gab Spitz die Kraft, Drückeberger zur Räson zu bringen.
Quell'orgoglio diede a Spitz la forza di mettere in riga i fannulloni.
Spitz fürchtete Buck, weil Buck denselben tiefen Stolz in sich trug.
Spitz temeva Buck perché Buck nutriva lo stesso profondo orgoglio.

Bucks Stolz wandte sich nun gegen Spitz, und er ließ nicht locker.
L'orgoglio di Buck ora si agitò contro Spitz, ma lui non si fermò.
Buck widersetzte sich Spitz' Macht und hinderte ihn daran, Hunde zu bestrafen.
Buck sfidò il potere di Spitz e gli impedì di punire i cani.
Als andere versagten, stellte sich Buck zwischen sie und ihren Anführer.
Quando gli altri fallivano, Buck si frapponeva tra loro e il loro capo.
Er tat dies mit Absicht und brachte seine Herausforderung offen und deutlich zum Ausdruck.
Lo fece con intenzione, rendendo la sua sfida aperta e chiara.
In einer Nacht hüllte schwerer Schnee die Welt in tiefe Stille.
Una notte una forte nevicata coprì il mondo in un profondo silenzio.
Am nächsten Morgen stand Pike, faul wie immer, nicht zur Arbeit auf.
La mattina dopo, Pike, pigro come sempre, non si alzò per andare al lavoro.
Er blieb in seinem Nest unter einer dicken Schneeschicht verborgen.
Rimase nascosto nel suo nido sotto uno spesso strato di neve.
François rief und suchte, konnte den Hund jedoch nicht finden.
François gridò e cercò, ma non riuscì a trovare il cane.
Spitz wurde wütend und stürmte durch das schneebedeckte Lager.
Spitz si infuriò e si scagliò contro l'accampamento coperto di neve.
Er knurrte und schnüffelte und grub wie verrückt mit flammenden Augen.
Ringhiò e annusò, scavando freneticamente con gli occhi fiammeggianti.

Seine Wut war so heftig, dass Pike vor Angst unter dem Schnee zitterte.
La sua rabbia era così violenta che Pike tremava sotto la neve per la paura.
Als Pike schließlich gefunden wurde, stürzte sich Spitz auf den versteckten Hund, um ihn zu bestrafen.
Quando finalmente Pike fu trovato, Spitz si lanciò per punire il cane nascosto.
Doch Buck sprang mit einer Wut zwischen sie, die Spitz' eigener ebenbürtig war.
Ma Buck si scagliò tra loro con una furia pari a quella di Spitz.
Der Angriff erfolgte so plötzlich und geschickt, dass Spitz umfiel.
L'attacco fu così improvviso e astuto che Spitz cadde a terra.
Pike, der gezittert hatte, schöpfte aus diesem Trotz neuen Mut.
Pike, che tremava, trasse coraggio da questa sfida.
Er sprang auf den gefallenen Spitz und folgte Bucks mutigem Beispiel.
Seguendo l'audace esempio di Buck, saltò sullo Spitz caduto.
Buck, der nicht länger an Fairness gebunden war, beteiligte sich am Angriff auf Spitz.
Buck, non più vincolato dall'equità, si unì allo sciopero di Spitz.
François, amüsiert, aber dennoch diszipliniert, schwang seine schwere Peitsche.
François, divertito ma fermo nella disciplina, agitò la sua pesante frusta.
Er schlug Buck mit aller Kraft, um den Kampf zu beenden.
Colpì Buck con tutta la sua forza per interrompere la rissa.
Buck weigerte sich, sich zu bewegen und blieb auf dem gefallenen Anführer sitzen.
Buck si rifiutò di muoversi e rimase in groppa al capo caduto.
Dann benutzte François den Griff der Peitsche und schlug Buck damit heftig.
François allora usò il manico della frusta e colpì Buck con violenza.

Buck taumelte unter dem Schlag und fiel zurück.
Barcollando per il colpo, Buck cadde all'indietro sotto l'assalto.
François schlug immer wieder zu, während Spitz Pike bestrafte.
François colpì più volte mentre Spitz puniva Pike.

Die Tage vergingen und Dawson City kam immer näher.
Passarono i giorni e Dawson City si avvicinava sempre di più.
Buck mischte sich immer wieder ein und schlüpfte zwischen Spitz und andere Hunde.
Buck continuava a intromettersi, infilandosi tra Spitz e gli altri cani.
Er wählte seine Momente gut und wartete immer darauf, dass François ging.
Sceglieva bene i suoi momenti, aspettando sempre che François se ne andasse.
Bucks stille Rebellion breitete sich aus und im Team breitete sich Unordnung aus.
La ribellione silenziosa di Buck si diffuse e il disordine prese piede nella squadra.
Dave und Solleks blieben loyal, andere jedoch wurden widerspenstig.
Dave e Solleks rimasero leali, ma altri diventarono indisciplinati.
Die Situation im Team wurde immer schlimmer – es wurde unruhig, streitsüchtig und geriet aus der Reihe.
La squadra peggiorò: divenne irrequieta, litigiosa e fuori luogo.
Nichts lief mehr reibungslos und es kam immer wieder zu Streit.
Ormai niente filava liscio e le liti diventavano all'ordine del giorno.
Buck blieb im Zentrum des Chaos und provozierte ständig Unruhe.
Buck rimase sempre al centro dei guai, provocando disordini.
François blieb wachsam, aus Angst vor dem Kampf zwischen Buck und Spitz.

François rimase vigile, temendo la lotta tra Buck e Spitz.
Jede Nacht wurde er durch Rangeleien geweckt, aus Angst, dass es endlich losgehen würde.
Ogni notte veniva svegliato da zuffe e temeva che finalmente fosse arrivato l'inizio.
Er sprang aus seiner Robe, bereit, den Kampf zu beenden.
Balzò fuori dalla veste, pronto a interrompere la rissa.
Aber der Moment kam nie und sie erreichten schließlich Dawson.
Ma il momento non arrivò mai e alla fine raggiunsero Dawson.
Das Team betrat die Stadt an einem trüben Nachmittag, angespannt und still.
La squadra entrò in città in un pomeriggio cupo, teso e silenzioso.
Der große Kampf um die Führung hing noch immer in der eisigen Luft.
La grande battaglia per la leadership era ancora sospesa nell'aria gelida.
Dawson war voller Männer und Schlittenhunde, die alle mit der Arbeit beschäftigt waren.
Dawson era piena di uomini e cani da slitta, tutti impegnati nel lavoro.
Buck beobachtete die Hunde von morgens bis abends beim Lastenziehen.
Buck osservava i cani trainare i carichi dalla mattina alla sera.
Sie transportierten Baumstämme und Brennholz und lieferten Vorräte an die Minen.
Trasportavano tronchi e legna da ardere e spedivano rifornimenti alle miniere.
Wo früher im Süden Pferde arbeiteten, schufteten heute Hunde.
Nel Southland, dove un tempo lavoravano i cavalli, ora lavoravano i cani.
Buck sah einige Hunde aus dem Süden, aber die meisten waren wolfsähnliche Huskys.

Buck vide alcuni cani provenienti dal Sud, ma la maggior parte erano husky simili a lupi.

Nachts erhoben die Hunde pünktlich zum ersten Mal ihre Stimmen zum Singen.

Di notte, puntuali come un orologio, i cani alzavano la voce e cantavano.

Um neun, um Mitternacht und erneut um drei begann der Gesang.

Alle nove, a mezzanotte e di nuovo alle tre, il canto cominciò.

Buck liebte es, in ihren unheimlichen Gesang einzustimmen, der wild und uralt klang.

Buck amava unirsi al loro canto inquietante, selvaggio e antico nel suono.

Das Polarlicht flammte, die Sterne tanzten und das Land war mit Schnee bedeckt.

L'aurora fiammeggiava, le stelle danzavano e la neve ricopriva la terra.

Der Gesang der Hunde erhob sich als Aufschrei gegen die Stille und die bittere Kälte.

Il canto dei cani si elevava come un grido contro il silenzio e il freddo pungente.

Doch in jedem langen Ton ihres Heulens war Trauer und nicht Trotz zu hören.

Ma il loro urlo esprimeva tristezza, non sfida, in ogni lunga nota.

Jeder Klageschrei war voller Flehen; die Last des Lebens selbst.

Ogni lamento era pieno di supplica: il peso stesso della vita.

Dieses Lied war alt – älter als Städte und älter als Feuer

Quella canzone era vecchia, più vecchia delle città e più vecchia degli incendi

Dieses Lied war sogar älter als die Stimmen der Menschen.

Quel canto era più antico perfino delle voci degli uomini.

Es war ein Lied aus der jungen Welt, als alle Lieder traurig waren.

Era una canzone del mondo dei giovani, quando tutte le canzoni erano tristi.

Das Lied trug den Kummer unzähliger Hundegenerationen in sich.
La canzone porta con sé il dolore di innumerevoli generazioni di cani.
Buck spürte die Melodie tief und stöhnte vor jahrhundertealtem Schmerz.
Buck percepì profondamente la melodia, gemendo per un dolore radicato nei secoli.
Er schluchzte aus einem Kummer, der so alt war wie das wilde Blut in seinen Adern.
Singhiozzava per un dolore antico quanto il sangue selvaggio nelle sue vene.
Die Kälte, die Dunkelheit und das Geheimnisvolle berührten Bucks Seele.
Il freddo, l'oscurità e il mistero toccarono l'anima di Buck.
Dieses Lied bewies, wie weit Buck zu seinen Ursprüngen zurückgekehrt war.
Quella canzone dimostrava quanto Buck fosse tornato alle sue origini.
Durch Schnee und Heulen hatte er den Anfang seines eigenen Lebens gefunden.
Tra la neve e gli ululati aveva trovato l'inizio della sua vita.

Sieben Tage nach ihrer Ankunft in Dawson brachen sie erneut auf.
Sette giorni dopo l'arrivo a Dawson, ripartirono.
Das Team verließ die Kaserne und fuhr hinunter zum Yukon Trail.
La squadra si è lanciata dalla caserma fino allo Yukon Trail.
Sie begannen die Rückreise nach Dyea und Salt Water.
Iniziarono il viaggio di ritorno verso Dyea e Salt Water.
Perrault überbrachte noch dringlichere Depeschen als zuvor.
Perrault trasmise dispacci ancora più urgenti di prima.
Auch ihn packte der Trail-Stolz, und er wollte einen Rekord aufstellen.
Era anche preso dall'orgoglio per la corsa e puntava a stabilire un record.

Diesmal hatte Perrault mehrere Vorteile.
Questa volta Perrault aveva diversi vantaggi.
Die Hunde hatten eine ganze Woche lang geruht und ihre Kräfte wiedererlangt.
I cani avevano riposato per un'intera settimana e avevano ripreso le forze.
Die Spur, die sie gebahnt hatten, wurde nun von anderen festgestampft.
La pista che avevano tracciato era ora battuta da altri.
An manchen Stellen hatte die Polizei Futter für Hunde und Menschen gelagert.
In alcuni punti la polizia aveva immagazzinato cibo sia per i cani che per gli uomini.
Perrault reiste mit leichtem Gepäck und bewegte sich schnell, ohne dass ihn etwas belastete.
Perrault viaggiava leggero, si muoveva velocemente e aveva poco a cui aggrapparsi.
Sie erreichten Sixty-Mile, eine Strecke von achtzig Kilometern, noch in der ersten Nacht.
La prima sera raggiunsero la Sixty-Mile, una corsa lunga 50 miglia.
Am zweiten Tag eilten sie den Yukon hinauf nach Pelly.
Il secondo giorno risalirono rapidamente lo Yukon in direzione di Pelly.
Doch dieser tolle Fortschritt war für François mit vielen Strapazen verbunden.
Ma questi grandi progressi comportarono anche molta fatica per François.
Bucks stille Rebellion hatte die Disziplin des Teams zerstört.
La ribellione silenziosa di Buck aveva infranto la disciplina della squadra.
Sie zogen nicht mehr wie ein Tier an den Zügeln.
Non si univano più come un'unica bestia al comando.
Buck hatte durch sein mutiges Beispiel andere zum Trotz verleitet.

Buck aveva spinto altri alla sfida con il suo coraggioso esempio.
Spitz' Befehl stieß weder auf Furcht noch auf Respekt.
L'ordine di Spitz non veniva più accolto con timore o rispetto.
Die anderen verloren ihre Ehrfurcht vor ihm und wagten es, sich seiner Herrschaft zu widersetzen.
Gli altri persero ogni timore reverenziale nei suoi confronti e osarono opporsi al suo governo.
Eines Nachts stahl Pike einen halben Fisch und aß ihn vor Bucks Augen.
Una notte, Pike rubò mezzo pesce e lo mangiò sotto gli occhi di Buck.
In einer anderen Nacht kämpften Dub und Joe gegen Spitz und blieben ungestraft.
Un'altra notte, Dub e Joe combatterono contro Spitz e rimasero impuniti.
Sogar Billee jammerte weniger süß und zeigte eine neue Schärfe.
Anche Billee gemette meno dolcemente e mostrò una nuova acutezza.
Buck knurrte Spitz jedes Mal an, wenn sich ihre Wege kreuzten.
Buck ringhiava a Spitz ogni volta che si incrociavano.
Bucks Haltung wurde dreist und bedrohlich, fast wie die eines Tyrannen.
L'atteggiamento di Buck divenne audace e minaccioso, quasi come quello di un bullo.
Mit stolzgeschwellter Brust und voller spöttischer Bedrohung schritt er vor Spitz auf und ab.
Camminava avanti e indietro davanti a Spitz con un'andatura spavalda e piena di minaccia beffarda.
Dieser Zusammenbruch der Ordnung breitete sich auch unter den Schlittenhunden aus.
Questo crollo dell'ordine si diffuse anche tra i cani da slitta.
Sie stritten und stritten mehr denn je und erfüllten das Lager mit Lärm.

Litigarono e discussero più che mai, riempiendo l'accampamento di rumore.
Das Lagerleben verwandelte sich jede Nacht in ein wildes, heulendes Chaos.
Ogni notte la vita nel campeggio si trasformava in un caos selvaggio e ululante.
Nur Dave und Solleks blieben ruhig und konzentriert.
Solo Dave e Solleks rimasero fermi e concentrati.
Doch selbst sie wurden durch die ständigen Schlägereien ungehalten.
Ma anche loro diventarono irascibili a causa delle continue risse.
François fluchte in fremden Sprachen und stampfte frustriert auf.
François imprecò in lingue strane e batté i piedi per la frustrazione.
Er riss sich die Haare aus und schrie, während der Schnee unter seinen Füßen wirbelte.
Si strappò i capelli e urlò mentre la neve gli volava sotto i piedi.
Seine Peitsche knallte über das Rudel, konnte es aber kaum in Schach halten.
La sua frusta schioccò contro il gruppo, ma a malapena riuscì a tenerli in riga.
Immer wenn er sich umdrehte, brachen die Kämpfe erneut aus.
Ogni volta che voltava le spalle, la lotta ricominciava.
François setzte die Peitsche für Spitz ein, während Buck die Rebellen anführte.
François usò la frusta per Spitz, mentre Buck guidava i ribelli.
Jeder kannte die Rolle des anderen, aber Buck vermied jegliche Schuldzuweisungen.
Ognuno conosceva il ruolo dell'altro, ma Buck evitava di addossare ogni colpa.
François hat Buck nie dabei erwischt, wie er eine Schlägerei anfing oder sich vor seiner Arbeit drückte.

François non ha mai colto Buck mentre iniziava una rissa o si sottraeva al suo lavoro.
Buck arbeitete hart im Geschirr – die Mühe erfüllte ihn jetzt mit Begeisterung.
Buck lavorava duramente ai finimenti: la fatica ora gli dava entusiasmo.
Doch noch mehr Freude bereitete ihm das Anzetteln von Kämpfen und Chaos im Lager.
Ma trovava ancora più gioia nel fomentare risse e caos nell'accampamento.

Eines Abends schreckte Dub an der Mündung des Tahkeena ein Kaninchen auf.
Una sera, alla foce del Tahkeena, Dub spaventò un coniglio.
Er verpasste den Fang und das Schneeschuhkaninchen sprang davon.
Mancò la presa e il coniglio con la racchetta da neve balzò via.
Innerhalb von Sekunden nahm das gesamte Schlittenteam unter wildem Geschrei die Verfolgung auf.
Nel giro di pochi secondi, l'intera squadra di slitte si lanciò all'inseguimento, gridando a squarciagola.
In der Nähe beherbergte ein Lager der Northwest Police fünfzig Huskys.
Nelle vicinanze, un accampamento della polizia del nord-ovest ospitava cinquanta cani husky.
Sie schlossen sich der Jagd an und stürmten gemeinsam den zugefrorenen Fluss hinunter.
Si unirono alla caccia, scendendo insieme il fiume ghiacciato.
Das Kaninchen verließ den Fluss und floh in ein gefrorenes Bachbett.
Il coniglio lasciò il fiume e fuggì lungo il letto ghiacciato di un ruscello.
Das Kaninchen hüpfte leichtfüßig über den Schnee, während die Hunde sich durchkämpften.
Il coniglio saltellava leggero sulla neve mentre i cani si facevano strada a fatica.

Buck führte das riesige Rudel von sechzig Hunden um jede Kurve.
Buck guidava l'enorme branco di sessanta cani attorno a ogni curva tortuosa.
Er drängte tief und eifrig vorwärts, konnte jedoch keinen Boden gutmachen.
Si spinse in avanti, basso e impaziente, ma non riuscì a guadagnare terreno.
Bei jedem kraftvollen Sprung blitzte sein Körper im blassen Mondlicht auf.
Il suo corpo brillava sotto la pallida luna a ogni potente balzo.
Vor uns bewegte sich das Kaninchen wie ein Geist, lautlos und zu schnell, um es einzufangen.
Davanti a loro, il coniglio si muoveva come un fantasma, silenzioso e troppo veloce per essere catturato.
All diese alten Instinkte – der Hunger, der Nervenkitzel – durchströmten Buck.
Tutti quei vecchi istinti, la fame, l'eccitazione, attraversarono Buck.
Manchmal verspüren Menschen diesen Instinkt und werden dazu getrieben, mit Gewehr und Kugel zu jagen.
A volte gli esseri umani avvertono questo istinto e sono spinti a cacciare con armi da fuoco e proiettili.
Aber Buck empfand dieses Gefühl auf einer tieferen und persönlicheren Ebene.
Ma Buck provava questa sensazione a un livello più profondo e personale.
Sie konnten die Wildnis nicht in ihrem Blut spüren, so wie Buck sie spüren konnte.
Non riuscivano a percepire la natura selvaggia nel loro sangue come Buck.
Er jagte lebendes Fleisch, bereit, mit seinen Zähnen zu töten und Blut zu schmecken.
Inseguiva la carne viva, pronto a uccidere con i denti e ad assaggiare il sangue.
Sein Körper spannte sich vor Freude, er wollte in warmem, rotem Leben baden.

Il suo corpo si tendeva per la gioia, desiderando immergersi nel caldo rosso della vita.

Eine seltsame Freude markiert den höchsten Punkt, den das Leben jemals erreichen kann.

Una strana gioia segna il punto più alto che la vita possa mai raggiungere.

Das Gefühl eines Gipfels, bei dem die Lebenden vergessen, dass sie überhaupt am Leben sind.

La sensazione di raggiungere un picco in cui i vivi dimenticano di essere vivi.

Diese tiefe Freude berührt den Künstler, der sich in glühender Inspiration verliert.

Questa gioia profonda tocca l'artista immerso in un'ispirazione ardente.

Diese Freude ergreift den Soldaten, der wild kämpft und keinen Feind verschont.

Questa gioia afferra il soldato che combatte selvaggiamente e non risparmia alcun nemico.

Diese Freude erfasste nun Buck, der das Rudel mit seinem Urhunger anführte.

Questa gioia ora colpì Buck mentre guidava il branco in preda alla fame primordiale.

Er heulte mit dem uralten Wolfsschrei, aufgeregt durch die lebendige Jagd.

Ululò con l'antico grido del lupo, emozionato per l'inseguimento.

Buck hat den ältesten Teil seiner selbst angezapft, der in der Wildnis verloren war.

Buck fece appello alla parte più antica di sé, persa nella natura selvaggia.

Er griff tief in sein Inneres, in die Vergangenheit, in die raue, uralte Zeit.

Scavò in profondità dentro di sé, oltre la memoria, fino al tempo grezzo e antico.

Eine Welle puren Lebens durchströmte jeden Muskel und jede Sehne.

Un'ondata di vita pura pervase ogni muscolo e tendine.

Jeder Sprung schrie, dass er lebte, dass er durch den Tod ging.
Ogni salto gridava che viveva, che attraversava la morte.
Sein Körper schwebte freudig über stilles, kaltes Land, das sich nie regte.
Il suo corpo si librava gioioso su una terra immobile e fredda che non si muoveva mai.
Spitz blieb selbst in seinen wildesten Momenten kalt und listig.
Spitz rimase freddo e astuto anche nei suoi momenti più selvaggi.
Er verließ den Pfad und überquerte das Land, wo der Bach eine weite Biegung machte.
Lasciò il sentiero e attraversò un terreno dove il torrente formava una curva ampia.
Buck, der davon nichts wusste, blieb auf dem gewundenen Pfad des Kaninchens.
Buck, ignaro di ciò, rimase sul sentiero tortuoso del coniglio.
Dann, als Buck um eine Kurve bog, stand das geisterhafte Kaninchen vor ihm.
Poi, mentre Buck svoltava dietro una curva, il coniglio spettrale si trovò davanti a lui.
Er sah, wie eine zweite Gestalt vor der Beute vom Ufer sprang.
Vide una seconda figura balzare dalla riva precedendo la preda.
Bei der Gestalt handelte es sich um Spitz, der direkt auf dem Weg des fliehenden Kaninchens landete.
La figura era Spitz, atterrato proprio sulla traiettoria del coniglio in fuga.
Das Kaninchen konnte sich nicht umdrehen und traf mitten in der Luft auf Spitz' Kiefer.
Il coniglio non riuscì a girarsi e incontrò le fauci di Spitz a mezz'aria.
Das Rückgrat des Kaninchens brach mit einem Schrei, der so scharf war wie der Schrei eines sterbenden Menschen.

La spina dorsale del coniglio si spezzò con un grido acuto come il grido di un essere umano morente.
Bei diesem Geräusch – dem Sturz vom Leben in den Tod – heulte das Rudel laut auf.
A quel suono, il passaggio dalla vita alla morte, il branco ululò forte.
Hinter Buck erhob sich ein wilder Chor voller dunkler Freude.
Un coro selvaggio si levò da dietro Buck, pieno di oscura gioia.
Buck gab keinen Schrei von sich, keinen Laut, und stürmte direkt auf Spitz zu.
Buck non emise alcun grido, nessun suono e si lanciò dritto verso Spitz.
Er zielte auf die Kehle, traf aber stattdessen die Schulter.
Mirò alla gola, ma colpì invece la spalla.
Sie stürzten durch den weichen Schnee, ihre Körper waren in einen Kampf verstrickt.
Caddero nella neve soffice, i loro corpi erano intrappolati in un combattimento.
Spitz sprang schnell auf, als wäre er nie niedergeschlagen worden.
Spitz balzò in piedi rapidamente, come se non fosse mai stato atterrato.
Er schlug auf Bucks Schulter und sprang dann aus dem Kampf.
Colpì Buck alla spalla e poi balzò fuori dalla mischia.
Zweimal schnappten seine Zähne wie Stahlfallen, seine Lippen waren grimmig gekräuselt.
Per due volte i suoi denti schioccarono come trappole d'acciaio, e le sue labbra si arricciarono e si fecero feroci.
Er wich langsam zurück und suchte festen Boden unter seinen Füßen.
Arretrò lentamente, cercando un terreno solido sotto i piedi.
Buck verstand den Moment sofort und vollkommen.
Buck comprese il momento all'istante e pienamente.

Die Zeit war gekommen; der Kampf würde ein Kampf auf Leben und Tod werden.
Il momento era giunto: la lotta sarebbe stata una lotta all'ultimo sangue.
Die beiden Hunde umkreisten knurrend den Raum, legten die Ohren an und kniffen die Augen zusammen.
I due cani giravano in cerchio, ringhiando, con le orecchie piatte e gli occhi socchiusi.
Jeder Hund wartete darauf, dass der andere Schwäche zeigte oder einen Fehltritt machte.
Ogni cane aspettava che l'altro mostrasse debolezza o facesse un passo falso.
Buck hatte ein unheimliches Gefühl, die Szene zu kennen und tief in Erinnerung zu behalten.
Buck percepiva quella scena come stranamente nota e profondamente ricordata.
Die weißen Wälder, die kalte Erde, die Schlacht im Mondlicht.
I boschi bianchi, la terra fredda, la battaglia al chiaro di luna.
Eine schwere Stille erfüllte das Land, tief und unnatürlich.
Un silenzio pesante, profondo e innaturale riempiva la terra.
Kein Wind regte sich, kein Blatt bewegte sich, kein Geräusch unterbrach die Stille.
Nessun vento si alzava, nessuna foglia si muoveva, nessun suono rompeva il silenzio.
Der Atem der Hunde stieg wie Rauch in die eiskalte, stille Luft.
Il respiro dei cani si levava come fumo nell'aria gelida e silenziosa.
Das Kaninchen war von der Meute der wilden Tiere längst vergessen.
Il coniglio era stato dimenticato da tempo dal branco di animali selvatici.
Diese halb gezähmten Wölfe standen nun still in einem weiten Kreis.
Questi lupi semiaddomesticati ora stavano fermi in un ampio cerchio.

Sie waren still, nur ihre leuchtenden Augen verrieten ihren Hunger.
Erano silenziosi, solo i loro occhi luminosi rivelavano la loro fame.
Ihr Atem stieg auf, als sie den Beginn des Endkampfes beobachteten.
Il loro respiro saliva, mentre osservavano l'inizio dello scontro finale.
Für Buck war dieser Kampf alt und erwartet, überhaupt nicht ungewöhnlich.
Per Buck questa battaglia era vecchia e attesa, per niente strana.
Es fühlte sich an wie die Erinnerung an etwas, das schon immer passieren sollte.
Era come il ricordo di qualcosa che doveva accadere da sempre.
Spitz war ein ausgebildeter Kampfhund, gestählt durch zahllose wilde Schlägereien.
Spitz era un cane da combattimento addestrato, affinato da innumerevoli risse selvagge.
Von Spitzbergen bis Kanada hatte er viele Feinde besiegt.
Dallo Spitzbergen al Canada, aveva sconfitto molti nemici.
Er war voller Wut, ließ seiner Wut jedoch nie freien Lauf.
Era pieno di rabbia, ma non cedette mai il controllo alla rabbia.
Seine Leidenschaft war scharf, aber immer durch einen harten Instinkt gemildert.
La sua passione era acuta, ma sempre temperata dal duro istinto.
Er griff nie an, bis seine eigene Verteidigung stand.
Non ha mai attaccato finché non ha avuto la sua difesa pronta.
Buck versuchte immer wieder, Spitz' verwundbaren Hals zu erreichen.
Buck provò più volte a raggiungere il collo vulnerabile di Spitz.
Doch jeder Schlag wurde von Spitz' scharfen Zähnen mit einem Hieb beantwortet.

Ma ogni colpo veniva accolto da un fendente dei denti affilati di Spitz.

Ihre Reißzähne prallten aufeinander und beide Hunde bluteten aus den aufgerissenen Lippen.

Le loro zanne si scontrarono ed entrambi i cani sanguinarono dalle labbra lacerate.

Egal, wie sehr Buck sich auch wehrte, er konnte die Verteidigung nicht durchbrechen.

Nonostante i suoi sforzi, Buck non riusciva a rompere la difesa.

Er wurde immer wütender und stürmte mit wilden Kraftausbrüchen hinein.

Divenne sempre più furioso e si lanciò verso di lui con violente esplosioni di potenza.

Immer wieder schlug Buck nach der weißen Kehle von Spitz.

Buck colpì ripetutamente la bianca gola di Spitz.

Jedes Mal wich Spitz aus und schlug mit einem schneidenden Biss zurück.

Ogni volta Spitz schivava e contrattaccava con un morso tagliente.

Dann änderte Buck seine Taktik und stürzte sich erneut darauf, als wolle er ihm die Kehle zu Leibe rücken.

Poi Buck cambiò tattica, avventandosi di nuovo come se volesse colpirlo alla gola.

Doch er zog sich mitten im Angriff zurück und drehte sich um, um von der Seite zuzuschlagen.

Ma a metà attacco si è ritirato, girandosi per colpire di lato.

Er warf Spitz seine Schulter entgegen, um ihn niederzuschlagen.

Colpì Spitz con una spallata, con l'intento di buttarlo a terra.

Bei jedem Versuch wich Spitz aus und konterte mit einem Hieb.

Ogni volta che ci provava, Spitz lo schivava e rispondeva con un fendente.

Bucks Schulter wurde wund, als Spitz nach jedem Schlag davonsprang.

La spalla di Buck si faceva scorticare mentre Spitz si liberava dopo ogni colpo.
Spitz war nicht berührt worden, während Buck aus vielen Wunden blutete.
Spitz non era stato toccato, mentre Buck sanguinava dalle numerose ferite.
Bucks Atem ging schnell und schwer, sein Körper war blutverschmiert.
Il respiro di Buck era affannoso e pesante, il suo corpo era viscido di sangue.
Mit jedem Biss und Angriff wurde der Kampf brutaler.
La lotta diventava più brutale a ogni morso e carica.
Um sie herum warteten sechzig stille Hunde darauf, dass der erste fiel.
Attorno a loro, sessanta cani silenziosi aspettavano che il primo cadesse.
Wenn ein Hund zu Boden ging, würde das Rudel den Kampf beenden.
Se un cane fosse caduto, il branco avrebbe posto fine alla lotta.
Spitz sah, dass Buck schwächer wurde, und begann, den Angriff voranzutreiben.
Spitz vide Buck indebolirsi e cominciò ad attaccare.
Er brachte Buck aus dem Gleichgewicht und zwang ihn, um Halt zu kämpfen.
Mantenne Buck sbilanciato, costringendolo a lottare per restare in piedi.
Einmal stolperte Buck und fiel, und alle Hunde standen auf.
Una volta Buck inciampò e cadde, e tutti i cani si rialzarono.
Doch Buck richtete sich mitten im Fall auf und alle sanken wieder zu Boden.
Ma Buck si raddrizzò a metà caduta e tutti ricaddero.
Buck hatte etwas Seltenes – eine Vorstellungskraft, die aus tiefem Instinkt geboren war.
Buck aveva qualcosa di raro: un'immaginazione nata da un profondo istinto.
Er kämpfte mit natürlichem Antrieb, aber auch mit List.
Combatté per istinto naturale, ma combatté anche con astuzia.

Er griff erneut an, als würde er seinen Schulterangriffstrick wiederholen.
Tornò ad attaccare come se volesse ripetere il trucco dell'attacco alla spalla.
Doch in der letzten Sekunde ließ er sich fallen und flog unter Spitz hindurch.
Ma all'ultimo secondo si abbassò e passò sotto Spitz.
Seine Zähne schnappten um Spitz' linkes Vorderbein.
I suoi denti si bloccarono sulla zampa anteriore sinistra di Spitz con uno schiocco.
Spitz stand nun unsicher da, sein Gewicht ruhte nur noch auf drei Beinen.
Spitz ora era instabile e il suo peso gravava solo su tre zampe.
Buck schlug erneut zu und versuchte dreimal, ihn zu Fall zu bringen.
Buck colpì di nuovo e tentò tre volte di atterrarlo.
Beim vierten Versuch nutzte er denselben Zug mit Erfolg
Al quarto tentativo ha usato la stessa mossa con successo
Diesmal gelang es Buck, Spitz in das rechte Bein zu beißen.
Questa volta Buck riuscì a mordere la zampa destra di Spitz.
Obwohl Spitz verkrüppelt war und große Schmerzen litt, kämpfte er weiter ums Überleben.
Spitz, benché storpio e in agonia, continuò a lottare per sopravvivere.
Er sah, wie der Kreis der Huskys enger wurde, die Zungen herausstreckten und deren Augen leuchteten.
Vide il cerchio degli husky stringersi, con le lingue fuori e gli occhi luminosi.
Sie warteten darauf, ihn zu verschlingen, so wie sie es mit anderen getan hatten.
Aspettarono di divorarlo, proprio come avevano fatto con gli altri.
Dieses Mal stand er im Mittelpunkt: besiegt und verdammt.
Questa volta era lui al centro, sconfitto e condannato.
Für den weißen Hund gab es jetzt keine Möglichkeit mehr zu entkommen.
Ormai il cane bianco non aveva più alcuna possibilità di fuga.

Buck kannte keine Gnade, denn Gnade hatte in der Wildnis nichts zu suchen.
Buck non mostrò alcuna pietà, perché la pietà non era a posto nella natura selvaggia.
Buck bewegte sich vorsichtig und bereitete sich auf den letzten Angriff vor.
Buck si mosse con cautela, preparandosi per la carica finale.
Der Kreis der Huskys schloss sich, er spürte ihren warmen Atem.
Il cerchio degli husky si stringeva; lui sentiva i loro respiri caldi.
Sie duckten sich und waren bereit, im richtigen Moment zu springen.
Si accovacciarono, pronti a scattare quando fosse giunto il momento.
Spitz zitterte im Schnee, knurrte und veränderte seine Haltung.
Spitz tremava nella neve, ringhiando e cambiando posizione.
Seine Augen funkelten, seine Lippen waren gekräuselt und seine Zähne blitzten in verzweifelter Drohung.
I suoi occhi brillavano, le labbra si arricciavano, i denti brillavano in un'espressione disperata e minacciosa.
Er taumelte und versuchte immer noch, dem kalten Biss des Todes standzuhalten.
Barcollò, cercando ancora di resistere al freddo morso della morte.
Er hatte das schon früher erlebt, aber immer von der Gewinnerseite.
Aveva già visto situazioni simili, ma sempre dalla parte dei vincitori.
Jetzt war er auf der Verliererseite, der Besiegte, die Beute, der Tod.
Ora era dalla parte perdente; lo sconfitto; la preda; la morte.
Buck umkreiste ihn für den letzten Schlag, der Hundekreis rückte näher.
Buck si preparò al colpo finale, mentre il cerchio dei cani si faceva sempre più stretto.

Er konnte ihren heißen Atem spüren; bereit zum Töten.
Poteva sentire i loro respiri caldi; erano pronti a uccidere.
Stille breitete sich aus; alles war an seinem Platz; die Zeit war stehen geblieben.
Calò il silenzio; tutto era al suo posto; il tempo si era fermato.
Sogar die kalte Luft zwischen ihnen gefror für einen letzten Moment.
Persino l'aria fredda tra loro si congelò per un ultimo istante.
Nur Spitz bewegte sich und versuchte, sein bitteres Ende abzuwenden.
Soltanto Spitz si mosse, cercando di trattenere la sua fine amara.
Der Kreis der Hunde schloss sich um ihn, und das war sein Schicksal.
Il cerchio dei cani si stava stringendo attorno a lui, come era suo destino.
Er war jetzt verzweifelt, da er wusste, was passieren würde.
Ora era disperato, sapendo cosa stava per accadere.
Buck sprang hinein, Schulter an Schulter traf ein letztes Mal.
Buck balzò dentro e la sua spalla incontrò la sua spalla per l'ultima volta.
Die Hunde drängten vorwärts und deckten Spitz in der verschneiten Dunkelheit.
I cani si lanciarono in avanti, nascondendo Spitz nell'oscurità della neve.
Buck sah zu, aufrecht stehend; der Sieger in einer wilden Welt.
Buck osservava, eretto e fiero; il vincitore in un mondo selvaggio.
Das dominante Urtier hatte seine Beute gemacht, und es war gut.
La bestia primordiale dominante aveva fatto la sua uccisione, e la aveva fatta bene.

Wer die Meisterschaft erlangt hat
Colui che ha conquistato la maestria

„Wie? Was habe ich gesagt? Ich sage die Wahrheit, wenn ich sage, dass Buck ein Teufel ist."
"Eh? Cosa ho detto? Dico la verità quando dico che Buck è un diavolo."
François sagte dies am nächsten Morgen, nachdem er festgestellt hatte, dass Spitz verschwunden war.
François raccontò questo la mattina dopo aver scoperto la scomparsa di Spitz.
Buck stand da, übersät mit Wunden aus dem erbitterten Kampf.
Buck rimase lì, coperto di ferite causate dal violento combattimento.
François zog Buck zum Feuer und zeigte auf die Verletzungen.
François tirò Buck vicino al fuoco e indicò le ferite.
„Dieser Spitz hat gekämpft wie der Devik", sagte Perrault und beäugte die tiefen Schnittwunden.
«Quello Spitz ha combattuto come il Devik», disse Perrault, osservando i profondi tagli.
„Und dieser Buck hat wie zwei Teufel gekämpft", antwortete François sofort.
«E quel Buck si batteva come due diavoli», rispose subito François.
„Jetzt kommen wir gut voran; kein Spitz mehr, kein Ärger mehr."
"Ora faremo buon passo; niente più Spitz, niente più guai."
Perrault packte die Ausrüstung und belud den Schlitten sorgfältig.
Perrault stava preparando l'attrezzatura e caricò la slitta con cura.
François spannte die Hunde für den Lauf des Tages an.
François bardò i cani per prepararli alla corsa della giornata.
Buck trabte direkt an die Führungsposition, die einst Spitz innehatte.

Buck trotterellò dritto verso la posizione di testa, precedentemente occupata da Spitz.

Doch François bemerkte es nicht und führte Solleks nach vorne.

Ma François, senza accorgersene, condusse Solleks in prima linea.

Nach François' Einschätzung war Solleks nun der beste Leithund.

Secondo François, Solleks era ora il miglior cane da corsa.

Buck stürzte sich wütend auf Solleks und trieb ihn aus Protest zurück.

Buck si scagliò furioso contro Solleks e lo respinse indietro in segno di protesta.

Er stand dort, wo einst Spitz gestanden hatte, und beanspruchte die Führungsposition.

Si fermò dove un tempo si era fermato Spitz, rivendicando la posizione di comando.

„Wie? Wie?", rief François und schlug sich amüsiert auf die Schenkel.

"Eh? Eh?" esclamò François, dandosi una pacca sulle cosce divertito.

„Sehen Sie sich Buck an – er hat Spitz umgebracht und jetzt will er ihm den Job wegnehmen!"

"Guarda Buck: ha ucciso Spitz, ora vuole prendersi il posto!"

„Geh weg, Chook!", schrie er und versuchte, Buck zu vertreiben.

"Vattene via, Chook!" urlò, cercando di scacciare Buck.

Aber Buck weigerte sich, sich zu bewegen und blieb fest im Schnee stehen.

Ma Buck si rifiutò di muoversi e rimase immobile nella neve.

François packte Buck am Genick und zog ihn beiseite.

François afferrò Buck per la collottola e lo trascinò da parte.

Buck knurrte leise und drohend, griff aber nicht an.

Buck ringhiò basso e minaccioso, ma non attaccò.

François brachte Solleks wieder in Führung und versuchte, den Streit zu schlichten

François rimette Solleks in testa, cercando di risolvere la disputa

Der alte Hund zeigte Angst vor Buck und wollte nicht bleiben.
Il vecchio cane mostrò paura di Buck e non voleva restare.

Als François ihm den Rücken zuwandte, verjagte Buck Solleks wieder.
Quando François gli voltò le spalle, Buck scacciò di nuovo Solleks.

Solleks leistete keinen Widerstand und trat erneut leise zur Seite.
Solleks non oppose resistenza e si fece di nuovo da parte in silenzio.

François wurde wütend und schrie: „Bei Gott, ich werde dich heilen!"
François si arrabbiò e urlò: "Per Dio, ti sistemo!"

Er kam mit einer schweren Keule in der Hand auf Buck zu.
Si avvicinò a Buck tenendo in mano una pesante mazza.

Buck erinnerte sich gut an den Mann im roten Pullover.
Buck ricordava bene l'uomo con il maglione rosso.

Er zog sich langsam zurück, beobachtete François, knurrte jedoch tief.
Si ritirò lentamente, osservando François ma ringhiando profondamente.

Er eilte nicht zurück, auch nicht, als Solleks an seiner Stelle stand.
Non si affrettò a tornare indietro, nemmeno quando Solleks si mise al suo posto.

Buck kreiste knapp außerhalb seiner Reichweite und knurrte wütend und protestierend.
Buck si girò in cerchio, appena fuori dalla sua portata, ringhiando furioso e protestando.

Er behielt den Schläger im Auge und war bereit auszuweichen, falls François warf.
Teneva gli occhi fissi sulla mazza, pronto a schivare il colpo se François l'avesse lanciata.

Er war weise und vorsichtig geworden im Umgang mit bewaffneten Männern.
Era diventato saggio e cauto nei confronti degli uomini che maneggiavano le armi.

François gab auf und rief Buck erneut an seinen alten Platz.
François si arrese e chiamò di nuovo Buck al suo vecchio posto.

Aber Buck trat vorsichtig zurück und weigerte sich, dem Befehl Folge zu leisten.
Ma Buck fece un passo indietro con cautela, rifiutandosi di obbedire all'ordine.

François folgte ihm, aber Buck wich nur ein paar Schritte zurück.
François lo seguì, ma Buck indietreggiò solo di pochi passi.

Nach einiger Zeit warf François frustriert die Waffe hin.
Dopo un po' François gettò a terra l'arma, frustrato.

Er dachte, Buck hätte Angst vor einer Tracht Prügel und würde ruhig kommen.
Pensava che Buck avesse paura di essere picchiato e che avrebbe fatto lo stesso senza far rumore.

Aber Buck wollte sich nicht vor einer Strafe drücken – er kämpfte um seinen Rang.
Ma Buck non stava evitando la punizione: stava lottando per ottenere un rango.

Er hatte sich den Platz als Leithund durch einen Kampf auf Leben und Tod verdient
Si era guadagnato il posto di capobranco combattendo fino alla morte

er würde sich mit nichts Geringerem zufrieden geben, als der Anführer zu sein.
non si sarebbe accontentato di niente di meno che di essere il leader.

Perrault beteiligte sich an der Verfolgung, um den rebellischen Buck zu fangen.
Perrault si unì all'inseguimento per aiutare a catturare il ribelle Buck.

Gemeinsam ließen sie ihn fast eine Stunde lang durch das Lager laufen.
Insieme lo portarono in giro per l'accampamento per quasi un'ora.
Sie warfen Knüppel nach ihm, aber Buck wich jedem Schlag geschickt aus.
Gli scagliarono contro dei bastoni, ma Buck li schivò abilmente uno per uno.
Sie verfluchten ihn, seine Vorfahren, seine Nachkommen und jedes Haar an ihm.
Maledissero lui, i suoi antenati, i suoi discendenti e ogni suo capello.
Aber Buck knurrte nur zurück und blieb gerade außerhalb ihrer Reichweite.
Ma Buck si limitò a ringhiare e a restare appena fuori dalla loro portata.
Er versuchte nie wegzulaufen, sondern umkreiste das Lager absichtlich.
Non cercò mai di scappare, ma continuò a girare intorno all'accampamento deliberatamente.
Er machte klar, dass er gehorchen würde, sobald sie ihm gäben, was er wollte.
Disse chiaramente che avrebbe obbedito una volta ottenuto ciò che voleva.
Schließlich setzte sich François hin und kratzte sich frustriert am Kopf.
Alla fine François si sedette e si grattò la testa, frustrato.
Perrault sah auf seine Uhr, fluchte und murmelte etwas über die verlorene Zeit.
Perrault controllò l'orologio, imprecò e borbottò qualcosa sul tempo perso.
Obwohl sie eigentlich auf der Spur sein sollten, war bereits eine Stunde vergangen.
Era già trascorsa un'ora, mentre avrebbero dovuto essere sulle tracce.
François zuckte verlegen mit den Achseln, als der Kurier resigniert seufzte.

François alzò le spalle timidamente, guardando il corriere, che sospirò sconfitto.
Dann ging François zu Solleks und rief Buck noch einmal.
Poi François si avvicinò a Solleks e chiamò ancora una volta Buck.
Buck lachte wie ein Hund, wahrte jedoch vorsichtig seine Distanz.
Buck rise come ride un cane, ma mantenne una cauta distanza.
François nahm Solleks das Geschirr ab und brachte ihn an seinen Platz zurück.
François tolse l'imbracatura a Solleks e lo rimise al suo posto.
Das Schlittenteam stand voll angespannt da, nur ein Platz war unbesetzt.
La squadra di slittini era completamente imbracata, con un solo posto libero.
Die Führungsposition blieb leer und war eindeutig nur für Buck bestimmt.
La posizione di comando rimase vuota, chiaramente riservata solo a Buck.
François rief erneut, und wieder lachte Buck und blieb standhaft.
François chiamò di nuovo e di nuovo Buck rise e mantenne la sua posizione.
„Wirf die Keule weg", befahl Perrault ohne zu zögern.
«Gettate giù la mazza», ordinò Perrault senza esitazione.
François gehorchte und Buck trabte sofort stolz vorwärts.
François obbedì e Buck si lanciò subito avanti con orgoglio.
Er lachte triumphierend und übernahm die Führungsposition.
Rise trionfante e assunse la posizione di comando.
François befestigte seine Leinen und der Schlitten wurde losgerissen.
François fissò le corde e la slitta si staccò.
Beide Männer liefen neben dem Team her, als es auf den Flusspfad rannte.
Entrambi gli uomini corsero fianco a fianco mentre la squadra si lanciava lungo il sentiero del fiume.

François hatte Bucks „zwei Teufel" sehr geschätzt,
François aveva avuto una grande stima dei "due diavoli" di Buck,
aber er merkte bald, dass er den Hund tatsächlich unterschätzt hatte.
ma ben presto si rese conto di aver in realtà sottovalutato il cane.
Buck übernahm schnell die Führung und erbrachte hervorragende Leistungen.
Buck assunse rapidamente la leadership e si comportò in modo eccellente.
In puncto Urteilsvermögen, schnelles Denken und schnelles Handeln übertraf Buck Spitz.
Buck superò Spitz per capacità di giudizio, rapidità di pensiero e rapidità di azione.
François hatte noch nie einen Hund gesehen, der dem von Buck gleichkam.
François non aveva mai visto un cane pari a quello che Buck mostrava ora.
Aber Buck war wirklich herausragend darin, für Ordnung zu sorgen und Respekt zu erlangen.
Ma Buck eccelleva davvero nel far rispettare l'ordine e nel imporre rispetto.
Dave und Solleks akzeptierten die Änderung ohne Bedenken oder Protest.
Dave e Solleks accettarono il cambiamento senza preoccupazioni o proteste.
Sie konzentrierten sich nur auf die Arbeit und zogen kräftig die Zügel an.
Si concentravano solo sul lavoro e tiravano forte le redini.
Es war ihnen egal, wer führte, solange der Schlitten in Bewegung blieb.
A loro importava poco chi guidasse, purché la slitta continuasse a muoversi.
Billee, der Fröhliche, hätte, soweit es sie interessierte, die Führung übernehmen können.

Billee, quella allegra, avrebbe potuto comandare per quel che volevano.
Was ihnen wichtig war, waren Frieden und Ordnung in den Reihen.
Ciò che contava per loro era la pace e l'ordine tra i ranghi.

Der Rest des Teams war während Spitz' Niedergang unbändig geworden.
Il resto della squadra era diventato indisciplinato durante il declino di Spitz.
Sie waren schockiert, als Buck sie sofort zur Ordnung rief.
Rimasero scioccati quando Buck li riportò immediatamente all'ordine.
Pike war immer faul gewesen und hatte Buck hinterhergehangen.
Pike era sempre stato pigro e aveva sempre tergiversato dietro a Buck.
Doch nun wurde er von der neuen Führung scharf diszipliniert.
Ma ora è stato severamente disciplinato dalla nuova leadership.
Und er lernte schnell, seinen Teil zum Team beizutragen.
E imparò rapidamente a dare il suo contributo alla squadra.
Am Ende des Tages hatte Pike härter gearbeitet als je zuvor.
Alla fine della giornata, Pike lavorò più duramente che mai.
In dieser Nacht im Lager wurde Joe, der mürrische Hund, endlich beruhigt.
Quella notte all'accampamento, Joe, il cane scontroso, fu finalmente domato.
Spitz hatte es nicht geschafft, ihn zu disziplinieren, aber Buck versagte nicht.
Spitz non era riuscito a disciplinarlo, ma Buck non aveva fallito.
Durch die Nutzung seines größeren Gewichts überwältigte Buck Joe in Sekundenschnelle.
Sfruttando il suo peso maggiore, Buck sopraffece Joe in pochi secondi.

Er biss und schlug Joe, bis dieser wimmerte und aufhörte, sich zu wehren.
Morse e picchiò Joe finché questi non si mise a piagnucolare e smise di opporre resistenza.
Von diesem Moment an verbesserte sich das gesamte Team.
Da quel momento in poi l'intera squadra migliorò.
Die Hunde erlangten ihre alte Einheit und Disziplin zurück.
I cani ritrovarono la loro antica unità e disciplina.
In Rink Rapids kamen zwei neue einheimische Huskies hinzu, Teek und Koona.
A Rink Rapids si sono uniti al gruppo due nuovi husky autoctoni, Teek e Koona.
Bucks schnelle Ausbildung erstaunte sogar François.
La rapidità con cui Buck li addestramento stupì perfino François.
„So einen Hund wie diesen Buck hat es noch nie gegeben!", rief er erstaunt.
"Non è mai esistito un cane come quel Buck!" esclamò stupito.
„Nein, niemals! Er ist tausend Dollar wert, bei Gott!"
"No, mai! Vale mille dollari, per Dio!"
„Wie? Was sagst du dazu, Perrault?", fragte er stolz.
"Eh? Che ne dici, Perrault?" chiese con orgoglio.
Perrault nickte zustimmend und überprüfte seine Notizen.
Perrault annuì in segno di assenso e controllò i suoi appunti.
Wir liegen bereits vor dem Zeitplan und kommen täglich weiter voran.
Siamo già in anticipo sui tempi e guadagniamo sempre di più ogni giorno.
Der Weg war festgestampft und glatt, es lag kein Neuschnee.
Il sentiero era compatto e liscio, senza neve fresca.
Es war konstant kalt und lag die ganze Zeit bei minus fünfzig Grad.
Il freddo era costante, con temperature che si aggiravano sempre sui cinquanta gradi sotto zero.
Die Männer ritten und rannten abwechselnd, um sich warm zu halten und Zeit zu gewinnen.

Per scaldarsi e guadagnare tempo, gli uomini si alternavano a cavallo e a correre.
Die Hunde rannten schnell, mit wenigen Pausen, immer vorwärts.
I cani correvano veloci, fermandosi di rado, spingendosi sempre in avanti.
Der Thirty Mile River war größtenteils zugefroren und leicht zu überqueren.
Il fiume Thirty Mile era per la maggior parte ghiacciato e facile da attraversare.
Was zehn Tage gedauert hatte, wurde an einem Tag verschickt.
In un giorno realizzarono ciò che per arrivare aveva impiegato dieci giorni.
Sie legten einen sechsundneunzig Kilometer langen Sprint vom Lake Le Barge nach White Horse zurück.
Percorsero circa 96 chilometri dal lago Le Barge a White Horse.
Sie bewegten sich unglaublich schnell über die Seen Marsh, Tagish und Bennett.
Si muovevano a velocità incredibile attraverso i laghi Marsh, Tagish e Bennett.
Der laufende Mann wird an einem Seil hinter dem Schlitten hergezogen.
L'uomo che correva veniva trainato dietro la slitta con una corda.
In der letzten Nacht der zweiten Woche erreichten sie ihr Ziel.
L'ultima notte della seconda settimana giunsero a destinazione.
Sie hatten gemeinsam die Spitze des White Pass erreicht.
Insieme avevano raggiunto la cima del White Pass.
Sie sanken auf Meereshöhe hinab, mit den Lichtern von Skaguay unter ihnen.
Scesero fino al livello del mare, con le luci dello Skaguay sotto di loro.
Es war ein Rekordlauf durch kilometerlange kalte Wildnis.

Era stata una corsa da record attraverso chilometri di fredda natura selvaggia.
An vierzehn aufeinanderfolgenden Tagen legten sie im Durchschnitt satte vierundsechzig Kilometer zurück.
Per quattordici giorni di fila percorsero in media circa quaranta miglia.
In Skaguay transportierten Perrault und François Fracht durch die Stadt.
A Skaguay, Perrault e François trasportavano merci attraverso la città.
Die bewundernde Menge jubelte ihnen zu und bot ihnen viele Getränke an.
Furono applauditi e ricevettero numerose bevande dalla folla ammirata.
Hundefänger und Arbeiter versammelten sich um das berühmte Hundegespann.
I cacciatori di cani e gli operai si sono riuniti attorno alla famosa squadra cinofila.
Dann kamen Gesetzlose aus dem Westen in die Stadt und erlitten eine brutale Niederlage.
Poi i fuorilegge del West giunsero in città e subirono una violenta sconfitta.
Die Leute vergaßen bald das Team und konzentrierten sich auf neue Dramen.
La gente si dimenticò presto della squadra e si concentrò sul nuovo dramma.
Dann kamen die neuen Befehle, die alles auf einen Schlag veränderten.
Poi arrivarono i nuovi ordini che cambiarono tutto in un colpo.
François rief Buck zu sich und umarmte ihn mit tränenreichem Stolz.
François chiamò Buck e lo abbracciò con orgoglio e lacrime.
In diesem Moment sah Buck François zum letzten Mal wieder.
Quel momento fu l'ultima volta che Buck vide di nuovo François.

Wie viele Männer zuvor waren sowohl François als auch Perrault nicht mehr da.
Come molti altri uomini prima di lui, sia François che Perrault se n'erano andati.

Ein schottischer Mischling übernahm das Kommando über Buck und seine Schlittenhunde-Kollegen.
Un meticcio scozzese si prese cura di Buck e dei suoi compagni di squadra con i cani da slitta.

Mit einem Dutzend anderer Hundegespanne kehrten sie auf dem Weg nach Dawson zurück.
Con una dozzina di altre mute di cani, ritornarono lungo il sentiero fino a Dawson.

Es war kein Schnelllauf mehr, sondern harte Arbeit mit einer schweren Last jeden Tag.
Non si trattava più di una corsa veloce, ma solo di un duro lavoro con un carico pesante ogni giorno.

Dies war der Postzug, der den Goldsuchern in der Nähe des Pols Nachrichten brachte.
Si trattava del treno postale che portava notizie ai cercatori d'oro vicino al Polo.

Buck mochte die Arbeit nicht, ertrug sie jedoch gut und war stolz auf seine Leistung.
Buck non amava il lavoro, ma lo sopportò bene, essendo orgoglioso del suo impegno.

Wie Dave und Solleks zeigte Buck Hingabe bei jeder täglichen Aufgabe.
Come Dave e Solleks, Buck dimostrava dedizione in ogni compito quotidiano.

Er stellte sicher, dass jeder seiner Teamkollegen seinen Teil beitrug.
Si è assicurato che tutti i suoi compagni di squadra dessero il massimo.

Das Leben auf dem Trail wurde langweilig und wiederholte sich mit der Präzision einer Maschine.
La vita sui sentieri divenne noiosa e si ripeteva con la precisione di una macchina.

Jeder Tag fühlte sich gleich an, ein Morgen ging in den nächsten über.
Ogni giorno era uguale, una mattina si fondeva con quella successiva.
Zur gleichen Stunde standen die Köche auf, um Feuer zu machen und Essen zuzubereiten.
Alla stessa ora, i cuochi si alzarono per accendere il fuoco e preparare il cibo.
Nach dem Frühstück verließen einige das Lager, während andere die Hunde anspannten.
Dopo colazione alcuni lasciarono l'accampamento mentre altri attaccarono i cani.
Sie machten sich auf den Weg, bevor die schwache Morgendämmerung den Himmel berührte.
Raggiunsero il sentiero prima che il pallido segnale dell'alba sfiorasse il cielo.
Nachts hielten sie an, um ihr Lager aufzuschlagen, wobei jeder Mann eine festgelegte Aufgabe hatte.
Di notte si fermavano per accamparsi, e a ogni uomo veniva assegnato un compito.
Einige stellten die Zelte auf, andere hackten Feuerholz und sammelten Kiefernzweige.
Alcuni montarono le tende, altri tagliarono la legna da ardere e raccolsero rami di pino.
Zum Abendessen wurde den Köchen Wasser oder Eis mitgebracht.
Acqua o ghiaccio venivano portati ai cuochi per la cena serale.
Die Hunde wurden gefüttert und das war für sie der schönste Teil des Tages.
I cani vennero nutriti e per loro quello fu il momento migliore della giornata.
Nachdem sie Fisch gegessen hatten, entspannten sich die Hunde und machten es sich in der Nähe des Feuers gemütlich.
Dopo aver mangiato il pesce, i cani si rilassarono e oziarono vicino al fuoco.

Im Konvoi waren noch hundert andere Hunde, unter die man sich mischen konnte.
Nel convoglio c'erano un centinaio di altri cani con cui socializzare.
Viele dieser Hunde waren wild und kämpften ohne Vorwarnung.
Molti di quei cani erano feroci e pronti a combattere senza preavviso.
Doch nach drei Siegen war Buck selbst den härtesten Kämpfern überlegen.
Ma dopo tre vittorie, Buck riuscì a domare anche i combattenti più feroci.
Als Buck nun knurrte und die Zähne fletschte, traten sie zur Seite.
Ora, quando Buck ringhiò e mostrò i denti, loro si fecero da parte.
Und das Beste war vielleicht, dass Buck es liebte, neben dem flackernden Lagerfeuer zu liegen.
Forse la cosa più bella di tutte era che a Buck piaceva sdraiarsi vicino al fuoco tremolante.
Er hockte mit angezogenen Hinterbeinen und nach vorne gestreckten Vorderbeinen.
Si accovacciò, con le zampe posteriori ripiegate e quelle anteriori distese in avanti.
Er hatte den Kopf erhoben und blinzelte sanft in die glühenden Flammen.
Teneva la testa sollevata e sbatteva dolcemente le palpebre verso le fiamme ardenti.
Manchmal musste er an Richter Millers großes Haus in Santa Clara denken.
A volte ricordava la grande casa del giudice Miller a Santa Clara.
Er dachte an den Zementpool, an Ysabel und den Mops namens Toots.
Pensò alla piscina di cemento, a Ysabel e al carlino di nome Toots.

Aber häufiger musste er an die Keule des Mannes mit dem roten Pullover denken.
Ma più spesso si ricordava del bastone dell'uomo con il maglione rosso.
Er erinnerte sich an Curlys Tod und seinen erbitterten Kampf mit Spitz.
Ricordava la morte di Curly e la sua feroce battaglia con Spitz.
Er erinnerte sich auch an das gute Essen, das er gegessen hatte oder von dem er immer noch träumte.
Ricordava anche il buon cibo che aveva mangiato o che ancora sognava.
Buck hatte kein Heimweh – das warme Tal war weit weg und unwirklich.
Buck non aveva nostalgia di casa: la valle calda era lontana e irreale.
Die Erinnerungen an Kalifornien hatten keine große Anziehungskraft mehr auf ihn.
I ricordi della California non avevano più alcun fascino su di lui.
Stärker als die Erinnerung waren die tief in seinem Blut verwurzelten Instinkte.
Più forti della memoria erano gli istinti radicati nella sua stirpe.
Einst verlorene Gewohnheiten waren zurückgekehrt und durch den Weg und die Wildnis wiederbelebt worden.
Le abitudini un tempo perdute erano tornate, ravvivate dal sentiero e dalla natura selvaggia.
Während Buck das Feuerlicht betrachtete, veränderte sich seine Wahrnehmung manchmal.
Mentre Buck osservava la luce del fuoco, a volte questa diventava qualcos'altro.
Er sah im Feuerschein ein anderes Feuer, älter und tiefer als das gegenwärtige.
Vide alla luce del fuoco un altro fuoco, più vecchio e più profondo di quello attuale.
Neben dem anderen Feuer hockte ein Mann, der anders aussah als der Mischlingskoch.

Accanto all'altro fuoco era accovacciato un uomo che non somigliava per niente al cuoco meticcio.
Diese Figur hatte kurze Beine, lange Arme und harte, verknotete Muskeln.
Questa figura aveva gambe corte, braccia lunghe e muscoli duri e contratti.
Sein Haar war lang und verfilzt und fiel von den Augen nach hinten ab.
I suoi capelli erano lunghi e arruffati, e gli scendevano all'indietro a partire dagli occhi.
Er gab seltsame Geräusche von sich und starrte voller Angst in die Dunkelheit.
Emetteva strani suoni e fissava l'oscurità con paura.
Er hielt eine Steinkeule tief in seiner langen, rauen Hand fest.
Teneva bassa una mazza di pietra, stretta saldamente nella sua mano lunga e ruvida.
Der Mann trug wenig, nur eine verkohlte Haut, die ihm den Rücken hinunterhing.
L'uomo indossava ben poco: solo una pelle carbonizzata che gli pendeva lungo la schiena.
Sein Körper war an Armen, Brust und Oberschenkeln mit dichtem Haar bedeckt.
Il suo corpo era ricoperto da una folta peluria sulle braccia, sul petto e sulle cosce.
Einige Teile des Haares waren zu rauen Fellbüscheln verfilzt.
Alcune parti del pelo erano aggrovigliate e formavano chiazze di pelo ruvido.
Er stand nicht gerade, sondern war von der Hüfte bis zu den Knien nach vorne gebeugt.
Non stava dritto, ma era piegato in avanti dai fianchi alle ginocchia.
Seine Schritte waren federnd und katzenartig, als wäre er immer zum Sprung bereit.
I suoi passi erano elastici e felini, come se fosse sempre pronto a scattare.

Er war in höchster Wachsamkeit, als lebte er in ständiger Angst.
C'era una forte allerta, come se vivesse nella paura costante.
Dieser alte Mann schien mit Gefahr zu rechnen, ob er die Gefahr nun sah oder nicht.
Quest'uomo anziano sembrava aspettarsi il pericolo, indipendentemente dal fatto che questo venisse visto o meno.
Manchmal schlief der haarige Mann am Feuer, den Kopf zwischen die Beine gesteckt.
A volte l'uomo peloso dormiva accanto al fuoco, con la testa tra le gambe.
Seine Ellbogen ruhten auf seinen Knien, die Hände waren über seinem Kopf gefaltet.
Teneva i gomiti sulle ginocchia e le mani giunte sopra la testa.
Wie ein Hund benutzte er seine haarigen Arme, um den fallenden Regen abzuschütteln.
Come un cane, usava le sue braccia pelose per proteggersi dalla pioggia che cadeva.
Hinter dem Feuerschein sah Buck zwei Kohlen im Dunkeln glühen.
Oltre la luce del fuoco, Buck vide due carboni ardenti che ardevano nell'oscurità.
Immer zu zweit, waren sie die Augen der sich anpirschenden Raubtiere.
Sempre a due a due, erano gli occhi delle bestie da preda.
Er hörte, wie Körper durchs Unterholz krachten und Geräusche in der Nacht.
Sentì corpi che si infrangevano tra i cespugli e rumori provenienti dalla notte.
Buck lag blinzelnd am Ufer des Yukon und träumte am Feuer.
Sdraiato sulla riva dello Yukon, sbattendo le palpebre, Buck sognò accanto al fuoco.
Die Anblicke und Geräusche dieser wilden Welt ließen ihm die Haare zu Berge stehen.
Le immagini e i suoni di quel mondo selvaggio gli fecero rizzare i capelli.

Das Fell stand ihm über den Rücken, die Schultern und den Hals hinauf.
La pelliccia gli si drizzò lungo la schiena, sulle spalle e sul collo.
Er wimmerte leise oder gab ein tiefes Knurren aus der Brust von sich.
Gemeva piano o emetteva un ringhio basso dal profondo del petto.
Dann rief der Mischlingskoch: „Hey, du Buck, wach auf!"
Allora il cuoco meticcio urlò: "Ehi, Buck, svegliati!"
Die Traumwelt verschwand und das wirkliche Leben kehrte in Bucks Augen zurück.
Il mondo dei sogni svanì e la vera vita tornò agli occhi di Buck.
Er wollte aufstehen, sich strecken und gähnen, als wäre er aus einem Nickerchen erwacht.
Si sarebbe alzato, si sarebbe stiracchiato e avrebbe sbadigliato, come se si fosse svegliato da un pisolino.
Die Reise war anstrengend, da sie den Postschlitten hinter sich herziehen mussten.
Il viaggio era duro, con la slitta postale che li trascinava dietro.
Schwere Lasten und harte Arbeit zermürbten die Hunde jeden langen Tag.
Carichi pesanti e lavoro duro sfinivano i cani ogni lunga giornata.
Sie kamen dünn und müde in Dawson an und brauchten über eine Woche Ruhe.
Arrivarono a Dawson magro, stanco e con bisogno di più di una settimana di riposo.
Doch nur zwei Tage später machten sie sich erneut auf den Weg den Yukon hinunter.
Ma solo due giorni dopo ripartirono per lo Yukon.
Sie waren mit weiteren Briefen beladen, die für die Außenwelt bestimmt waren.
Erano carichi di altre lettere dirette al mondo esterno.
Die Hunde waren erschöpft und die Männer beschwerten sich ständig.

I cani erano esausti e gli uomini si lamentavano in continuazione.
Jeden Tag fiel Schnee, der den Weg weicher machte und die Schlitten verlangsamte.
Ogni giorno cadeva la neve, ammorbidendo il sentiero e rallentando le slitte.
Dies führte zu einem stärkeren Ziehen und einem größeren Widerstand der Läufer.
Ciò rendeva la trazione più dura e aumentava la resistenza delle guide.
Trotzdem waren die Fahrer fair und kümmerten sich um ihre Teams.
Nonostante ciò, i piloti si sono dimostrati leali e hanno avuto cura delle loro squadre.
Jeden Abend wurden die Hunde gefüttert, bevor die Männer etwas zu essen bekamen.
Ogni notte, i cani venivano nutriti prima che gli uomini mangiassero.
Kein Mann geht schlafen, ohne vorher die Pfoten seines eigenen Hundes zu kontrollieren.
Nessun uomo dormiva prima di controllare le zampe del proprio cane.
Dennoch wurden die Hunde mit jeder zurückgelegten Strecke schwächer.
Tuttavia, i cani diventavano sempre più deboli man mano che i chilometri consumavano i loro corpi.
Sie waren den ganzen Winter über zweitausendachthundert Kilometer gereist.
Avevano viaggiato per milleottocento miglia durante l'inverno.
Sie zogen Schlitten über jede Meile dieser brutalen Distanz.
Percorrevano ogni miglio di quella distanza brutale trainando le slitte.
Selbst die härtesten Schlittenhunde spüren nach so vielen Kilometern die Belastung.
Anche i cani da slitta più resistenti provano tensione dopo tanti chilometri.

Buck hielt durch, sorgte für die Weiterarbeit seines Teams und sorgte für die nötige Disziplin.
Buck tenne duro, fece sì che la sua squadra lavorasse e mantenne la disciplina.

Aber Buck war müde, genau wie die anderen auf der langen Reise.
Ma Buck era stanco, proprio come gli altri durante il lungo viaggio.

Billee wimmerte und weinte jede Nacht ohne Ausnahme im Schlaf.
Billee piagnucolava e piangeva nel sonno ogni notte, senza sosta.

Joe wurde noch verbitterter und Solleks blieb kalt und distanziert.
Joe diventò ancora più amareggiato e Solleks rimase freddo e distante.

Doch Dave war derjenige des gesamten Teams, der am meisten darunter litt.
Ma è stato Dave a soffrire di più di tutta la squadra.

Irgendetwas in seinem Inneren war schiefgelaufen, doch niemand wusste, was.
Qualcosa dentro di lui era andato storto, anche se nessuno sapeva cosa.

Er wurde launischer und fuhr andere mit wachsender Wut an.
Divenne più lunatico e aggredì gli altri con rabbia crescente.

Jede Nacht ging er direkt zu seinem Nest und wartete darauf, gefüttert zu werden.
Ogni notte andava dritto al suo nido, in attesa di essere nutrito.

Als Dave einmal unten war, stand er bis zum Morgen nicht mehr auf.
Una volta a terra, Dave non si alzò più fino al mattino.

Plötzliche Rucke oder Anlaufe an den Zügeln ließen ihn vor Schmerzen aufschreien.
Sulle redini, gli improvvisi strattoni o sussulti lo facevano gridare di dolore.

Sein Fahrer suchte nach der Ursache, konnte jedoch keine Verletzungen feststellen.
L'autista ha cercato di capirne la causa, ma non ha trovato ferite.
Alle Fahrer beobachteten Dave und besprachen seinen Fall.
Tutti gli autisti cominciarono a osservare Dave e a discutere del suo caso.
Sie unterhielten sich beim Essen und während ihrer letzten Zigarette des Tages.
Parlarono durante i pasti e durante l'ultima sigaretta della giornata.
Eines Nachts hielten sie eine Versammlung ab und brachten Dave zum Feuer.
Una notte tennero una riunione e portarono Dave al fuoco.
Sie drückten und untersuchten seinen Körper und er schrie oft.
Gli premevano e palpavano il corpo e lui gridava spesso.
Offensichtlich stimmte etwas nicht, auch wenn keine Knochen gebrochen zu sein schienen.
Era evidente che qualcosa non andava, anche se non sembrava esserci nessuna frattura.
Als sie Cassiar Bar erreichten, war Dave am Umfallen.
Quando arrivarono al Cassiar Bar, Dave stava cadendo.
Der schottische Mischling machte Schluss und nahm Dave aus dem Team.
Il meticcio scozzese impose uno stop e rimosse Dave dalla squadra.
Er befestigte Solleks an Daves Stelle, ganz vorne am Schlitten.
Fissò Solleks al posto di Dave, il più vicino possibile alla parte anteriore della slitta.
Er wollte Dave ausruhen und ihm die Freiheit geben, hinter dem fahrenden Schlitten herzulaufen.
Voleva lasciare che Dave riposasse e corresse libero dietro la slitta in movimento.
Doch selbst als er krank war, hasste Dave es, von seinem Job geholt zu werden.

Ma nonostante la malattia, Dave odiava che gli venisse tolto il lavoro che aveva ricoperto.

Er knurrte und wimmerte, als ihm die Zügel aus dem Körper gerissen wurden.

Ringhiò e piagnucolò quando gli strapparono le redini dal corpo.

Als er Solleks an seiner Stelle sah, weinte er vor gebrochenem Herzen.

Quando vide Solleks al suo posto, pianse disperato.

Dave war noch immer stolz auf seine Arbeit auf dem Weg, selbst als der Tod nahte.

L'orgoglio per il lavoro sui sentieri era profondo in Dave, anche quando la morte si avvicinava.

Während der Schlitten fuhr, kämpfte sich Dave durch den weichen Schnee in der Nähe des Pfades.

Mentre la slitta si muoveva, Dave arrancava nella neve soffice vicino al sentiero.

Er griff Solleks an, biss ihn und stieß ihn von der Seite des Schlittens.

Attaccò Solleks, mordendolo e spingendolo giù dal lato della slitta.

Dave versuchte, in das Geschirr zu springen und seinen Arbeitsplatz zurückzuerobern.

Dave cercò di saltare nell'imbracatura e di riprendersi il suo posto di lavoro.

Er schrie, jammerte und weinte, hin- und hergerissen zwischen Schmerz und Stolz auf die Wehen.

Lui guaiva, si lamentava e piangeva, diviso tra il dolore e l'orgoglio del parto.

Der Mischling versuchte, Dave mit seiner Peitsche vom Team zu vertreiben.

Il meticcio usò la frusta per cercare di allontanare Dave dalla squadra.

Doch Dave ignorierte den Hieb und der Mann konnte nicht härter zuschlagen.

Ma Dave ignorò la frustata e l'uomo non riuscì a colpirlo più forte.

Dave lehnte den einfacheren Weg hinter dem Schlitten ab, wo der Schnee festgefahren war.
Dave rifiutò il sentiero più facile dietro la slitta, dove la neve era compatta.
Stattdessen kämpfte er sich elend durch den tiefen Schnee neben dem Weg.
Invece, si ritrovò a lottare nella neve profonda, ai lati del sentiero, in preda alla miseria.
Schließlich brach Dave zusammen, blieb im Schnee liegen und schrie vor Schmerzen.
Alla fine Dave crollò, giacendo sulla neve e urlando di dolore.
Er schrie auf, als die lange Schlittenkette einer nach dem anderen an ihm vorbeifuhr.
Lanciò un grido mentre la lunga fila di slitte gli passava accanto una dopo l'altra.
Dennoch stand er mit der ihm verbleibenden Kraft auf und stolperte ihnen hinterher.
Tuttavia, con le poche forze che gli rimanevano, si alzò e barcollò dietro di loro.
Als der Zug wieder anhielt, holte er ihn ein und fand seinen alten Schlitten.
Quando il treno si fermò di nuovo, lo raggiunse e trovò la sua vecchia slitta.
Er kämpfte sich an den anderen Teams vorbei und stand wieder neben Solleks.
Superò con difficoltà le altre squadre e tornò a posizionarsi accanto a Solleks.
Als der Fahrer anhielt, um seine Pfeife anzuzünden, nutzte Dave seine letzte Chance.
Mentre l'autista si fermava per accendere la pipa, Dave colse l'ultima occasione.
Als der Fahrer zurückkam und schrie, bewegte sich das Team nicht weiter.
Quando l'autista tornò e urlò, la squadra non avanzò.
Die Hunde hatten ihre Köpfe gedreht, verwirrt durch den plötzlichen Stopp.
I cani avevano girato la testa, confusi dall'improvviso arresto.

Auch der Fahrer war schockiert – der Schlitten hatte sich keinen Zentimeter vorwärts bewegt.
Anche il conducente era sciocato: la slitta non si era mossa di un centimetro in avanti.
Er rief den anderen zu, sie sollten kommen und nachsehen, was passiert sei.
Chiamò gli altri perché venissero a vedere cosa era successo.
Dave hatte Solleks' Zügel durchgekaut und beide auseinandergerissen.
Dave aveva masticato le redini di Solleks, spezzandole entrambe.
Nun stand er vor dem Schlitten, wieder an seinem rechtmäßigen Platz.
Ora era di nuovo in piedi davanti alla slitta, nella sua giusta posizione.
Dave blickte zum Fahrer auf und flehte ihn stumm an, in der Spur zu bleiben.
Dave alzò lo sguardo verso l'autista, implorandolo silenziosamente di restare al passo.
Der Fahrer war verwirrt und wusste nicht, was er für den zappelnden Hund tun sollte.
L'autista era perplesso e non sapeva cosa fare per il cane in difficoltà.
Die anderen Männer sprachen von Hunden, die beim Rausbringen gestorben waren.
Gli altri uomini parlavano di cani morti perché li avevano portati fuori.
Sie erzählten von alten oder verletzten Hunden, denen es das Herz brach, als sie zurückgelassen wurden.
Raccontavano di cani vecchi o feriti il cui cuore si era spezzato quando erano stati abbandonati.
Sie waren sich einig, dass es Gnade wäre, Dave sterben zu lassen, während er noch im Geschirr steckte.
Concordarono che era un atto di misericordia lasciare che Dave morisse mentre era ancora imbrigliato.
Er wurde wieder auf dem Schlitten festgeschnallt und Dave zog voller Stolz.

Fu rimesso in sicurezza sulla slitta e Dave tirò con orgoglio.
Obwohl er manchmal schrie, arbeitete er, als könne man den Schmerz ignorieren.
Anche se a volte gridava, lavorava come se il dolore potesse essere ignorato.
Mehr als einmal fiel er und wurde mitgeschleift, bevor er wieder aufstand.
Più di una volta cadde e fu trascinato prima di rialzarsi.
Einmal wurde er vom Schlitten überrollt und von diesem Moment an humpelte er.
A un certo punto la slitta gli rotolò addosso e da quel momento in poi zoppicò.
Trotzdem arbeitete er, bis das Lager erreicht war, und legte sich dann ans Feuer.
Nonostante ciò, lavorò finché non raggiunse l'accampamento e poi si sdraiò accanto al fuoco.
Am Morgen war Dave zu schwach, um zu reisen oder auch nur aufrecht zu stehen.
Al mattino Dave era troppo debole per muoversi o anche solo per stare in piedi.
Als es Zeit war, das Geschirr anzulegen, versuchte er mit zitternder Anstrengung, seinen Fahrer zu erreichen.
Al momento di allacciare l'imbracatura, cercò di raggiungere il suo autista con sforzi tremanti.
Er rappelte sich auf, taumelte und brach auf dem schneebedeckten Boden zusammen.
Si sforzò di rialzarsi, barcollò e crollò sul terreno innevato.
Mithilfe seiner Vorderbeine zog er seinen Körper in Richtung des Angeschirrs.
Utilizzando le zampe anteriori, trascinò il suo corpo verso la zona dell'imbracatura.
Zentimeter für Zentimeter schob er sich auf die Arbeitshunde zu.
Si fece avanti, centimetro dopo centimetro, verso i cani da lavoro.
Er verließ die Kraft, aber er machte mit seinem letzten verzweifelten Vorstoß weiter.

Le forze gli cedettero, ma continuò a muoversi nel suo ultimo disperato tentativo.

Seine Teamkollegen sahen ihn im Schnee nach Luft schnappen und sich immer noch danach sehnen, zu ihnen zu kommen.

I suoi compagni di squadra lo videro ansimare nella neve, ancora desideroso di unirsi a loro.

Sie hörten ihn vor Kummer schreien, als sie das Lager hinter sich ließen.

Lo sentirono urlare di dolore mentre si lasciavano alle spalle l'accampamento.

Als das Team zwischen den Bäumen verschwand, hallte Daves Schrei hinter ihnen wider.

Mentre la squadra svaniva tra gli alberi, il grido di Dave risuonava dietro di loro.

Der Schlittenzug hielt kurz an, nachdem er einen Abschnitt des Flusswalds überquert hatte.

Il treno delle slitte si fermò brevemente dopo aver attraversato un tratto di fiume ricco di boschi.

Der schottische Mischling ging langsam zurück zum Lager dahinter.

Il meticcio scozzese tornò lentamente verso l'accampamento alle sue spalle.

Die Männer verstummten, als sie ihn den Schlittenzug verlassen sahen.

Gli uomini smisero di parlare quando lo videro scendere dal treno delle slitte.

Dann ertönte ein einzelner Schuss klar und scharf über den Weg.

Poi un singolo colpo di pistola risuonò chiaro e netto attraverso il sentiero.

Der Mann kam schnell zurück und nahm wortlos seinen Platz ein.

L'uomo tornò rapidamente e prese il suo posto senza dire una parola.

Peitschen knallten, Glöckchen bimmelten und die Schlitten rollten durch den Schnee.

Le fruste schioccavano, i campanelli tintinnavano e le slitte avanzavano sulla neve.
Aber Buck wusste, was passiert war – und alle anderen Hunde auch.
Ma Buck sapeva cosa era successo, come tutti gli altri cani.

Die Mühen der Zügel und des Trails
La fatica delle redini e del sentiero

Dreißig Tage nach dem Verlassen von Dawson erreichte die Salt Water Mail Skaguay.
Trenta giorni dopo aver lasciato Dawson, la Salt Water Mail raggiunse Skaguay.

Buck und seine Teamkollegen gingen in Führung, kamen aber in einem erbärmlichen Zustand an.
Buck e i suoi compagni di squadra presero il comando e arrivarono in condizioni pietose.

Buck hatte von hundertvierzig auf hundertfünfzehn Pfund abgenommen.
Buck era sceso da 140 a 150 chili.

Die anderen Hunde hatten, obwohl kleiner, noch mehr Körpergewicht verloren.
Gli altri cani, sebbene più piccoli, avevano perso ancora più peso corporeo.

Pike, einst ein vorgetäuschter Hinker, schleppte nun ein wirklich verletztes Bein hinter sich her.
Pike, che una volta zoppicava fingendo, ora trascinava dietro di sé una gamba veramente ferita.

Solleks humpelte stark und Dub hatte ein verrenktes Schulterblatt.
Solleks zoppicava gravemente e Dub aveva una scapola slogata.

Die Füße aller Hunde im Team waren von den Wochen auf dem gefrorenen Pfad wund.
Tutti i cani del team avevano i piedi doloranti a causa delle settimane trascorse sul sentiero ghiacciato.

Ihre Schritte waren völlig federnd und bewegten sich nur langsam und schleppend.
Non avevano più slancio nei loro passi, solo un movimento lento e trascinato.

Ihre Füße treffen den Weg hart und jeder Schritt belastet ihren Körper stärker.

I loro piedi colpivano il sentiero con forza e ogni passo aggiungeva ulteriore sforzo al loro corpo.

Sie waren nicht krank, sondern nur so erschöpft, dass sie sich auf natürliche Weise nicht mehr erholen konnten.

Non erano malati, erano solo stremati oltre ogni possibile guarigione naturale.

Dies war nicht die Müdigkeit eines harten Tages, die durch eine Nachtruhe geheilt werden konnte.

Non si trattava della stanchezza di una giornata faticosa, curata con una notte di riposo.

Es war eine Erschöpfung, die sich durch monatelange, zermürbende Anstrengungen langsam aufgebaut hatte.

Era una stanchezza accumulata lentamente attraverso mesi di sforzi estenuanti.

Es waren keine Kraftreserven mehr vorhanden, sie hatten alles aufgebraucht, was sie hatten.

Non era rimasta alcuna riserva di forze: avevano esaurito ogni energia a loro disposizione.

Jeder Muskel, jede Faser und jede Zelle ihres Körpers war erschöpft und abgenutzt.

Ogni muscolo, fibra e cellula del loro corpo era consumato e usurato.

Und das hatte seinen Grund: Sie hatten zweitausendfünfhundert Meilen zurückgelegt.

E c'era un motivo: avevano percorso duemilacinquecento miglia.

Auf den letzten zweitausendachthundert Kilometern hatten sie sich nur fünf Tage ausgeruht.

Si erano riposati solo cinque giorni durante le ultime milleottocento miglia.

Als sie Skaguay erreichten, sahen sie aus, als könnten sie kaum aufrecht stehen.

Quando giunsero a Skaguay, sembrava che riuscissero a malapena a stare in piedi.

Sie hatten Mühe, die Zügel straff zu halten und vor dem Schlitten zu bleiben.

Facevano fatica a tenere le redini strette e a restare davanti alla slitta.

Auf abschüssigen Hängen konnten sie nur noch vermeiden, überfahren zu werden.

Nei pendii in discesa riuscivano solo a evitare di essere investiti.

„Weiter, ihr armen, wunden Füße", sagte der Fahrer, während sie weiterhumpelten.

"Continuate a marciare, poveri piedi doloranti", disse l'autista mentre zoppicavano.

„Das ist die letzte Strecke, danach bekommen wir alle auf jeden Fall noch eine lange Pause."

"Questo è l'ultimo tratto, poi ci prenderemo tutti un lungo riposo, di sicuro."

„Eine richtig lange Pause", versprach er und sah ihnen nach, wie sie weiter taumelten.

"Un riposo davvero lungo", promise, guardandoli barcollare in avanti.

Die Fahrer rechneten damit, dass sie nun eine lange, notwendige Pause bekommen würden.

Gli autisti si aspettavano una lunga e necessaria pausa.

Sie hatten zweitausend Meilen zurückgelegt und nur zwei Tage Pause gemacht.

Avevano percorso milleduecento miglia con solo due giorni di riposo.

Sie waren der Meinung, dass sie sich die Zeit zum Entspannen verdient hätten, und das aus fairen und vernünftigen Gründen.

Per correttezza e ragione, ritenevano di essersi guadagnati un po' di tempo per rilassarsi.

Aber zu viele waren zum Klondike gekommen und zu wenige waren zu Hause geblieben.

Ma troppi erano giunti nel Klondike e troppo pochi erano rimasti a casa.

Es gingen unzählige Briefe von Familien ein, die zu Bergen verspäteter Post führten.

Le lettere delle famiglie continuavano ad arrivare, creando pile di posta in ritardo.
Offizielle Anweisungen trafen ein – neue Hudson Bay-Hunde würden die Nachfolge antreten.
Arrivarono gli ordini ufficiali: i nuovi cani della Hudson Bay avrebbero preso il sopravvento.
Die erschöpften Hunde, die nun als wertlos galten, sollten entsorgt werden.
I cani esausti, ormai considerati inutili, dovevano essere eliminati.
Da Geld wichtiger war als Hunde, sollten sie billig verkauft werden.
Poiché i soldi erano più importanti dei cani, venivano venduti a basso prezzo.
Drei weitere Tage vergingen, bevor die Hunde spürten, wie schwach sie waren.
Passarono altri tre giorni prima che i cani si accorgessero di quanto fossero deboli.
Am vierten Morgen kauften zwei Männer aus den Staaten das gesamte Team.
La quarta mattina, due uomini provenienti dagli Stati Uniti acquistarono l'intera squadra.
Der Verkauf umfasste alle Hunde sowie ihre abgenutzte Geschirrausrüstung.
La vendita comprendeva tutti i cani e le loro imbracature usate.
Die Männer nannten sich gegenseitig „Hal" und „Charles", als sie den Deal abschlossen.
Mentre concludevano l'affare, gli uomini si chiamavano tra loro "Hal" e "Charles".
Charles war mittleren Alters, blass, hatte schlaffe Lippen und wilde Schnurrbartspitzen.
Charles era un uomo di mezza età, pallido, con labbra molli e folti baffi.
Hal war ein junger Mann, vielleicht neunzehn, der einen Patronengürtel trug.

Hal era un giovane, forse diciannove anni, che indossava una cintura imbottita di cartucce.
Am Gürtel befanden sich ein großer Revolver und ein Jagdmesser, beide unbenutzt.
Nella cintura erano contenuti un grosso revolver e un coltello da caccia, entrambi inutilizzati.
Es zeigte, wie unerfahren und ungeeignet er für das Leben im Norden war.
Dimostrava quanto fosse inesperto e inadatto alla vita nel Nord.
Keiner der beiden Männer gehörte in die Wildnis; ihre Anwesenheit widersprach jeder Vernunft.
Nessuno dei due uomini viveva in natura; la loro presenza sfidava ogni ragionevolezza.
Buck beobachtete, wie das Geld zwischen Käufer und Makler den Besitzer wechselte.
Buck osservava lo scambio di denaro tra l'acquirente e l'agente.
Er wusste, dass die Postzugführer sein Leben wie alle anderen verlassen würden.
Sapeva che i conducenti dei treni postali stavano abbandonando la sua vita come tutti gli altri.
Sie folgten Perrault und François, die nun unwiederbringlich verschwunden waren.
Seguirono Perrault e François, ormai scomparsi.
Buck und das Team wurden in das schlampige Lager ihrer neuen Besitzer geführt.
Buck e la squadra vennero condotti al disordinato accampamento dei loro nuovi proprietari.
Das Zelt hing durch, das Geschirr war schmutzig und alles lag in Unordnung.
La tenda cedeva, i piatti erano sporchi e tutto era in disordine.
Buck bemerkte dort auch eine Frau – Mercedes, Charles' Frau und Hals Schwester.
Anche Buck notò una donna lì: Mercedes, moglie di Charles e sorella di Hal.

Sie bildeten eine vollständige Familie, obwohl sie alles andere als für den Wanderpfad geeignet waren.
Formavano una famiglia completa, anche se erano tutt'altro che adatti al sentiero.
Buck beobachtete nervös, wie das Trio begann, die Vorräte einzupacken.
Buck osservava nervosamente mentre il trio iniziava a impacchettare le provviste.
Sie arbeiteten hart, aber ohne Ordnung – nur Aufhebens und vergeudete Mühe.
Lavoravano duro ma senza ordine, solo confusione e sforzi sprecati.
Das Zelt war zu einer sperrigen Form zusammengerollt und viel zu groß für den Schlitten.
La tenda era arrotolata fino a formare una sagoma ingombrante, decisamente troppo grande per la slitta.
Schmutziges Geschirr wurde eingepackt, ohne dass es gespült oder getrocknet worden wäre.
I piatti sporchi venivano imballati senza essere stati né lavati né asciugati.
Mercedes flatterte herum, redete, korrigierte und mischte sich ständig ein.
Mercedes svolazzava in giro, parlando, correggendo e intromettendosi in continuazione.
Als ein Sack vorne platziert wurde, bestand sie darauf, dass er hinten drankam.
Quando le misero un sacco davanti, lei insistette perché lo mettesse dietro.
Sie packte den Sack ganz unten rein und im nächsten Moment brauchte sie ihn.
Mise il sacco in fondo e un attimo dopo ne ebbe bisogno.
Also wurde der Schlitten erneut ausgepackt, um an die eine bestimmte Tasche zu gelangen.
Quindi la slitta venne disimballata di nuovo per raggiungere quella specifica borsa.
In der Nähe standen drei Männer vor einem Zelt und beobachteten die Szene.

Lì vicino, tre uomini stavano fuori da una tenda e osservavano la scena che si svolgeva.
Sie lächelten, zwinkerten und grinsten über die offensichtliche Verwirrung der Neuankömmlinge.
Sorrisero, ammiccarono e sogghignarono di fronte all'evidente confusione dei nuovi arrivati.
„Sie haben schon eine ziemlich schwere Last", sagte einer der Männer.
"Hai già un carico parecchio pesante", disse uno degli uomini.
„Ich glaube nicht, dass Sie das Zelt tragen sollten, aber es ist Ihre Entscheidung."
"Non credo che dovresti portare quella tenda, ma la scelta è tua."
„Unvorstellbar!", rief Mercedes und warf verzweifelt die Hände in die Luft.
"Impensabile!" esclamò Mercedes, alzando le mani in segno di disperazione.
„Wie könnte ich ohne Zelt reisen, unter dem ich übernachten kann?"
"Come potrei viaggiare senza una tenda sotto cui dormire?"
„Es ist Frühling – Sie werden kein kaltes Wetter mehr erleben", antwortete der Mann.
«È primavera, non vedrai più il freddo», rispose l'uomo.
Aber sie schüttelte den Kopf und sie stapelten weiterhin Gegenstände auf den Schlitten.
Ma lei scosse la testa e loro continuarono ad accumulare oggetti sulla slitta.
Als sie die letzten Dinge hinzufügten, türmte sich die Ladung gefährlich hoch auf.
Il carico era pericolosamente alto mentre aggiungevano gli ultimi oggetti.
„Glauben Sie, der Schlitten fährt?", fragte einer der Männer mit skeptischem Blick.
"Pensi che la slitta andrà avanti?" chiese uno degli uomini con aria scettica.
„Warum sollte es nicht?", blaffte Charles mit scharfer Verärgerung zurück.

"E perché non dovrebbe?" ribatté Charles con netto fastidio.

„Oh, das ist schon in Ordnung", sagte der Mann schnell und wich seiner Beleidigung aus.

"Oh, va bene", disse rapidamente l'uomo, evitando di offendersi.

„Ich habe mich nur gewundert – es sah für mich einfach ein bisschen zu kopflastig aus."

"Mi chiedevo solo: mi sembrava un po' troppo pesante nella parte superiore."

Charles drehte sich um und band die Ladung so gut fest, wie er konnte.

Charles si voltò e legò il carico meglio che poté.

Allerdings waren die Zurrgurte locker und die Verpackung insgesamt schlecht ausgeführt.

Ma le legature erano allentate e l'imballaggio nel complesso era fatto male.

„Klar, die Hunde machen das den ganzen Tag", sagte ein anderer Mann sarkastisch.

"Certo, i cani tireranno così tutto il giorno", disse sarcasticamente un altro uomo.

„Natürlich", antwortete Hal kalt und packte die lange Lenkstange des Schlittens.

«Certamente», rispose Hal freddamente, afferrando il lungo timone della slitta.

Mit einer Hand an der Stange schwang er mit der anderen die Peitsche.

Tenendo una mano sul palo, faceva roteare la frusta nell'altra.

„Los geht's!", rief er. „Bewegt euch!", und trieb die Hunde zum Aufbruch an.

"Andiamo!" urlò. "Muovetevi!", incitando i cani a partire.

Die Hunde lehnten sich in das Geschirr und spannten sich einige Augenblicke lang an.

I cani si appoggiarono all'imbracatura e si sforzarono per qualche istante.

Dann blieben sie stehen, da sie den überladenen Schlitten keinen Zentimeter bewegen konnten.

Poi si fermarono, incapaci di spostare di un centimetro la slitta sovraccarica.

„Diese faulen Bestien!", schrie Hal und hob die Peitsche, um sie zu schlagen.

"Quei fannulloni!" urlò Hal, alzando la frusta per colpirli.

Doch Mercedes stürzte herein und riss Hal die Peitsche aus der Hand.

Ma Mercedes si precipitò dentro e strappò la frusta dalle mani di Hal.

„Oh, Hal, wage es ja nicht, ihnen wehzutun", rief sie alarmiert.

«Oh, Hal, non osare far loro del male», gridò allarmata.

„Versprich mir, dass du nett zu ihnen bist, sonst gehe ich keinen Schritt weiter."

"Promettimi che sarai gentile con loro, altrimenti non farò un altro passo."

„Du weißt nichts über Hunde", fuhr Hal seine Schwester an.

"Non sai niente di cani", scattò Hal contro la sorella.

„Sie sind faul, und die einzige Möglichkeit, sie zu bewegen, besteht darin, sie zu peitschen."

"Sono pigri e l'unico modo per smuoverli è frustarli."

„Fragen Sie irgendjemanden – fragen Sie einen dieser Männer dort drüben, wenn Sie mir nicht glauben."

"Chiedi a chiunque, chiedi a uno di quegli uomini laggiù se dubiti di me."

Mercedes sah die Zuschauer mit flehenden, tränennassen Augen an.

Mercedes guardò gli astanti con occhi imploranti e pieni di lacrime.

Ihr Gesicht zeigte, wie sehr sie den Anblick jeglichen Schmerzes hasste.

Il suo viso rivelava quanto odiasse la vista di qualsiasi dolore.

„Sie sind schwach, das ist alles", sagte ein Mann. „Sie sind erschöpft."

"Sono deboli, tutto qui", ha detto un uomo. "Sono sfiniti."

„Sie brauchen Ruhe – sie haben zu lange ohne Pause gearbeitet."

"Hanno bisogno di riposare: hanno lavorato troppo a lungo senza una pausa."

„Der Rest sei verflucht", murmelte Hal mit verzogenen Lippen.

«Che il resto sia maledetto», borbottò Hal arricciando il labbro.

Mercedes schnappte nach Luft, sein grobes Wort schmerzte sie sichtlich.

Mercedes sussultò, visibilmente addolorata per le parole volgari pronunciate da lui.

Dennoch blieb sie loyal und verteidigte ihren Bruder sofort.

Ciononostante, lei rimase leale e difese immediatamente il fratello.

„Kümmere dich nicht um den Mann", sagte sie zu Hal. „Das sind unsere Hunde."

"Non badare a quell'uomo", disse ad Hal. "Sono i nostri cani."

„Fahren Sie sie, wie Sie es für richtig halten – tun Sie, was Sie für richtig halten."

"Li guidi come meglio credi: fai ciò che ritieni giusto."

Hal hob die Peitsche und schlug die Hunde erneut gnadenlos.

Hal sollevò la frusta e colpì di nuovo i cani senza pietà.

Sie stürzten sich nach vorne, die Körper tief gebeugt, die Füße in den Schnee gedrückt.

Si lanciarono in avanti, con i corpi bassi e i piedi che affondavano nella neve.

Sie gaben sich alle Mühe, den Schlitten zu ziehen, aber er bewegte sich nicht.

Tutta la loro forza era concentrata nel traino, ma la slitta non si muoveva.

Der Schlitten blieb wie ein im Schnee festgefrorener Anker stecken.

La slitta rimase bloccata, come un'ancora congelata nella neve compatta.

Nach einem zweiten Versuch blieben die Hunde wieder stehen und keuchten schwer.

Dopo un secondo tentativo, i cani si fermarono di nuovo, ansimando forte.

Hal hob die Peitsche noch einmal, gerade als Mercedes erneut eingriff.
Hal sollevò di nuovo la frusta, proprio mentre Mercedes interferiva di nuovo.
Sie fiel vor Buck auf die Knie und umarmte seinen Hals.
Si lasciò cadere in ginocchio davanti a Buck e gli abbracciò il collo.
Tränen traten ihr in die Augen, als sie den erschöpften Hund anflehte.
Le lacrime le riempivano gli occhi mentre implorava il cane esausto.
„Ihr Armen", sagte sie, „warum zieht ihr nicht einfach stärker?"
"Poveri cari", disse, "perché non tirate più forte?"
„Wenn du ziehst, wirst du nicht so ausgepeitscht."
"Se tiri, non verrai frustato così."
Buck mochte Mercedes nicht, aber er war zu müde, um ihr jetzt zu widerstehen.
A Buck non piaceva Mercedes, ma ormai era troppo stanco per resisterle.
Er akzeptierte ihre Tränen als einen weiteren Teil dieses elenden Tages.
Lui accettò le sue lacrime come se fossero solo un'altra parte di quella giornata miserabile.
Einer der zuschauenden Männer ergriff schließlich das Wort, nachdem er seinen Ärger unterdrückt hatte.
Uno degli uomini che osservavano, dopo aver represso la rabbia, finalmente parlò.
„Es ist mir egal, was mit euch passiert, Leute, aber diese Hunde sind wichtig."
"Non mi interessa cosa succede a voi, ma quei cani sono importanti."
„Wenn du helfen willst, mach den Schlitten los – er ist am Schnee festgefroren."
"Se vuoi aiutare, stacca quella slitta: è ghiacciata e innevata."
„Drücken Sie fest auf die Gee-Stange, rechts und links, und brechen Sie die Eisversiegelung."

"Spingi con forza il palo della luce, a destra e a sinistra, e rompi il sigillo di ghiaccio."

Ein dritter Versuch wurde unternommen, diesmal auf Vorschlag des Mannes.

Fu fatto un terzo tentativo, questa volta seguendo il suggerimento dell'uomo.

Hal schaukelte den Schlitten von einer Seite auf die andere und löste so die Kufen.

Hal fece oscillare la slitta da una parte all'altra, facendo staccare i pattini.

Obwohl der Schlitten überladen und unhandlich war, machte er schließlich einen Satz nach vorne.

La slitta, benché sovraccarica e scomoda, alla fine sobbalzò in avanti.

Buck und die anderen zogen wild, angetrieben von einem Sturm aus Schleudertraumen.

Buck e gli altri tirarono selvaggiamente, spinti da una tempesta di frustate.

Hundert Meter weiter machte der Weg eine Biegung und führte in die Straße hinein.

Un centinaio di metri più avanti, il sentiero curvava e scendeva in pendenza verso la strada.

Um den Schlitten aufrecht zu halten, hätte es eines erfahrenen Fahrers bedurft.

Ci sarebbe voluto un guidatore esperto per tenere la slitta in posizione verticale.

Hal war nicht geschickt und der Schlitten kippte, als er um die Kurve schwang.

Hal non era abile e la slitta si ribaltò mentre svoltava.

Lose Zurrgurte gaben nach und die Hälfte der Ladung ergoss sich auf den Schnee.

Le cinghie allentate cedettero e metà del carico si rovesciò sulla neve.

Die Hunde hielten nicht an; der leichtere Schlitten flog auf der Seite weiter.

I cani non si fermarono; la slitta più leggera continuò a procedere su un fianco.

Wütend über die Beschimpfungen und die schwere Last rannten die Hunde noch schneller.
I cani, furiosi per i maltrattamenti e per il peso del carico, corsero più veloci.
Buck rannte wütend los und das Team folgte ihm.
Buck, infuriato, si lanciò a correre, seguito dalla squadra.
Hal rief „Whoa! Whoa!", aber das Team beachtete ihn nicht.
Hal urlò "Whoa! Whoa!" ma la squadra non gli prestò attenzione.
Er stolperte, fiel und wurde am Geschirr über den Boden geschleift.
Inciampò, cadde e fu trascinato a terra dall'imbracatura.
Der umgekippte Schlitten wurde über ihn geworfen, als die Hunde weiterrasten.
La slitta rovesciata lo travolse mentre i cani continuavano a correre avanti.
Die restlichen Vorräte verteilten sich über die belebte Straße von Skaguay.
Il resto delle provviste è sparso lungo la trafficata strada di Skaguay.
Gutherzige Menschen eilten herbei, um die Hunde anzuhalten und die Ausrüstung einzusammeln.
Le persone di buon cuore si precipitarono a fermare i cani e a raccogliere l'attrezzatura.
Sie gaben den neuen Reisenden auch direkte und praktische Ratschläge.
Diedero anche consigli schietti e pratici ai nuovi viaggiatori.
„Wenn Sie Dawson erreichen wollen, nehmen Sie die halbe Ladung und die doppelte Anzahl an Hunden mit."
"Se vuoi raggiungere Dawson, prendi metà del carico e raddoppia i cani."
Hal, Charles und Mercedes hörten zu, wenn auch nicht mit Begeisterung.
Hal, Charles e Mercedes ascoltarono, anche se non con entusiasmo.
Sie bauten ihr Zelt auf und begannen, ihre Vorräte zu sortieren.

Montarono la tenda e cominciarono a sistemare le loro provviste.

Heraus kamen Konserven, die die Zuschauer laut lachen ließen.

Ne uscirono dei cibi in scatola, che fecero ridere a crepapelle gli astanti.

„Konserven auf dem Weg? Bevor die schmelzen, verhungern Sie", sagte einer.

"Roba in scatola sul sentiero? Morirai di fame prima che si sciolga", disse uno.

„Hoteldecken? Die wirfst du am besten alle weg."

"Coperte d'albergo? Meglio buttarle via tutte."

„Schmeißen Sie auch das Zelt weg, und hier spült niemand mehr Geschirr."

"Togli anche la tenda e qui nessuno laverà più i piatti."

„Sie glauben, Sie fahren in einem Pullman-Zug mit Bediensteten an Bord?"

"Pensi di viaggiare su un treno Pullman con dei servitori a bordo?"

Der Prozess begann – jeder nutzlose Gegenstand wurde beiseite geworfen.

Il processo ebbe inizio: ogni oggetto inutile venne gettato da parte.

Mercedes weinte, als ihre Taschen auf den schneebedeckten Boden geleert wurden.

Mercedes pianse quando le sue borse furono svuotate sul terreno innevato.

Sie schluchzte ohne Pause über jeden einzelnen hinausgeworfenen Gegenstand.

Singhiozzava per ogni oggetto buttato via, uno per uno, senza sosta.

Sie schwor, keinen Schritt weiterzugehen – nicht einmal für zehn Charleses.

Giurò di non fare un altro passo, nemmeno per dieci Charles.

Sie flehte alle Menschen in ihrer Nähe an, ihr ihre wertvollen Sachen zu überlassen.

Pregò ogni persona vicina di lasciarle conservare le sue cose preziose.

Schließlich wischte sie sich die Augen und begann, auch die wichtigsten Kleidungsstücke wegzuwerfen.

Alla fine si asciugò gli occhi e cominciò a gettare via anche i vestiti più importanti.

Als sie mit ihrem eigenen fertig war, begann sie, die Vorräte der Männer auszuräumen.

Una volta terminato il suo, cominciò a svuotare le scorte degli uomini.

Wie ein Wirbelwind verwüstete sie die Habseligkeiten von Charles und Hal.

Come un turbine, fece a pezzi gli effetti personali di Charles e Hal.

Obwohl die Ladung halbiert wurde, war sie immer noch viel schwerer als nötig.

Sebbene il carico fosse dimezzato, era comunque molto più pesante del necessario.

In dieser Nacht gingen Charles und Hal los und kauften sechs neue Hunde.

Quella notte, Charles e Hal uscirono e comprarono sei nuovi cani.

Diese neuen Hunde gesellten sich zu den ursprünglichen sechs, plus Teek und Koona.

Questi nuovi cani si unirono ai sei originali, più Teek e Koona.

Zusammen bildeten sie ein Gespann aus vierzehn Hunden, die vor den Schlitten gespannt wurden.

Insieme formarono una squadra di quattordici cani attaccati alla slitta.

Doch die neuen Hunde waren für die Schlittenarbeit ungeeignet und schlecht ausgebildet.

Ma i nuovi cani erano inadatti e poco addestrati per il lavoro con la slitta.

Drei der Hunde waren kurzhaarige Vorstehhunde und einer war ein Neufundländer.

Tre dei cani erano cani da caccia a pelo corto, mentre uno era un Terranova.

Bei den letzten beiden Hunden handelte es sich um Mischlinge ohne eindeutige Rasse oder Zweckbestimmung.
Gli ultimi due cani erano meticci senza alcuna razza o scopo ben definito.
Sie haben den Weg nicht verstanden und ihn nicht schnell gelernt.
Non capivano il percorso e non lo imparavano in fretta.
Buck und seine Kameraden beobachteten sie mit Verachtung und tiefer Verärgerung.
Buck e i suoi compagni li osservavano con disprezzo e profonda irritazione.
Obwohl Buck ihnen beibrachte, was sie nicht tun sollten, konnte er ihnen keine Pflicht beibringen.
Sebbene Buck insegnasse loro cosa non fare, non poteva insegnare loro il dovere.
Sie kamen mit dem Leben auf dem Wanderpfad und dem Ziehen von Zügeln und Schlitten nicht gut zurecht.
Non amavano la vita sui sentieri né la trazione delle redini e delle slitte.
Nur die Mischlinge versuchten, sich anzupassen, und selbst ihnen fehlte der Kampfgeist.
Soltanto i bastardi cercarono di adattarsi, e anche a loro mancava lo spirito combattivo.
Die anderen Hunde waren durch ihr neues Leben verwirrt, geschwächt und gebrochen.
Gli altri cani erano confusi, indeboliti e distrutti dalla loro nuova vita.
Da die neuen Hunde ahnungslos und die alten erschöpft waren, gab es kaum Hoffnung.
Con i nuovi cani all'oscuro e i vecchi esausti, la speranza era flebile.
Bucks Team hatte zweitausendfünfhundert Meilen eines rauen Pfades zurückgelegt.
La squadra di Buck aveva percorso duemilacinquecento miglia di sentiero accidentato.
Dennoch waren die beiden Männer fröhlich und stolz auf ihr großes Hundegespann.

Ciononostante, i due uomini erano allegri e orgogliosi della loro grande squadra di cani.
Sie dachten, sie würden mit Stil reisen, mit vierzehn Hunden an der Leine.
Pensavano di viaggiare con stile, con quattordici cani al seguito.
Sie hatten gesehen, wie Schlitten nach Dawson aufbrachen und andere von dort ankamen.
Avevano visto delle slitte partire per Dawson e altre arrivarne.
Aber noch nie hatten sie eins gesehen, das von bis zu vierzehn Hunden gezogen wurde.
Ma non ne avevano mai vista una trainata da ben quattordici cani.
Es gab einen Grund, warum solche Teams in der arktischen Wildnis selten waren.
C'era un motivo per cui squadre del genere erano rare nelle terre selvagge dell'Artico.
Kein Schlitten konnte genug Futter transportieren, um vierzehn Hunde für die Reise zu versorgen.
Nessuna slitta poteva trasportare cibo sufficiente a sfamare quattordici cani per l'intero viaggio.
Aber Charles und Hal wussten das nicht – sie hatten nachgerechnet.
Ma Charles e Hal non lo sapevano: avevano fatto i calcoli.
Sie haben das Futter berechnet: so viel pro Hund, so viele Tage, fertig.
Hanno pianificato la razione di cibo: una certa quantità per cane, per un certo numero di giorni, fatta.
Mercedes betrachtete ihre Zahlen und nickte, als ob es Sinn machte.
Mercedes guardò i numeri e annuì come se avessero senso.
Zumindest auf dem Papier erschien ihr alles sehr einfach.
Tutto le sembrava molto semplice, almeno sulla carta.

Am nächsten Morgen führte Buck das Team langsam die verschneite Straße hinauf.

La mattina seguente, Buck guidò lentamente la squadra lungo la strada innevata.
Weder er noch die Hunde hinter ihm hatten Energie oder Tatendrang.
Non c'era né energia né spirito in lui e nei cani dietro di lui.
Sie waren von Anfang an todmüde, es waren keine Reserven mehr vorhanden.
Erano stanchi morti fin dall'inizio: non avevano più riserve.
Buck hatte bereits vier Fahrten zwischen Salt Water und Dawson unternommen.
Buck aveva già fatto quattro viaggi tra Salt Water e Dawson.
Als er nun erneut vor derselben Spur stand, empfand er nichts als Bitterkeit.
Ora, di fronte alla stessa pista, non provava altro che amarezza.
Er war nicht mit dem Herzen dabei und die anderen Hunde auch nicht.
Il suo cuore non c'era, e nemmeno quello degli altri cani.
Die neuen Hunde waren schüchtern und den Huskys fehlte jegliches Vertrauen.
I nuovi cani erano timidi e gli husky non si fidavano per niente.
Buck spürte, dass er sich auf diese beiden Männer oder ihre Schwester nicht verlassen konnte.
Buck capì che non poteva fare affidamento su quei due uomini o sulla loro sorella.
Sie wussten nichts und zeigten auf dem Weg keine Anzeichen, etwas zu lernen.
Non sapevano nulla e non mostravano alcun segno di apprendimento lungo il percorso.
Sie waren unorganisiert und es fehlte ihnen jeglicher Sinn für Disziplin.
Erano disorganizzati e privi di qualsiasi senso di disciplina.
Sie brauchten jedes Mal die halbe Nacht, um ein schlampiges Lager aufzubauen.
Ogni volta impiegavano metà della notte per allestire un accampamento malmesso.

Und den halben nächsten Morgen verbrachten sie wieder damit, am Schlitten herumzufummeln.
E metà della mattina successiva la trascorsero di nuovo armeggiando con la slitta.
Gegen Mittag hielten sie oft nur an, um die ungleichmäßige Beladung zu korrigieren.
Spesso a mezzogiorno si fermavano solo per sistemare il carico irregolare.
An manchen Tagen legten sie insgesamt weniger als sechzehn Kilometer zurück.
In alcuni giorni percorsero meno di dieci miglia in totale.
An anderen Tagen schafften sie es überhaupt nicht, das Lager zu verlassen.
Altri giorni non riuscivano proprio ad abbandonare l'accampamento.
Sie kamen nie auch nur annähernd an die geplante Nahrungsdistanz heran.
Non sono mai riusciti a coprire la distanza alimentare prevista.
Wie erwartet ging das Futter für die Hunde sehr schnell aus.
Come previsto, il cibo per i cani finì molto presto.
Sie haben die Sache noch schlimmer gemacht, indem sie in den ersten Tagen zu viel gefüttert haben.
Nei primi tempi hanno peggiorato ulteriormente la situazione con l'eccesso di cibo.
Mit jeder unvorsichtigen Ration rückte der Hungertod näher.
Ciò rendeva la carestia sempre più vicina, con ogni razione disattenta.
Die neuen Hunde hatten nicht gelernt, mit sehr wenig zu überleben.
I nuovi cani non avevano ancora imparato a sopravvivere con molto poco.
Sie aßen hungrig, ihr Appetit war zu groß für den Weg.
Mangiarono avidamente, con un appetito troppo grande per il sentiero.
Als Hal sah, wie die Hunde schwächer wurden, glaubte er, dass das Futter nicht ausreichte.

Vedendo i cani indebolirsi, Hal pensò che il cibo non fosse sufficiente.
Er verdoppelte die Rationen und verschlimmerte damit den Fehler noch.
Raddoppiò le razioni, peggiorando ulteriormente l'errore.
Mercedes verschärfte das Problem mit Tränen und leisem Flehen.
Mercedes aggravò il problema con le sue lacrime e le sue suppliche sommesse.
Als sie Hal nicht überzeugen konnte, fütterte sie die Hunde heimlich.
Quando non riuscì a convincere Hal, diede da mangiare ai cani di nascosto.
Sie stahl den Fisch aus den Säcken und gab ihn ihnen hinter seinem Rücken.
Rubò il pesce dai sacchi e glielo diede alle spalle.
Doch was die Hunde wirklich brauchten, war nicht mehr Futter, sondern Ruhe.
Ma ciò di cui i cani avevano veramente bisogno non era altro cibo: era riposo.
Sie kamen nur langsam voran, aber der schwere Schlitten schleppte sich trotzdem weiter.
Nonostante la loro scarsa velocità, la pesante slitta continuava a procedere.
Allein dieses Gewicht zehrte jeden Tag an ihrer verbleibenden Kraft.
Quel peso da solo esauriva ogni giorno le loro forze rimanenti.
Dann kam es zur Phase der Unterernährung, da die Vorräte zur Neige gingen.
Poi arrivò la fase della sottoalimentazione, quando le scorte scarseggiavano.
Eines Morgens stellte Hal fest, dass die Hälfte des Hundefutters bereits weg war.
Una mattina Hal si accorse che metà del cibo per cani era già finito.
Sie hatten nur ein Viertel der gesamten Wegstrecke zurückgelegt.

Avevano percorso solo un quarto della distanza totale del sentiero.
Es konnten keine Lebensmittel mehr gekauft werden, egal zu welchem Preis.
Non si poteva più comprare cibo, a qualunque prezzo.
Er reduzierte die Portionen der Hunde unter die normale Tagesration.
Ridusse le porzioni dei cani al di sotto della razione giornaliera standard.
Gleichzeitig forderte er längere Reisemöglichkeiten, um die Verluste auszugleichen.
Allo stesso tempo, chiese di viaggiare più a lungo per compensare la perdita.
Mercedes und Charles unterstützten diesen Plan, scheiterten jedoch bei der Umsetzung.
Mercedes e Charles appoggiarono questo piano, ma fallirono nella sua realizzazione.
Ihr schwerer Schlitten und ihre mangelnden Fähigkeiten machten ein Vorankommen nahezu unmöglich.
La loro pesante slitta e la mancanza di abilità rendevano il progresso quasi impossibile.
Es war einfach, weniger Futter zu geben, aber unmöglich, mehr Anstrengung zu erzwingen.
Era facile dare meno cibo, ma impossibile forzare uno sforzo maggiore.
Sie konnten weder früher anfangen, noch konnten sie Überstunden machen.
Non potevano partire prima, né viaggiare per ore extra.
Sie wussten nicht, wie sie mit den Hunden und überhaupt mit sich selbst arbeiten sollten.
Non sapevano come gestire i cani, e nemmeno loro stessi, a dire il vero.
Der erste Hund, der starb, war Dub, der unglückliche, aber fleißige Dieb.
Il primo cane a morire fu Dub, lo sfortunato ma laborioso ladro.

Obwohl Dub oft bestraft wurde, leistete er ohne zu klagen seinen Beitrag.
Sebbene spesso punito, Dub aveva fatto la sua parte senza lamentarsi.
Seine Schulterverletzung verschlimmerte sich ohne Pflege und nötige Ruhe.
La sua spalla ferita peggiorò se non ricevette cure adeguate e non ebbe bisogno di riposo.
Schließlich beendete Hal mit dem Revolver Dubs Leiden.
Alla fine, Hal usò la pistola per porre fine alle sofferenze di Dub.
Ein gängiges Sprichwort besagt, dass normale Hunde an der Husky-Ration sterben.
Un detto comune afferma che i cani normali muoiono se vengono nutriti con razioni di husky.
Bucks sechs neue Gefährten bekamen nur die Hälfte des Futteranteils des Huskys.
I sei nuovi compagni di Buck avevano ricevuto solo metà della quota di cibo riservata all'husky.
Zuerst starb der Neufundländer, dann die drei kurzhaarigen Vorstehhunde.
Il Terranova morì per primo, seguito dai tre cani da caccia a pelo corto.
Die beiden Mischlinge hielten länger durch, kamen aber schließlich wie die anderen um.
I due bastardi resistettero più a lungo ma alla fine morirono come gli altri.
Zu diesem Zeitpunkt waren alle Annehmlichkeiten und die Sanftheit des Südens verschwunden.
Ormai tutti i comfort e la gentilezza del Southland erano scomparsi.
Die drei Menschen hatten die letzten Spuren ihrer zivilisierten Erziehung abgelegt.
Le tre persone avevano perso le ultime tracce della loro educazione civile.
Ohne Glamour und Romantik wurde das Reisen in die Arktis zur brutalen Realität.

Spogliato di glamour e romanticismo, il viaggio nell'Artico è diventato brutalmente reale.
Es war eine Realität, die zu hart für ihr Männlichkeits- und Weiblichkeitsgefühl war.
Era una realtà troppo dura per il loro senso di virilità e femminilità.
Mercedes weinte nicht mehr um die Hunde, sondern nur noch um sich selbst.
Mercedes non piangeva più per i cani, ma piangeva solo per se stessa.
Sie verbrachte ihre Zeit damit, zu weinen und mit Hal und Charles zu streiten.
Trascorreva il tempo piangendo e litigando con Hal e Charles.
Streiten war das Einzige, wozu sie nie zu müde waren.
Litigare era l'unica cosa per cui non si stancavano mai.
Ihre Gereiztheit rührte vom Elend her, wuchs mit ihm und übertraf es.
La loro irritabilità derivava dalla miseria, cresceva con essa e la superava.
Die Geduld des Weges, die diejenigen kennen, die sich abmühen und freundlich leiden, kam nie.
La pazienza del cammino, nota a coloro che faticano e soffrono con generosità, non è mai arrivata.
Diese Geduld, die die Sprache trotz Schmerzen süß hält, war ihnen unbekannt.
Quella pazienza che rende dolce la parola nonostante il dolore, era a loro sconosciuta.
Sie besaßen nicht die geringste Spur von Geduld und schöpften keine Kraft aus dem anmutigen Leiden.
Non avevano alcun briciolo di pazienza, nessuna forza derivante dalla sofferenza con grazia.
Sie waren steif vor Schmerz – ihre Muskeln, Knochen und ihr Herz schmerzten.
Erano irrigiditi dal dolore: dolori nei muscoli, nelle ossa e nel cuore.
Aus diesem Grund bekamen sie eine scharfe Zunge und waren schnell im Umgang mit harten Worten.

Per questo motivo, divennero taglienti nella lingua e pronti a pronunciare parole dure.

Jeder Tag begann und endete mit wütenden Stimmen und bitteren Klagen.

Ogni giorno iniziava e finiva con voci arrabbiate e lamentele amare.

Charles und Hal stritten sich, wann immer Mercedes ihnen eine Chance gab.

Charles e Hal litigavano ogni volta che Mercedes ne dava loro l'occasione.

Jeder Mann glaubte, dass er mehr als seinen gerechten Anteil an der Arbeit geleistet hatte.

Ogni uomo credeva di aver fatto più del dovuto.

Keiner von beiden ließ es sich je entgehen, dies immer wieder zu sagen.

Nessuno dei due ha mai perso l'occasione di dirlo, ancora e ancora.

Manchmal stand Mercedes auf der Seite von Charles, manchmal auf der Seite von Hal.

A volte Mercedes si schierava con Charles, a volte con Hal.

Dies führte zu einem großen und endlosen Streit zwischen den dreien.

Ciò portò a una grande e infinita lite tra i tre.

Ein Streit darüber, wer Brennholz hacken sollte, geriet außer Kontrolle.

La disputa su chi dovesse tagliare la legna da ardere divenne incontrollabile.

Bald wurden Väter, Mütter, Cousins und verstorbene Verwandte genannt.

Ben presto vennero nominati padri, madri, cugini e parenti defunti.

Hal's Ansichten über Kunst oder die Theaterstücke seines Onkels wurden Teil des Kampfes.

Le opinioni di Hal sull'arte o sulle opere teatrali di suo zio divennero parte della lotta.

Auch Charles' politische Überzeugungen wurden in die Debatte einbezogen.

Anche le convinzioni politiche di Carlo entrarono nel dibattito.
Für Mercedes schienen sogar die Gerüchte über die Schwester ihres Mannes relevant zu sein.
Per Mercedes, perfino i pettegolezzi della sorella del marito sembravano rilevanti.
Sie äußerte ihre Meinung dazu und zu vielen Fehlern in Charles' Familie.
Espresse la sua opinione su questo e su molti dei difetti della famiglia di Charles.
Während sie stritten, blieb das Feuer aus und das Lager war halb fertig.
Mentre discutevano, il fuoco rimase spento e l'accampamento mezzo allestito.
In der Zwischenzeit waren die Hunde unterkühlt und hatten nichts zu fressen.
Nel frattempo i cani erano rimasti infreddoliti e senza cibo.
Mercedes hegte einen Groll, den sie als zutiefst persönlich betrachtete.
Mercedes nutriva un risentimento che considerava profondamente personale.
Sie fühlte sich als Frau misshandelt und fühlte sich ihrer Privilegien beraubt.
Si sentiva maltrattata in quanto donna e le venivano negati i suoi gentili privilegi.
Sie war hübsch und sanft und pflegte ihr ganzes Leben lang ritterliche Gesten.
Era carina e gentile, e per tutta la vita era stata abituata alla cavalleria.
Doch ihr Mann und ihr Bruder begegneten ihr nun mit Ungeduld.
Ma suo marito e suo fratello ora la trattavano con impazienza.
Sie hatte die Angewohnheit, sich hilflos zu verhalten, und sie begannen, sich zu beschweren.
Aveva l'abitudine di comportarsi in modo impotente e loro cominciarono a lamentarsi.
Sie war davon beleidigt und machte ihnen das Leben noch schwerer.

Offesa da ciò, rese loro la vita ancora più difficile.
Sie ignorierte die Hunde und bestand darauf, den Schlitten selbst zu fahren.
Ignorò i cani e insistette per guidare lei stessa la slitta.
Obwohl sie von leichter Gestalt war, wog sie fünfundvierzig Kilo.
Sebbene sembrasse esile, pesava centoventi libbre (circa quaranta chili).
Diese zusätzliche Belastung war zu viel für die hungernden, schwachen Hunde.
Quel peso aggiuntivo era troppo per i cani affamati e deboli.
Trotzdem ritt sie tagelang, bis die Hunde in den Zügeln zusammenbrachen.
Nonostante ciò, continuò a cavalcare per giorni, finché i cani non crollarono nelle redini.
Der Schlitten stand still und Charles und Hal baten sie, zu laufen.
La slitta si fermò e Charles e Hal la implorarono di proseguire a piedi.
Sie flehten und flehten, aber sie weinte und nannte sie grausam.
Loro la implorarono e la scongiurarono, ma lei pianse e li definì crudeli.
Einmal zogen sie sie mit purer Kraft und Wut vom Schlitten.
In un'occasione, la tirarono giù dalla slitta con pura forza e rabbia.
Nach dem, was damals passiert ist, haben sie es nie wieder versucht.
Dopo quello che accadde quella volta non ci riprovarono più.
Sie wurde schlaff wie ein verwöhntes Kind und setzte sich in den Schnee.
Si accasciò come una bambina viziata e si sedette nella neve.
Sie gingen weiter, aber sie weigerte sich aufzustehen oder ihnen zu folgen.
Continuarono a muoversi, ma lei si rifiutò di alzarsi o di seguirli.

Nach drei Meilen hielten sie an, kehrten um und trugen sie zurück.
Dopo tre miglia si fermarono, tornarono indietro e la riportarono indietro.
Sie luden sie wieder auf den Schlitten, wobei sie erneut rohe Gewalt anwandten.
La ricaricarono sulla slitta, usando ancora una volta la forza bruta.
In ihrem tiefen Elend zeigten sie gegenüber dem Leid der Hunde keine Skrupel.
Nella loro profonda miseria, erano insensibili alla sofferenza dei cani.
Hal glaubte, man müsse sich abhärten und zwang anderen diesen Glauben auf.
Hal credeva che fosse necessario indurirsi e impose questa convinzione agli altri.
Er versuchte zunächst, seiner Schwester seine Philosophie zu predigen
Inizialmente ha cercato di predicare la sua filosofia a sua sorella
und dann predigte er erfolglos seinem Schwager.
e poi, senza successo, predicò al cognato.
Bei den Hunden hatte er mehr Erfolg, aber nur, weil er ihnen weh tat.
Ebbe più successo con i cani, ma solo perché li ferì.
Bei Five Fingers ist das Hundefutter komplett ausgegangen.
Da Five Fingers, il cibo per cani è rimasto completamente vuoto.
Eine zahnlose alte Squaw verkaufte ein paar Pfund gefrorenes Pferdeleder
Una vecchia squaw sdentata vendette qualche chilo di pelle di cavallo congelata
Hal tauschte seinen Revolver gegen das getrocknete Pferdefell.
Hal scambiò la sua pistola con la pelle di cavallo secca.
Das Fleisch stammte von den Pferden der Viehzüchter, die Monate zuvor verhungert waren.

La carne proveniva dai cavalli affamati di allevatori di bovini, morti mesi prima.
Gefroren war die Haut wie verzinktes Eisen: zäh und ungenießbar.
Congelata, la pelle era come ferro zincato: dura e immangiabile.
Die Hunde mussten endlos auf dem Fell herumkauen, um es zu fressen.
Per riuscire a mangiarla, i cani dovevano masticare la pelle senza sosta.
Doch die ledrigen Fäden und das kurze Haar waren kaum Nahrung.
Ma le corde coriacee e i peli corti non erano certo un nutrimento.
Das Fell war größtenteils irritierend und kein echtes Nahrungsmittel.
La maggior parte della pelle era irritante e non era cibo in senso stretto.
Und während all dem taumelte Buck vorne herum, wie in einem Albtraum.
E nonostante tutto, Buck barcollava davanti a tutti, come in un incubo.
Er zog, wenn er dazu in der Lage war; wenn nicht, blieb er liegen, bis er mit einer Peitsche oder einem Knüppel hochgehoben wurde.
Quando poteva, tirava; quando non poteva, restava lì finché non veniva sollevato dalla frusta o dal bastone.
Sein feines, glänzendes Fell hatte jegliche Steifheit und jeglichen Glanz verloren, den es einst hatte.
Il suo pelo fine e lucido aveva perso tutta la rigidità e la lucentezza di un tempo.
Sein Haar hing schlaff herunter, war zerzaust und mit getrocknetem Blut von den Schlägen verklebt.
I suoi capelli erano flosci, spettinati e pieni di sangue rappreso a causa dei colpi.
Seine Muskeln schrumpften zu Sehnen und seine Fleischpolster waren völlig abgenutzt.

I suoi muscoli si ridussero a midolli e i cuscinetti di carne erano tutti consumati.
Jede Rippe, jeder Knochen war deutlich durch die Falten der runzligen Haut zu sehen.
Ogni costola, ogni osso erano chiaramente visibili attraverso le pieghe della pelle rugosa.
Es war herzzerreißend, doch Bucks Herz konnte nicht brechen.
Fu straziante, ma il cuore di Buck non riuscì a spezzarsi.
Der Mann im roten Pullover hatte das getestet und vor langer Zeit bewiesen.
L'uomo con il maglione rosso lo aveva testato e dimostrato molto tempo prima.
So wie es bei Buck war, war es auch bei allen seinen übrigen Teamkollegen.
Così come accadde a Buck, accadde anche a tutti i suoi compagni di squadra rimasti.
Insgesamt waren es sieben, jeder einzelne ein wandelndes Skelett des Elends.
Ce n'erano sette in totale, ognuno uno scheletro ambulante di miseria.
Sie waren gegenüber den Peitschenhieben taub geworden und spürten nur noch entfernten Schmerz.
Erano diventati insensibili alle fruste e sentivano solo un dolore distante.
Sogar Bild und Ton erreichten sie nur schwach, wie durch dichten Nebel.
Anche la vista e i suoni li raggiungevano debolmente, come attraverso una fitta nebbia.
Sie waren nicht halb lebendig – es waren Knochen mit schwachen Funken darin.
Non erano mezzi vivi: erano ossa con deboli scintille al loro interno.
Als sie angehalten wurden, brachen sie wie Leichen zusammen, ihre Funken waren fast erloschen.
Una volta fermati, crollarono come cadaveri, con le scintille quasi del tutto spente.

Und als die Peitsche oder der Knüppel erneut zuschlug, sprühten schwache Funken.
E quando la frusta o il bastone colpivano di nuovo, le scintille sfarfallavano debolmente.
Dann erhoben sie sich, taumelten vorwärts und schleiften ihre Gliedmaßen vor sich her.
Poi si alzarono, barcollarono in avanti e trascinarono le loro membra in avanti.
Eines Tages stürzte der nette Billee und konnte überhaupt nicht mehr aufstehen.
Un giorno il gentile Billee cadde e non riuscì più a rialzarsi.
Hal hatte seinen Revolver eingetauscht und benutzte stattdessen eine Axt, um Billee zu töten.
Hal aveva scambiato la sua pistola con quella di Billee, così decise di ucciderla con un'ascia.
Er schlug ihm auf den Kopf, schnitt dann seinen Körper los und schleifte ihn weg.
Lo colpì alla testa, poi gli tagliò il corpo e lo trascinò via.
Buck sah dies und die anderen auch; sie wussten, dass der Tod nahe war.
Buck se ne accorse, e così fecero anche gli altri: sapevano che la morte era vicina.
Am nächsten Tag ging Koona und ließ nur fünf Hunde im hungernden Team zurück.
Il giorno dopo Koona se ne andò, lasciando solo cinque cani nel gruppo affamato.
Joe war nicht länger gemein, sondern zu weit weg, um überhaupt noch viel mitzubekommen.
Joe, non più cattivo, era ormai troppo fuori di sé per rendersi conto di nulla.
Pike täuschte seine Verletzung nicht länger vor und war kaum bei Bewusstsein.
Pike, ormai non fingeva più di essere ferito, era appena cosciente.
Solleks, der immer noch treu war, beklagte, dass er nicht mehr die Kraft hatte, etwas zu geben.

Solleks, ancora fedele, si rammaricava di non avere più la forza di dare.

Teek wurde am häufigsten geschlagen, weil er frischer war, aber schnell nachließ.

Teek fu battuto più di tutti perché era più fresco, ma stava calando rapidamente.

Und Buck, der immer noch in Führung lag, sorgte nicht länger für Ordnung und setzte sie auch nicht durch.

E Buck, ancora in testa, non mantenne più l'ordine né lo fece rispettare.

Halb blind vor Schwäche folgte Buck der Spur nur nach Gefühl.

Mezzo accecato dalla debolezza, Buck seguì la pista solo a tentoni.

Es war schönes Frühlingswetter, aber keiner von ihnen bemerkte es.

Era una bellissima primavera, ma nessuno di loro se ne accorse.

Jeden Tag ging die Sonne früher auf und später unter als zuvor.

Ogni giorno il sole sorgeva prima e tramontava più tardi.

Um drei Uhr morgens dämmerte es, die Dämmerung dauerte bis neun Uhr.

Alle tre del mattino era già spuntata l'alba; il crepuscolo durò fino alle nove.

Die langen Tage waren erfüllt von der vollen Strahlkraft des Frühlingssonnenscheins.

Le lunghe giornate erano illuminate dal sole primaverile.

Die gespenstische Stille des Winters hatte sich in ein warmes Murmeln verwandelt.

Il silenzio spettrale dell'inverno si era trasformato in un caldo mormorio.

Das ganze Land erwachte und war erfüllt von der Freude am Leben.

Tutta la terra si stava svegliando, animata dalla gioia degli esseri viventi.

Das Geräusch kam von etwas, das den Winter über tot und reglos dagelegen hatte.
Il suono proveniva da ciò che era rimasto morto e immobile per tutto l'inverno.
Jetzt bewegten sich diese Dinger wieder und schüttelten den langen Frostschlaf ab.
Ora quelle cose si mossero di nuovo, scrollandosi di dosso il lungo sonno del gelo.
Saft stieg durch die dunklen Stämme der wartenden Kiefern.
La linfa saliva attraverso i tronchi scuri dei pini in attesa.
An jedem Zweig von Weiden und Espen treiben leuchtende junge Knospen aus.
Salici e pioppi tremuli fanno sbocciare giovani gemme luminose su ogni ramoscello.
Sträucher und Weinreben erstrahlten in frischem Grün, als der Wald zum Leben erwachte.
Arbusti e viti si tingono di un verde fresco mentre il bosco si anima.
Nachts zirpten Grillen und in der Sonne krabbelten Käfer.
Di notte i grilli cantavano e di giorno gli insetti strisciavano nella luce del sole.
Rebhühner dröhnten und Spechte klopften tief in den Bäumen.
Le pernici gridavano e i picchi picchiavano in profondità tra gli alberi.
Eichhörnchen schnatterten, Vögel sangen und Gänse schnatterten über den Hunden.
Gli scoiattoli chiacchieravano, gli uccelli cantavano e le oche starnazzavano per richiamare l'attenzione dei cani.
Das Wildgeflügel kam in scharfen Keilen und flog aus dem Süden heran.
Gli uccelli selvatici arrivavano a cunei affilati, volando in alto da sud.
Von jedem Hügel ertönte die Musik verborgener, rauschender Bäche.

Da ogni pendio giungeva la musica di ruscelli nascosti e impetuosi.
Alles taute auf, brach, bog sich und geriet wieder in Bewegung.
Tutto si scongelava e si spezzava, si piegava e ricominciava a muoversi.
Der Yukon bemühte sich, die Kälteketten des gefrorenen Eises zu durchbrechen.
Lo Yukon si sforzò di spezzare le fredde catene del ghiaccio ghiacciato.
Das Eis schmolz von unten, während die Sonne es von oben zum Schmelzen brachte.
Il ghiaccio si scioglieva sotto, mentre il sole lo scioglieva dall'alto.
Luftlöcher öffneten sich, Risse breiteten sich aus und Brocken fielen in den Fluss.
Si aprirono dei buchi, si allargarono delle crepe e dei pezzi caddero nel fiume.
Inmitten dieses pulsierenden und lodernden Lebens taumelten die Reisenden.
In mezzo a tutta questa vita sfrenata e sfrenata, i viaggiatori barcollavano.
Zwei Männer, eine Frau und ein Rudel Huskys liefen wie die Toten.
Due uomini, una donna e un branco di husky camminavano come morti.
Die Hunde fielen, Mercedes weinte, fuhr aber immer noch Schlitten.
I cani cadevano, Mercedes piangeva, ma continuava a guidare la slitta.
Hal fluchte schwach und Charles blinzelte mit tränenden Augen.
Hal imprecò debolmente e Charles sbatté le palpebre con gli occhi lacrimanti.
Sie stolperten in John Thorntons Lager an der Mündung des White River.

Si imbatterono nell'accampamento di John Thornton, nei pressi della foce del White River.
Als sie anhielten, fielen die Hunde flach um, als wären sie alle tot.
Quando si fermarono, i cani caddero a terra, come se fossero stati tutti colpiti a morte.
Mercedes wischte sich die Tränen ab und sah zu John Thornton hinüber.
Mercedes si asciugò le lacrime e guardò John Thornton.
Charles saß langsam und steif auf einem Baumstamm, mit Schmerzen vom Weg.
Charles si sedette su un tronco, lentamente e rigidamente, dolorante per il sentiero.
Hal redete, während Thornton das Ende eines Axtstiels schnitzte.
Hal parlava mentre Thornton intagliava l'estremità del manico di un'ascia.
Er schnitzte Birkenholz und antwortete mit kurzen, bestimmten Antworten.
Tagliò il legno di betulla e rispose con frasi brevi e decise.
Wenn man ihn fragte, gab er Ratschläge, war sich jedoch sicher, dass diese nicht befolgt würden.
Quando gli veniva chiesto, dava un consiglio, certo che non sarebbe stato seguito.
Hal erklärte: „Sie sagten uns, dass das Eis auf dem Weg schmelzen würde."
Hal spiegò: "Ci avevano detto che il ghiaccio lungo la pista si stava staccando".
„Sie sagten, wir sollten bleiben, wo wir waren – aber wir haben es bis nach White River geschafft."
"Ci avevano detto che dovevamo restare fermi, ma siamo arrivati a White River."
Er schloss mit höhnischem Ton, als wolle er einen Sieg in der Not für sich beanspruchen.
Concluse con un tono beffardo, come per cantare vittoria nelle difficoltà.

„Und sie haben dir die Wahrheit gesagt", antwortete John Thornton Hal ruhig.

"E ti hanno detto la verità", rispose John Thornton a bassa voce ad Hal.

„Das Eis kann jeden Moment nachgeben – es ist kurz davor, abzufallen."

"Il ghiaccio potrebbe cedere da un momento all'altro: è pronto a staccarsi."

„Nur durch blindes Glück und ein paar Narren wäre es möglich gewesen, lebend so weit zu kommen."

"Solo la fortuna cieca e gli sciocchi avrebbero potuto arrivare vivi fin qui."

„Ich sage es Ihnen ganz offen: Ich würde mein Leben nicht für alles Gold Alaskas riskieren."

"Te lo dico senza mezzi termini: non rischierei la vita per tutto l'oro dell'Alaska."

„Das liegt wohl daran, dass Sie kein Narr sind", antwortete Hal.

"Immagino che tu non sia uno stupido", rispose Hal.

„Trotzdem fahren wir weiter nach Dawson." Er rollte seine Peitsche ab.

"Comunque, andiamo avanti con Dawson." Srotolò la frusta.

„Komm rauf, Buck! Hallo! Steh auf! Los!", rief er barsch.

"Sali, Buck! Ehi! Alzati! Forza!" urlò con voce roca.

Thornton schnitzte weiter, wohl wissend, dass Narren nicht auf Vernunft hören.

Thornton continuò a intagliare, sapendo che gli sciocchi non volevano sentire ragioni.

Einen Narren aufzuhalten war sinnlos – und zwei oder drei Narren änderten nichts.

Fermare uno stupido era inutile, e due o tre stupidi non cambiavano nulla.

Doch als das Team Hal's Befehl hörte, bewegte es sich nicht.

Ma la squadra non si mosse al suono del comando di Hal.

Jetzt konnten sie nur noch durch Schläge wieder auf die Beine kommen und weiterkommen.

Ormai solo i colpi potevano farli sollevare e avanzare.

Immer wieder knallte die Peitsche über die geschwächten Hunde.
La frusta schioccava ripetutamente sui cani indeboliti.
John Thornton presste die Lippen fest zusammen und sah schweigend zu.
John Thornton strinse forte le labbra e osservò in silenzio.
Solleks war der Erste, der unter der Peitsche auf die Beine kam.
Solleks fu il primo a rialzarsi sotto la frusta.
Dann folgte Teek zitternd. Joe schrie auf, als er stolperte.
Poi Teek lo seguì, tremando. Joe urlò mentre barcollava.
Pike versuchte aufzustehen, scheiterte zweimal und stand schließlich unsicher da.
Pike cercò di alzarsi, fallì due volte, poi alla fine si rialzò barcollando.
Aber Buck blieb liegen, wo er hingefallen war, und bewegte sich dieses Mal überhaupt nicht.
Ma Buck rimase lì dov'era caduto, senza muoversi affatto.
Die Peitsche schlug immer wieder auf ihn ein, aber er gab keinen Laut von sich.
La frusta lo colpì più volte, ma lui non emise alcun suono.
Er zuckte nicht zusammen und wehrte sich nicht, sondern blieb einfach still und ruhig.
Lui non sussultò né oppose resistenza, rimase semplicemente immobile e in silenzio.
Thornton rührte sich mehr als einmal, als wolle er etwas sagen, tat es aber nicht.
Thornton si mosse più di una volta, come per dire qualcosa, ma non lo fece.
Seine Augen wurden feucht und immer noch knallte die Peitsche gegen Buck.
I suoi occhi si inumidirono, ma la frusta continuava a schioccare contro Buck.
Schließlich begann Thornton langsam auf und ab zu gehen, unsicher, was er tun sollte.
Alla fine Thornton cominciò a camminare lentamente, incerto sul da farsi.

Es war das erste Mal, dass Buck versagt hatte, und Hal wurde wütend.
Era la prima volta che Buck falliva e Hal si infuriò.
Er warf die Peitsche weg und nahm stattdessen die schwere Keule.
Gettò via la frusta e prese al suo posto il pesante manganello.
Der Holzknüppel schlug hart auf, aber Buck stand immer noch nicht auf, um sich zu bewegen.
La mazza di legno colpì con violenza, ma Buck non si alzò per muoversi.
Wie seine Teamkollegen war er zu schwach – aber mehr als das.
Come i suoi compagni di squadra, era troppo debole, ma non solo.
Buck hatte beschlossen, sich nicht zu bewegen, egal was als Nächstes passieren würde.
Buck aveva deciso di non muoversi, qualunque cosa accadesse.
Er spürte, wie etwas Dunkles und Bestimmtes direkt vor ihm schwebte.
Sentì qualcosa di oscuro e sicuro incombere proprio davanti a sé.
Diese Angst hatte ihn ergriffen, sobald er das Flussufer erreicht hatte.
Quel terrore lo aveva colto non appena aveva raggiunto la riva del fiume.
Dieses Gefühl hatte ihn nicht verlassen, seit er das Eis unter seinen Pfoten dünner werden fühlte.
Quella sensazione non lo aveva abbandonato da quando aveva sentito il ghiaccio assottigliarsi sotto le zampe.
Etwas Schreckliches wartete – er spürte es gleich weiter unten auf dem Weg.
Qualcosa di terribile lo stava aspettando: lo sentiva proprio lungo il sentiero.
Er würde nicht auf das Schreckliche vor ihm zugehen
Non avrebbe camminato verso quella cosa terribile davanti a lui

Er würde keinem Befehl gehorchen, der ihn zu diesem Ding führte.
Non avrebbe obbedito a nessun ordine che lo avrebbe condotto a quella cosa.

Der Schmerz der Schläge war für ihn kaum noch spürbar, er war zu weit weg.
Ormai il dolore dei colpi non lo sfiorava più: era troppo stanco.

Der Funke des Lebens flackerte schwach und erlosch unter jedem grausamen Schlag.
La scintilla della vita tremolava lentamente, affievolita da ogni colpo crudele.

Seine Glieder fühlten sich fremd an, sein ganzer Körper schien einem anderen zu gehören.
Gli arti gli sembravano distanti; tutto il corpo sembrava appartenere a un altro.

Er spürte eine seltsame Taubheit, als der Schmerz vollständig nachließ.
Sentì uno strano torpore mentre il dolore scompariva completamente.

Aus der Ferne spürte er, dass er geschlagen wurde, aber er wusste es kaum.
Da lontano, sentiva che lo stavano picchiando, ma non se ne rendeva conto.

Er konnte die Schläge schwach hören, aber sie taten nicht mehr wirklich weh.
Poteva udire debolmente i tonfi, ma ormai non gli facevano più male.

Die Schläge trafen, aber sein Körper schien nicht mehr sein eigener zu sein.
I colpi andarono a segno, ma il suo corpo non sembrava più il suo.

Dann stieß John Thornton plötzlich und ohne Vorwarnung einen wilden Schrei aus.
Poi, all'improvviso, senza alcun preavviso, John Thornton lanciò un grido selvaggio.

Es war unartikuliert, eher der Schrei eines Tieres als eines Menschen.
Era inarticolato, più il grido di una bestia che di un uomo.
Er sprang mit der Keule auf den Mann zu und stieß Hal nach hinten.
Si lanciò sull'uomo con la mazza e fece cadere Hal all'indietro.
Hal flog, als wäre er von einem Baum getroffen worden, und landete hart auf dem Boden.
Hal volò come se fosse stato colpito da un albero, atterrando pesantemente al suolo.
Mercedes schrie laut vor Panik und umklammerte ihr Gesicht.
Mercedes urlò a gran voce in preda al panico e si portò le mani al viso.
Charles sah nur zu, wischte sich die Augen und blieb sitzen.
Charles si limitò a guardare, si asciugò gli occhi e rimase seduto.
Sein Körper war vor Schmerzen zu steif, um aufzustehen oder beim Kampf mitzuhelfen.
Il suo corpo era troppo irrigidito dal dolore per alzarsi o contribuire alla lotta.
Thornton stand über Buck, zitterte vor Wut und konnte nicht sprechen.
Thornton era in piedi davanti a Buck, tremante di rabbia, incapace di parlare.
Er zitterte vor Wut und kämpfte darum, trotz allem seine Stimme wiederzufinden.
Tremava di rabbia e lottò per trovare la voce.
„Wenn du den Hund noch einmal schlägst, bringe ich dich um", sagte er schließlich.
"Se colpisci ancora quel cane, ti uccido", disse infine.
Hal wischte sich das Blut aus dem Mund und kam wieder nach vorne.
Hal si asciugò il sangue dalla bocca e tornò avanti.
„Es ist mein Hund", murmelte er. „Geh mir aus dem Weg, sonst kriege ich dich wieder in Ordnung."
"È il mio cane", borbottò. "Togliti di mezzo o ti sistemo io."

„Ich gehe nach Dawson und Sie halten mich nicht auf", fügte er hinzu.

"Vado da Dawson e tu non mi fermerai", ha aggiunto.

Thornton stand fest zwischen Buck und dem wütenden jungen Mann.

Thornton si fermò tra Buck e il giovane arrabbiato.

Er hatte nicht die Absicht, zur Seite zu treten oder Hal vorbeizulassen.

Non aveva alcuna intenzione di farsi da parte o di lasciar passare Hal.

Hal zog sein Jagdmesser heraus, das lang und gefährlich in der Hand lag.

Hal tirò fuori il suo coltello da caccia, lungo e pericoloso nella sua mano.

Mercedes schrie, dann weinte sie und lachte dann in wilder Hysterie.

Mercedes urlò, poi pianse, poi rise in preda a un'isteria selvaggia.

Thornton schlug mit dem Axtstiel hart und schnell auf Hals Hand.

Thornton colpì la mano di Hal con il manico dell'ascia, con forza e rapidità.

Das Messer wurde aus Hals Griff gerissen und flog zu Boden.

Il coltello si liberò dalla presa di Hal e volò a terra.

Hal versuchte, das Messer aufzuheben, und Thornton klopfte erneut auf seine Fingerknöchel.

Hal cercò di raccogliere il coltello, ma Thornton gli batté di nuovo le nocche.

Dann bückte sich Thornton, griff nach dem Messer und hielt es fest.

Poi Thornton si chinò, afferrò il coltello e lo tenne fermo.

Mit zwei schnellen Hieben des Axtstiels zerschnitt er Bucks Zügel.

Con due rapidi colpi del manico dell'ascia, tagliò le redini di Buck.

Hal hatte keine Kraft mehr, sich zu wehren, und trat von dem Hund zurück.
Hal non aveva più voglia di combattere e si allontanò dal cane.
Außerdem brauchte Mercedes jetzt beide Arme, um aufrecht zu bleiben.
Inoltre, ora Mercedes aveva bisogno di entrambe le braccia per restare in piedi.
Buck war dem Tod zu nahe, um noch einmal einen Schlitten ziehen zu können.
Buck era troppo vicino alla morte per poter nuovamente tirare la slitta.
Ein paar Minuten später legten sie ab und fuhren flussabwärts.
Pochi minuti dopo, ripartirono, dirigendosi verso il fiume.
Buck hob schwach den Kopf und sah ihnen nach, wie sie die Bank verließen.
Buck sollevò debolmente la testa e li guardò lasciare la banca.
Pike führte das Team an, mit Solleks am Ende des Feldes.
Pike guidava la squadra, con Solleks dietro al volante.
Joe und Teek gingen dazwischen, beide humpelten vor Erschöpfung.
Joe e Teek camminavano in mezzo, zoppicando entrambi per la stanchezza.
Mercedes saß auf dem Schlitten und Hal hielt die lange Lenkstange fest.
Mercedes si sedette sulla slitta e Hal afferrò la lunga pertica.
Charles stolperte hinterher, seine Schritte waren unbeholfen und unsicher.
Charles barcollava dietro di lui, con passi goffi e incerti.
Thornton kniete neben Buck und tastete vorsichtig nach gebrochenen Knochen.
Thornton si inginocchiò accanto a Buck e tastò delicatamente per vedere se aveva ossa rotte.
Seine Hände waren rau, bewegten sich aber mit Freundlichkeit und Sorgfalt.
Le sue mani erano ruvide, ma si muovevano con gentilezza e cura.

Bucks Körper wies Blutergüsse auf, wies jedoch keine bleibenden Verletzungen auf.
Il corpo di Buck era pieno di lividi, ma non presentava lesioni permanenti.
Zurück blieben schrecklicher Hunger und nahezu völlige Schwäche.
Ciò che restava era una fame terribile e una debolezza quasi totale.
Als dies klar wurde, war der Schlitten bereits weit flussabwärts gefahren.
Quando la situazione fu più chiara, la slitta era già andata molto a valle.
Mann und Hund sahen zu, wie der Schlitten langsam über das knackende Eis kroch.
L'uomo e il cane osservavano la slitta avanzare lentamente sul ghiaccio che si rompeva.
Dann sahen sie, wie der Schlitten in eine Mulde sank.
Poi videro la slitta sprofondare in una cavità.
Die Gee-Stange flog in die Höhe, und Hal klammerte sich immer noch vergeblich daran fest.
La pertica volò in alto, ma Hal vi si aggrappò ancora invano.
Mercedes' Schrei erreichte sie über die kalte Ferne.
L'urlo di Mercedes li raggiunse attraverso la fredda distanza.
Charles drehte sich um und trat zurück – aber er war zu spät.
Charles si voltò e fece un passo indietro, ma era troppo tardi.
Eine ganze Eisdecke brach nach und sie alle fielen hindurch.
Un'intera calotta di ghiaccio cedette e tutti precipitarono.
Hunde, Schlitten und Menschen verschwanden im schwarzen Wasser darunter.
Cani, slitte e persone scomparvero nelle acque nere sottostanti.
An der Stelle, an der sie vorbeigekommen waren, war nur ein breites Loch im Eis zurückgeblieben.
Nel punto in cui erano passati era rimasto solo un largo buco nel ghiaccio.
Der Boden des Pfades war nach unten abgesunken – genau wie Thornton gewarnt hatte.

Il fondo del sentiero era crollato, proprio come aveva previsto Thornton.

Thornton und Buck sahen sich einen Moment lang schweigend an.
Thornton e Buck si guardarono l'un l'altro, in silenzio per un momento.

„Du armer Teufel", sagte Thornton leise und Buck leckte ihm die Hand.
"Povero diavolo", disse Thornton dolcemente, e Buck gli leccò la mano.

Aus Liebe zu einem Mann
Per amore di un uomo

John Thornton erfror in der Kälte des vergangenen Dezembers seine Füße.
John Thornton si congelò i piedi per il freddo del dicembre precedente.
Seine Partner machten es ihm bequem und ließen ihn allein genesen.
I suoi compagni lo fecero sentire a suo agio e lo lasciarono guarire da solo.
Sie fuhren den Fluss hinauf, um ein Floß mit Sägestämmen für Dawson zu holen.
Risalirono il fiume per raccogliere una zattera di tronchi da sega per Dawson.
Er humpelte noch leicht, als er Buck vor dem Tod rettete.
Zoppicava ancora leggermente quando salvò Buck dalla morte.
Aber bei anhaltend warmem Wetter verschwand sogar dieses Hinken.
Ma con il persistere del caldo, anche quella zoppia è scomparsa.
Buck ruhte sich an langen Frühlingstagen am Flussufer aus.
Sdraiato sulla riva del fiume durante le lunghe giornate primaverili, Buck si riposò.
Er beobachtete das fließende Wasser und lauschte den Vögeln und Insekten.
Osservava l'acqua che scorreva e ascoltava gli uccelli e gli insetti.
Langsam erlangte Buck unter Sonne und Himmel seine Kraft zurück.
Lentamente Buck riacquistò le forze sotto il sole e il cielo.
Nach einer Reise von dreitausend Meilen war eine Pause ein wunderbares Gefühl.
Dopo aver viaggiato tremila miglia, riposarsi è stato meraviglioso.

Buck wurde träge, als seine Wunden heilten und sein Körper an Gewicht zunahm.
Buck diventò pigro man mano che le sue ferite guarivano e il suo corpo si riempiva.
Seine Muskeln wurden fester und das Fleisch bedeckte wieder seine Knochen.
I suoi muscoli si rassodarono e la carne tornò a ricoprire le sue ossa.
Sie ruhten sich alle aus – Buck, Thornton, Skeet und Nig.
Stavano tutti riposando: Buck, Thornton, Skeet e Nig.
Sie warteten auf das Floß, das sie nach Dawson bringen sollte.
Aspettarono la zattera che li avrebbe portati a Dawson.
Skeet war ein kleiner Irish Setter, der sich mit Buck anfreundete.
Skeet era un piccolo setter irlandese che fece amicizia con Buck.
Buck war zu schwach und krank, um ihr bei ihrem ersten Treffen Widerstand zu leisten.
Buck era troppo debole e malato per resisterle al loro primo incontro.
Skeet hatte die Heilereigenschaft, die manche Hunde von Natur aus besitzen.
Skeet aveva la caratteristica di guaritore che alcuni cani possiedono per natura.
Wie eine Katzenmutter leckte und reinigte sie Bucks offene Wunden.
Come una gatta, leccò e pulì le ferite aperte di Buck.
Jeden Morgen nach dem Frühstück wiederholte sie ihre sorgfältige Arbeit.
Ogni mattina, dopo colazione, ripeteva il suo attento lavoro.
Buck erwartete ihre Hilfe ebenso sehr wie die von Thornton.
Buck finì per aspettarsi il suo aiuto tanto quanto quello di Thornton.
Nig war auch freundlich, aber weniger offen und weniger liebevoll.

Anche Nig era amichevole, ma meno aperto e meno affettuoso.

Nig war ein großer schwarzer Hund, halb Bluthund, halb Hirschhund.

Nig era un grosso cane nero, in parte segugio e in parte levriero.

Er hatte lachende Augen und eine unendlich gute Seele.

Aveva occhi sorridenti e un'infinita bontà d'animo.

Zu Bucks Überraschung zeigte keiner der Hunde Eifersucht ihm gegenüber.

Con sorpresa di Buck, nessuno dei due cani mostrò gelosia nei suoi confronti.

Sowohl Skeet als auch Nig erfuhren die Freundlichkeit von John Thornton.

Sia Skeet che Nig condividevano la gentilezza di John Thornton.

Als Buck stärker wurde, verleiteten sie ihn zu albernen Hundespielen.

Man mano che Buck diventava più forte, lo attiravano in stupidi giochi da cani.

Auch Thornton spielte oft mit ihnen und konnte ihrer Freude nicht widerstehen.

Anche Thornton giocava spesso con loro, incapace di resistere alla loro gioia.

Auf diese spielerische Weise gelang Buck der Übergang von der Krankheit in ein neues Leben.

In questo modo giocoso, Buck passò dalla malattia a una nuova vita.

Endlich hatte er Liebe gefunden – wahre, brennende und leidenschaftliche Liebe.

L'amore, quello vero, ardente e passionale, era finalmente suo.

Auf Millers Anwesen hatte er diese Art von Liebe nie erlebt.

Non aveva mai conosciuto questo tipo di amore nella tenuta di Miller.

Mit den Söhnen des Richters hatte er Arbeit und Abenteuer geteilt.

Con i figli del giudice aveva condiviso lavoro e avventure.

Bei den Enkeln sah er steifen und prahlerischen Stolz.
Nei nipoti notò un orgoglio rigido e vanitoso.
Mit Richter Miller selbst verband ihn eine respektvolle Freundschaft.
Con lo stesso giudice Miller aveva un rapporto di rispettosa amicizia.
Doch mit Thornton kam eine Liebe, die Feuer, Wahnsinn und Anbetung war.
Ma l'amore che era fuoco, follia e adorazione era ciò che accadeva con Thornton.
Dieser Mann hatte Bucks Leben gerettet, und das allein bedeutete sehr viel.
Quest'uomo aveva salvato la vita di Buck, e questo di per sé significava molto.
Aber darüber hinaus war John Thornton der ideale Meistertyp.
Ma più di questo, John Thornton era il tipo ideale di maestro.
Andere Männer kümmerten sich aus Pflichtgefühl oder geschäftlicher Notwendigkeit um Hunde.
Altri uomini si prendevano cura dei cani per dovere o per necessità lavorative.
John Thornton kümmerte sich um seine Hunde, als wären sie seine Kinder.
John Thornton si prendeva cura dei suoi cani come se fossero figli.
Er kümmerte sich um sie, weil er sie liebte und einfach nicht anders konnte.
Si prendeva cura di loro perché li amava e semplicemente non poteva farne a meno.
John Thornton sah sogar weiter, als die meisten Menschen jemals sehen konnten.
John Thornton vide molto più lontano di quanto la maggior parte degli uomini riuscisse mai a vedere.
Er vergaß nie, sie freundlich zu grüßen oder ein aufmunterndes Wort zu sagen.
Non dimenticava mai di salutarli gentilmente o di pronunciare una parola di incoraggiamento.

Er liebte es, mit den Hunden zusammenzusitzen und lange zu reden, oder, wie er sagte, „gasy".
Amava sedersi con i cani per fare lunghe chiacchierate, o "gassy", come diceva lui.

Er packte Bucks Kopf gern grob zwischen seinen starken Händen.
Gli piaceva afferrare bruscamente la testa di Buck tra le sue mani forti.

Dann lehnte er seinen Kopf an Bucks und schüttelte ihn sanft.
Poi appoggiò la testa contro quella di Buck e lo scosse delicatamente.

Die ganze Zeit über beschimpfte er Buck mit unhöflichen Namen, die für ihn Liebe bedeuteten.
Nel frattempo, chiamava Buck con nomi volgari che per lui significavano affetto.

Buck bereiteten diese grobe Umarmung und diese Worte große Freude.
Per Buck, quell'abbraccio rude e quelle parole portarono una gioia profonda.

Sein Herz schien bei jeder Bewegung vor Glück zu beben.
A ogni movimento il suo cuore sembrava sussultare di felicità.

Als er anschließend aufsprang, sah sein Mund aus, als würde er lachen.
Quando poi balzò in piedi, la sua bocca sembrava ridere.

Seine Augen leuchteten hell und seine Kehle zitterte vor unausgesprochener Freude.
I suoi occhi brillavano intensamente e la sua gola tremava per una gioia inespressa.

Sein Lächeln blieb in diesem Zustand der Ergriffenheit und glühenden Zuneigung stehen.
Il suo sorriso rimase immobile in quello stato di emozione e affetto ardente.

Dann rief Thornton nachdenklich aus: „Gott! Er kann fast sprechen!"
Allora Thornton esclamò pensieroso: "Dio! Riesce quasi a parlare!"

Buck hatte eine seltsame Art, Liebe auszudrücken, die beinahe Schmerzen verursachte.
Buck aveva uno strano modo di esprimere l'amore che quasi gli causava dolore.
Er umklammerte Thorntons Hand oft sehr fest mit seinen Zähnen.
Spesso stringeva forte la mano di Thornton tra i denti.
Der Biss würde tiefe Spuren hinterlassen, die noch einige Zeit blieben.
Il morso avrebbe lasciato segni profondi che sarebbero rimasti per qualche tempo.
Buck glaubte, dass diese Eide Liebe waren, und Thornton wusste das auch.
Buck credeva che quei giuramenti fossero amore, e Thornton la pensava allo stesso modo.
Meistens zeigte sich Bucks Liebe in stiller, fast stummer Verehrung.
Il più delle volte, l'amore di Buck si manifestava in un'adorazione silenziosa, quasi silenziosa.
Obwohl er sich freute, wenn man ihn berührte oder ansprach, suchte er nicht nach Aufmerksamkeit.
Sebbene fosse emozionato quando veniva toccato o gli si parlava, non cercava attenzione.
Skeet schob ihre Nase unter Thorntons Hand, bis er sie streichelte.
Skeet spinse il naso sotto la mano di Thornton finché lui non la accarezzò.
Nig kam leise herbei und legte seinen großen Kopf auf Thorntons Knie.
Nig si avvicinò silenziosamente e appoggiò la sua grande testa sulle ginocchia di Thornton.
Buck hingegen war zufrieden damit, aus respektvoller Distanz zu lieben.
Buck, al contrario, si accontentava di amare da una rispettosa distanza.
Er lag stundenlang zu Thorntons Füßen, wachsam und aufmerksam beobachtend.

Rimase sdraiato per ore ai piedi di Thornton, vigile e attento.
Buck studierte jedes Detail des Gesichts seines Herrn und jede kleinste Bewegung.
Buck studiò ogni dettaglio del volto del suo padrone, perfino il più piccolo movimento.
Oder er blieb weiter weg liegen und betrachtete schweigend die Gestalt des Mannes.
Oppure sdraiati più lontano, studiando in silenzio la sagoma dell'uomo.
Buck beobachtete jede kleine Bewegung, jede Veränderung seiner Haltung oder Geste.
Buck osservava ogni piccolo movimento, ogni cambiamento di postura o di gesto.
Diese Verbindung war so stark, dass sie Thorntons Blick oft auf sich zog.
Questo legame era così potente che spesso catturava lo sguardo di Thornton.
Er begegnete Bucks Blick ohne Worte, Liebe schimmerte deutlich hindurch.
Incontrò lo sguardo di Buck senza dire parole, e il suo amore traspariva chiaramente.
Nach seiner Rettung ließ Buck Thornton lange Zeit nicht aus den Augen.
Per molto tempo dopo essere stato salvato, Buck non perse mai di vista Thornton.
Immer wenn Thornton das Zelt verließ, folgte Buck ihm dicht auf den Fersen.
Ogni volta che Thornton usciva dalla tenda, Buck lo seguiva da vicino all'esterno.
All die strengen Herren im Nordland hatten Buck Angst gemacht, zu vertrauen.
Tutti i severi padroni delle Terre del Nord avevano fatto sì che Buck non riuscisse più a fidarsi.
Er befürchtete, dass kein Mann länger als kurze Zeit sein Herr bleiben könnte.
Temeva che nessun uomo potesse restare suo padrone se non per un breve periodo.

Er befürchtete, dass John Thornton wie Perrault und François verschwinden würde.
Temeva che John Thornton sarebbe scomparso come Perrault e François.
Sogar nachts quälte die Angst, ihn zu verlieren, Buck mit unruhigem Schlaf.
Anche di notte, la paura di perderlo tormentava il sonno agitato di Buck.
Als Buck aufwachte, kroch er in die Kälte hinaus und ging zum Zelt.
Quando Buck si svegliò, si trascinò fuori al freddo e andò nella tenda.
Er lauschte aufmerksam auf das leise Geräusch des Atmens in seinem Inneren.
Ascoltò attentamente il leggero suono del suo respiro interiore.
Trotz Bucks tiefer Liebe zu John Thornton blieb die Wildnis am Leben.
Nonostante il profondo amore di Buck per John Thornton, la natura selvaggia sopravvisse.
Dieser im Norden erwachte primitive Instinkt ist nicht verschwunden.
Quell'istinto primitivo, risvegliatosi nel Nord, non scomparve.
Liebe brachte Hingabe, Treue und die warme Verbundenheit des Kaminfeuers.
L'amore portava devozione, lealtà e il caldo legame attorno al fuoco.
Aber Buck behielt auch seine wilden Instinkte, scharf und stets wachsam.
Ma Buck mantenne anche i suoi istinti selvaggi, acuti e sempre all'erta.
Er war nicht nur ein gezähmtes Haustier aus den sanften Ländern der Zivilisation.
Non era solo un animale domestico addomesticato proveniente dalle dolci terre della civiltà.
Buck war ein wildes Wesen, das hereingekommen war, um an Thorntons Feuer zu sitzen.

Buck era un essere selvaggio che si era seduto accanto al fuoco di Thornton.

Er sah aus wie ein Südlandhund, aber in ihm lebte Wildheit.

Sembrava un cane del Southland, ma in lui albergava la natura selvaggia.

Seine Liebe zu Thornton war zu groß, um zuzulassen, dass er den Mann bestohlen hätte.

Il suo amore per Thornton era troppo grande per permettersi un furto da parte di quell'uomo.

Aber in jedem anderen Lager würde er dreist und ohne Pause stehlen.

Ma in qualsiasi altro campo ruberebbe con audacia e senza esitazione.

Er war beim Stehlen so geschickt, dass ihn niemand erwischen oder beschuldigen konnte.

Era così abile nel rubare che nessuno riusciva a catturarlo o accusarlo.

Sein Gesicht und sein Körper waren mit Narben aus vielen vergangenen Kämpfen übersät.

Il suo viso e il suo corpo erano coperti di cicatrici dovute a molti combattimenti passati.

Buck kämpfte immer noch erbittert, aber jetzt kämpfte er mit mehr List.

Buck continuava a combattere con ferocia, ma ora lo faceva con maggiore astuzia.

Skeet und Nig waren zu sanft, um zu kämpfen, und sie gehörten Thornton.

Skeet e Nig erano troppo docili per combattere, ed erano di Thornton.

Aber jeder fremde Hund, egal wie stark oder mutig, wich zurück.

Ma qualsiasi cane estraneo, non importa quanto forte o coraggioso, cedeva.

Ansonsten kämpfte der Hund gegen Buck und um sein Leben.

Altrimenti, il cane si ritrovò a combattere contro Buck, lottando per la propria vita.

Buck kannte keine Gnade, wenn er sich entschied, gegen einen anderen Hund zu kämpfen.
Buck non ebbe pietà quando decise di combattere contro un altro cane.
Er hatte das Gesetz der Keule und des Reißzahns im Nordland gut gelernt.
Aveva imparato bene la legge del bastone e della zanna nel Nord.
Er gab nie einen Vorteil auf und wich nie einer Schlacht aus.
Non ha mai rinunciato a un vantaggio e non si è mai tirato indietro dalla battaglia.
Er hatte Spitz und die wildesten Post- und Polizeihunde studiert.
Aveva studiato Spitz e i cani più feroci della polizia e della posta.
Er wusste genau, dass es im wilden Kampf keinen Mittelweg gab.
Sapeva chiaramente che non esisteva via di mezzo in un combattimento selvaggio.
Er musste herrschen oder beherrscht werden; Gnade zu zeigen, hieße, Schwäche zu zeigen.
Doveva governare o essere governato; mostrare misericordia significava mostrare debolezza.
In der rauen und brutalen Welt des Überlebens kannte man keine Gnade.
La pietà era sconosciuta nel mondo crudo e brutale della sopravvivenza.
Gnade zu zeigen wurde als Angst angesehen und Angst führte schnell zum Tod.
Mostrare pietà era visto come un atto di paura, e la paura conduceva rapidamente alla morte.
Das alte Gesetz war einfach: töten oder getötet werden, essen oder gefressen werden.
La vecchia legge era semplice: uccidere o essere uccisi, mangiare o essere mangiati.
Dieses Gesetz stammte aus längst vergangenen Zeiten und Buck befolgte es vollständig.

Quella legge proveniva dalle profondità del tempo e Buck la seguì alla lettera.

Buck war älter als sein Alter und die Anzahl seiner Atemzüge.

Buck era più vecchio dei suoi anni e del numero dei suoi respiri.

Er verband die ferne Vergangenheit klar mit der Gegenwart.

Collegava in modo chiaro il passato remoto con il momento presente.

Die tiefen Rhythmen der Zeitalter bewegten sich durch ihn wie die Gezeiten.

I ritmi profondi dei secoli si muovevano attraverso di lui come le maree.

Die Zeit pulsierte in seinem Blut so sicher, wie die Jahreszeiten die Erde bewegen.

Il tempo pulsava nel suo sangue con la stessa sicurezza con cui le stagioni muovevano la terra.

Er saß mit starker Brust und weißen Reißzähnen an Thorntons Feuer.

Sedeva accanto al fuoco di Thornton, con il petto forte e le zanne bianche.

Sein langes Fell wehte, aber hinter ihm beobachteten ihn die Geister wilder Hunde.

La sua lunga pelliccia ondeggiava, ma dietro di lui lo osservavano gli spiriti dei cani selvatici.

Halbwölfe und Vollwölfe regten sich in seinem Herzen und seinen Sinnen.

Lupi mezzi e lupi veri si agitavano nel suo cuore e nei suoi sensi.

Sie probierten sein Fleisch und tranken dasselbe Wasser wie er.

Assaggiarono la sua carne e bevvero la stessa acqua che bevve lui.

Sie schnupperten neben ihm den Wind und lauschten dem Wald.

Annusarono il vento insieme a lui e ascoltarono la foresta.

Sie flüsterten die Bedeutung der wilden Geräusche in der Dunkelheit.
Sussurravano il significato dei suoni selvaggi nell'oscurità.
Sie prägten seine Stimmungen und leiteten jede seiner stillen Reaktionen.
Modellavano il suo umore e guidavano ciascuna delle sue reazioni silenziose.
Sie lagen bei ihm, während er schlief, und wurden Teil seiner tiefen Träume.
Giacevano accanto a lui mentre dormiva e diventavano parte dei suoi sogni profondi.
Sie träumten mit ihm, über ihn hinaus und bildeten seinen Geist.
Sognavano con lui, oltre lui, e costituivano il suo stesso spirito.
Die Geister der Wildnis riefen so stark, dass Buck sich hingezogen fühlte.
Gli spiriti della natura selvaggia chiamavano con tanta forza che Buck si sentì attratto.
Mit jedem Tag wurden die Menschheit und ihre Ansprüche in Bucks Herzen schwächer.
Ogni giorno che passava, l'umanità e le sue rivendicazioni si indebolivano nel cuore di Buck.
Tief im Wald würde ein seltsamer und aufregender Ruf erklingen.
Nel profondo della foresta si stava per udire un richiamo strano ed emozionante.
Jedes Mal, wenn er den Ruf hörte, verspürte Buck einen Drang, dem er nicht widerstehen konnte.
Ogni volta che sentiva la chiamata, Buck provava un impulso a cui non riusciva a resistere.
Er wollte sich vom Feuer und den ausgetretenen menschlichen Pfaden abwenden.
Avrebbe voltato le spalle al fuoco e ai sentieri battuti dagli uomini.
Er wollte in den Wald eintauchen und weitergehen, ohne zu wissen, warum.

Stava per addentrarsi nella foresta, avanzando senza sapere il perché.

Er hinterfragte diese Anziehungskraft nicht, denn der Ruf war tief und kraftvoll.

Non mise in discussione questa attrazione, perché la chiamata era profonda e potente.

Oft erreichte er den grünen Schatten und die weiche, unberührte Erde

Spesso raggiungeva l'ombra verde e la terra morbida e intatta

Doch dann zog ihn die große Liebe zu John Thornton zurück zum Feuer.

Ma poi il forte amore per John Thornton lo riportò al fuoco.

Nur John Thornton hatte Bucks wildes Herz wirklich in seiner Gewalt.

Soltanto John Thornton riuscì davvero a tenere stretto il cuore selvaggio di Buck.

Der Rest der Menschheit hatte für Buck keinen bleibenden Wert oder keine bleibende Bedeutung.

Per Buck il resto dell'umanità non aveva alcun valore o significato duraturo.

Fremde könnten ihn loben oder ihm mit freundlichen Händen über das Fell streicheln.

Gli sconosciuti potrebbero lodarlo o accarezzargli la pelliccia con mani amichevoli.

Buck blieb ungerührt und ging vor lauter Zuneigung davon.

Buck rimase impassibile e se ne andò per eccesso di affetto.

Hans und Pete kamen mit dem lange erwarteten Floß

Hans e Pete arrivarono con la zattera che era stata attesa a lungo

Buck ignorierte sie, bis er erfuhr, dass sie sich in der Nähe von Thornton befanden.

Buck li ignorò finché non venne a sapere che erano vicini a Thornton.

Danach tolerierte er sie, zeigte ihnen jedoch nie seine volle Zuneigung.

Da allora in poi li tollerò, ma non dimostrò mai loro tutto il suo calore.

Er nahm Essen oder Freundlichkeiten von ihnen an, als täte er ihnen einen Gefallen.
Accettava da loro cibo o gentilezza come se volesse fare loro un favore.
Sie waren wie Thornton – einfach, ehrlich und klar im Denken.
Erano come Thornton: semplici, onesti e lucidi nei pensieri.
Gemeinsam reisten sie zu Dawsons Sägewerk und dem großen Wirbel
Tutti insieme viaggiarono verso la segheria di Dawson e il grande vortice
Auf ihrer Reise lernten sie Bucks Wesen tiefgründig kennen.
Nel corso del loro viaggio impararono a comprendere profondamente la natura di Buck.
Sie versuchten nicht, sich näherzukommen, wie es Skeet und Nig getan hatten.
Non cercarono di avvicinarsi come avevano fatto Skeet e Nig.
Doch Bucks Liebe zu John Thornton wurde mit der Zeit immer stärker.
Ma l'amore di Buck per John Thornton non fece che aumentare con il tempo.
Nur Thornton könnte Buck im Sommer eine Last auf die Schultern laden.
Solo Thornton poteva mettere uno zaino sulla schiena di Buck durante l'estate.
Was auch immer Thornton befahl, Buck war bereit, es uneingeschränkt zu tun.
Buck era disposto a eseguire senza riserve qualsiasi ordine impartito da Thornton.
Eines Tages, nachdem sie Dawson in Richtung der Quellgewässer des Tanana verlassen hatten,
Un giorno, dopo aver lasciato Dawson per le sorgenti del Tanana,
die Gruppe saß auf einer Klippe, die dreihundert Fuß bis zum nackten Fels abfiel.
il gruppo era seduto su una rupe che scendeva per un metro fino a raggiungere la nuda roccia.

John Thornton saß nahe der Kante und Buck ruhte sich neben ihm aus.
John Thornton si sedette vicino al bordo e Buck si riposò accanto a lui.

Thornton hatte plötzlich eine Idee und rief die Männer auf sich aufmerksam.
Thornton ebbe un'idea improvvisa e richiamò l'attenzione degli uomini.

Er deutete über den Abgrund und gab Buck einen einzigen Befehl.
Indicò l'altro lato del baratro e diede a Buck un unico comando.

„Spring, Buck!", sagte er und schwang seinen Arm über den Abgrund.
"Salta, Buck!" disse, allungando il braccio oltre il precipizio.

Einen Moment später musste er Buck packen, der sofort lossprang, um zu gehorchen.
Un attimo dopo dovette afferrare Buck, che stava saltando per obbedire.

Hans und Pete eilten nach vorne und zogen beide in Sicherheit.
Hans e Pete si precipitarono in avanti e tirarono entrambi indietro per metterli in salvo.

Nachdem alles vorbei war und sie wieder zu Atem gekommen waren, ergriff Pete das Wort.
Dopo che tutto fu finito e che ebbero ripreso fiato, Pete prese la parola.

„Die Liebe ist unheimlich", sagte er, erschüttert von der wilden Hingabe des Hundes.
«È un amore straordinario», disse, scosso dalla feroce devozione del cane.

Thornton schüttelte den Kopf und antwortete mit ruhiger Ernsthaftigkeit.
Thornton scosse la testa e rispose con calma e serietà.

„Nein, die Liebe ist großartig", sagte er, „aber auch schrecklich."
«No, l'amore è splendido», disse, «ma anche terribile».

„Manchmal, das muss ich zugeben, macht mir diese Art von Liebe Angst."

"A volte, devo ammetterlo, questo tipo di amore mi fa paura."

Pete nickte und sagte: „Ich möchte nicht der Mann sein, der dich berührt."

Pete annuì e disse: "Mi dispiacerebbe tanto essere l'uomo che ti tocca".

Er sah Buck beim Sprechen ernst und voller Respekt an.

Mentre parlava, guardava Buck con aria seria e piena di rispetto.

„Py Jingo!", sagte Hans schnell. „Ich auch nicht, nein, Sir."

"Py Jingo!" esclamò Hans in fretta. "Neanch'io, no signore."

Noch vor Jahresende wurden Petes Befürchtungen in Circle City wahr.

Prima che finisse l'anno, i timori di Pete si avverarono a Circle City.

Ein grausamer Mann namens Black Burton hat in der Bar eine Schlägerei angezettelt.

Un uomo crudele di nome Black Burton attaccò una rissa nel bar.

Er war wütend und bösartig und ging auf einen Neuling los.

Era arrabbiato e cattivo, e si scagliava contro un novellino.

John Thornton schritt ein, ruhig und gutmütig wie immer.

John Thornton intervenne, calmo e bonario come sempre.

Buck lag mit gesenktem Kopf in einer Ecke und beobachtete Thornton aufmerksam.

Buck giaceva in un angolo, con la testa bassa, e osservava Thornton attentamente.

Burton schlug plötzlich zu und sein Schlag ließ Thornton herumwirbeln.

Burton colpì all'improvviso e il suo pugno fece girare Thornton.

Nur die Stangenreling verhinderte, dass er hart auf den Boden stürzte.

Solo la ringhiera della sbarra gli impedì di cadere violentemente a terra.

Die Beobachter hörten ein Geräusch, das weder Bellen noch Jaulen war
Gli osservatori hanno sentito un suono che non era un abbaio o un guaito
Ein tiefes Brüllen kam von Buck, als er auf den Mann zustürzte.
Buck emise un profondo ruggito mentre si lanciava verso l'uomo.
Burton riss seinen Arm hoch und rettete nur knapp sein eigenes Leben.
Burton alzò il braccio e per poco non si salvò la vita.
Buck prallte gegen ihn und warf ihn flach auf den Boden.
Buck si schiantò contro di lui, facendolo cadere a terra.
Buck biss tief in den Arm des Mannes und stürzte sich dann auf die Kehle.
Buck gli diede un morso profondo al braccio, poi si lanciò alla gola.
Burton konnte den Angriff nur teilweise blocken und sein Hals wurde aufgerissen.
Burton riuscì a parare solo in parte e il suo collo fu squarciato.
Männer stürmten mit erhobenen Knüppeln herein und vertrieben Buck von dem blutenden Mann.
Gli uomini si precipitarono dentro, brandendo i manganelli e allontanarono Buck dall'uomo sanguinante.
Ein Chirurg arbeitete schnell, um den Blutausfluss zu stoppen.
Un chirurgo ha lavorato rapidamente per impedire che il sangue fuoriuscisse.
Buck ging auf und ab und knurrte, während er immer wieder versuchte anzugreifen.
Buck camminava avanti e indietro ringhiando, tentando di attaccare ancora e ancora.
Nur schwingende Knüppel hielten ihn davon ab, Burton zu erreichen.
Soltanto i bastoni oscillanti gli impedirono di raggiungere Burton.

Eine Bergarbeiterversammlung wurde einberufen und noch vor Ort abgehalten.
Proprio lì, sul posto, venne convocata una riunione dei minatori.
Sie waren sich einig, dass Buck provoziert worden war, und stimmten für seine Freilassung.
Concordarono sul fatto che Buck era stato provocato e votarono per liberarlo.
Doch Bucks wilder Name hallte nun durch jedes Lager in Alaska.
Ma il nome feroce di Buck risuonava ormai in ogni accampamento dell'Alaska.
Später im Herbst rettete Buck Thornton erneut auf eine neue Art und Weise.
Più tardi, quello stesso autunno, Buck salvò Thornton di nuovo in un modo nuovo.
Die drei Männer steuerten ein langes Boot durch wilde Stromschnellen.
I tre uomini stavano guidando una lunga barca lungo delle rapide impetuose.
Thornton steuerte das Boot und rief Anweisungen zur Küste.
Thornton manovrava la barca, gridando indicazioni per raggiungere la riva.
Hans und Pete rannten an Land und hielten sich an einem Seil fest, das sie von Baum zu Baum führte.
Hans e Pete correvano sulla terraferma, tenendo una corda da un albero all'altro.
Buck hielt am Ufer Schritt und behielt seinen Herrn immer im Auge.
Buck procedeva a passo d'uomo sulla riva, tenendo sempre d'occhio il suo padrone.
An einer ungünstigen Stelle ragten Felsen aus dem schnellen Wasser hervor.
In un punto pericoloso, delle rocce sporgevano dall'acqua veloce.
Hans ließ das Seil los und Thornton steuerte das Boot weit.

Hans lasciò andare la cima e Thornton tirò la barca verso la larghezza.
Hans sprintete, um das Boot an den gefährlichen Felsen vorbei wieder zu erreichen.
Hans corse a percorrerla di nuovo, superando le pericolose rocce.
Das Boot passierte den Felsvorsprung, geriet jedoch in eine stärkere Strömung.
La barca superò la sporgenza ma trovò una corrente più forte.
Hans griff zu schnell nach dem Seil und brachte das Boot aus dem Gleichgewicht.
Hans afferrò la cima troppo velocemente e fece perdere l'equilibrio alla barca.
Das Boot kenterte und prallte mit dem Hinterteil nach oben gegen das Ufer.
La barca si capovolse e sbatté contro la riva, con la parte inferiore rivolta verso l'alto.
Thornton wurde hinausgeworfen und in den wildesten Teil des Wassers geschwemmt.
Thornton venne scaraventato fuori e trascinato nella parte più selvaggia dell'acqua.
Kein Schwimmer hätte in diesen tödlichen, reißenden Gewässern überleben können.
Nessun nuotatore sarebbe sopravvissuto in quelle acque pericolose e pericolose.
Buck sprang sofort hinein und jagte seinen Herrn den Fluss hinunter.
Buck si lanciò all'istante e inseguì il suo padrone lungo il fiume.
Nach dreihundert Metern erreichte er endlich Thornton.
Dopo trecento metri finalmente raggiunse Thornton.
Thornton packte Buck am Schwanz und Buck drehte sich zum Ufer um.
Thornton afferrò la coda di Buck, e Buck si diresse verso la riva.
Er schwamm mit voller Kraft und kämpfte gegen den wilden Sog des Wassers an.

Nuotò con tutte le sue forze, lottando contro la forte resistenza dell'acqua.
Sie bewegten sich schneller flussabwärts, als sie das Ufer erreichen konnten.
Si spostarono verso valle più velocemente di quanto riuscissero a raggiungere la riva.
Vor ihnen toste der Fluss immer lauter und stürzte in tödliche Stromschnellen.
Più avanti, il fiume ruggiva più forte, precipitando in rapide mortali.
Felsen schnitten durch das Wasser wie die Zähne eines riesigen Kamms.
Le rocce fendevano l'acqua come i denti di un enorme pettine.
Die Anziehungskraft des Wassers in der Nähe des Tropfens war wild und unausweichlich.
La forza di attrazione dell'acqua nei pressi del dislivello era selvaggia e ineluttabile.
Thornton wusste, dass sie das Ufer nie rechtzeitig erreichen würden.
Thornton sapeva che non sarebbero mai riusciti a raggiungere la riva in tempo.
Er schrammte über einen Felsen, zerschmetterte einen zweiten,
Raschiò una roccia, ne sbatté una seconda,
Und dann prallte er gegen einen dritten Felsen, den er mit beiden Händen festhielt.
Poi si schiantò contro una terza roccia, afferrandola con entrambe le mani.
Er ließ Buck los und übertönte das Gebrüll: „Los, Buck! Los!"
Lasciò andare Buck e urlò sopra il ruggito: "Vai, Buck! Vai!"
Buck konnte sich nicht über Wasser halten und wurde von der Strömung mitgerissen.
Buck non riuscì a restare a galla e fu trascinato dalla corrente.
Er kämpfte hart und versuchte, sich umzudrehen, kam aber überhaupt nicht voran.

Lottò con tutte le sue forze, cercando di girarsi, ma non fece alcun progresso.

Dann hörte er, wie Thornton den Befehl über das Tosen des Flusses hinweg wiederholte.

Poi sentì Thornton ripetere il comando sopra il fragore del fiume.

Buck erhob sich aus dem Wasser und hob den Kopf, als wolle er einen letzten Blick werfen.

Buck si impennò fuori dall'acqua e sollevò la testa come per dare un'ultima occhiata.

dann drehte er sich um und gehorchte und schwamm entschlossen auf das Ufer zu.

poi si voltò e obbedì, nuotando verso la riva con risolutezza.

Pete und Hans zogen ihn im letzten Moment an Land.

Pete e Hans lo tirarono a riva all'ultimo momento possibile.

Sie wussten, dass Thornton sich nur noch wenige Minuten am Felsen festklammern konnte.

Sapevano che Thornton avrebbe potuto aggrapparsi alla roccia solo per pochi minuti.

Sie rannten das Ufer hinauf zu einer Stelle weit oberhalb der Stelle, an der er hing.

Corsero su per la riva fino a un punto molto più in alto rispetto al punto in cui lui era appeso.

Sie befestigten die Bootsleine sorgfältig an Bucks Hals und Schultern.

Legarono con cura la cima della barca al collo e alle spalle di Buck.

Das Seil saß eng, war aber locker genug zum Atmen und für Bewegung.

La corda era stretta ma abbastanza larga da permettere di respirare e muoversi.

Dann warfen sie ihn erneut in den reißenden, tödlichen Fluss.

Poi lo gettarono di nuovo nel fiume impetuoso e mortale.

Buck schwamm mutig, verpasste jedoch seinen Winkel in die Kraft des Stroms.

Buck nuotò coraggiosamente ma non riuscì a prendere l'angolazione giusta per affrontare la forza della corrente.
Er sah zu spät, dass er an Thornton vorbeiziehen würde.
Si accorse troppo tardi che stava per superare Thornton.
Hans riss das Seil fest, als wäre Buck ein kenterndes Boot.
Hans tirò forte la corda, come se Buck fosse una barca che si capovolge.
Die Strömung zog ihn nach unten und er verschwand unter der Oberfläche.
La corrente lo trascinò sott'acqua e lui scomparve sotto la superficie.
Sein Körper schlug gegen das Ufer, bevor Hans und Pete ihn herauszogen.
Il suo corpo colpì la riva prima che Hans e Pete lo tirassero fuori.
Er war halb ertrunken und sie haben das Wasser aus ihm herausgeprügelt.
Era mezzo annegato e gli tolsero l'acqua dal corpo.
Buck stand auf, taumelte und brach erneut auf dem Boden zusammen.
Buck si alzò, barcollò e crollò di nuovo a terra.
Dann hörten sie Thorntons Stimme, die schwach vom Wind getragen wurde.
Poi udirono la voce di Thornton portata debolmente dal vento.
Obwohl die Worte undeutlich waren, wussten sie, dass er dem Tode nahe war.
Sebbene le parole non fossero chiare, sapevano che era vicino alla morte.
Der Klang von Thorntons Stimme traf Buck wie ein elektrischer Schlag.
Il suono della voce di Thornton colpì Buck come una scossa elettrica.
Er sprang auf, rannte das Ufer hinauf und kehrte zum Startpunkt zurück.
Saltò in piedi e corse su per la riva, tornando al punto di partenza.

Wieder banden sie Buck das Seil fest und wieder betrat er den Bach.
Legarono di nuovo la corda a Buck, e di nuovo lui entrò nel fiume.
Diesmal schwamm er direkt und entschlossen in das rauschende Wasser.
Questa volta nuotò direttamente e con decisione nell'acqua impetuosa.
Hans ließ das Seil langsam los, während Pete darauf achtete, dass es sich nicht verhedderte.
Hans lasciò scorrere la corda con regolarità, mentre Pete impediva che si aggrovigliasse.
Buck schwamm schnell, bis er direkt über Thornton auf einer Linie lag.
Buck nuotò con forza finché non si trovò allineato appena sopra Thornton.
Dann drehte er sich um und raste wie ein Zug mit voller Geschwindigkeit nach unten.
Poi si voltò e si lanciò verso di lui come un treno a tutta velocità.
Thornton sah ihn kommen, machte sich bereit und schlang die Arme um seinen Hals.
Thornton lo vide arrivare, si preparò e gli abbracciò il collo.
Hans band das Seil fest um einen Baum, als beide unter Wasser gezogen wurden.
Hans legò saldamente la corda attorno a un albero mentre entrambi venivano tirati sott'acqua.
Sie stürzten unter Wasser und zerschellten an Felsen und Flusstrümmern.
Caddero sott'acqua, schiantandosi contro rocce e detriti del fiume.
In einem Moment war Buck oben, im nächsten erhob sich Thornton keuchend.
Un attimo prima Buck era in cima e un attimo dopo Thornton si alzava ansimando.
Zerschlagen und erstickend steuerten sie auf das Ufer zu und waren in Sicherheit.

Malconci e soffocati, si diressero verso la riva e si misero in salvo.

Thornton erlangte sein Bewusstsein wieder und lag quer über einem Treibholzbaumstamm.

Thornton riprese conoscenza mentre era sdraiato su un tronco alla deriva.

Hans und Pete haben hart gearbeitet, um ihm Atem und Leben zurückzugeben.

Hans e Pete lavorarono duramente per riportarlo a respirare e a vivere.

Sein erster Gedanke galt Buck, der regungslos und schlaff dalag.

Il suo primo pensiero fu per Buck, che giaceva immobile e inerte.

Nig heulte über Bucks Körper und Skeet leckte sanft sein Gesicht.

Nig ululò sul corpo di Buck e Skeet gli leccò delicatamente il viso.

Thornton, wund und verletzt, untersuchte Buck mit vorsichtigen Händen.

Thornton, dolorante e contuso, esaminò Buck con mano attenta.

Er stellte fest, dass der Hund drei Rippen gebrochen hatte, jedoch keine tödlichen Wunden aufwies.

Ha trovato tre costole rotte, ma il cane non presentava ferite mortali.

„Damit ist die Sache geklärt", sagte Thornton. „Wir zelten hier." Und das taten sie.

"Questo è tutto", disse Thornton. "Ci accamperemo qui". E così fecero.

Sie blieben, bis Bucks Rippen verheilt waren und er wieder laufen konnte.

Rimasero lì finché le costole di Buck non guarirono e lui poté di nuovo camminare.

In diesem Winter vollbrachte Buck eine Leistung, die seinen Ruhm noch weiter steigerte.

Quell'inverno Buck compì un'impresa che accrebbe ulteriormente la sua fama.
Es war weniger heroisch als Thornton zu retten, aber genauso beeindruckend.
Fu un gesto meno eroico del salvataggio di Thornton, ma altrettanto impressionante.
In Dawson benötigten die Partner Vorräte für eine weite Reise.
A Dawson, i soci avevano bisogno di provviste per un viaggio lontano.
Sie wollten nach Osten reisen, in unberührte Wildnisgebiete.
Volevano viaggiare verso est, in terre selvagge e incontaminate.
Bucks Tat im Eldorado Saloon machte diese Reise möglich.
Quel viaggio fu possibile grazie all'impresa compiuta da Buck nell'Eldorado Saloon.
Es begann damit, dass Männer bei einem Drink mit ihren Hunden prahlten.
Tutto cominciò con degli uomini che si vantavano dei loro cani bevendo qualcosa.
Bucks Ruhm machte ihn zur Zielscheibe von Herausforderungen und Zweifeln.
La fama di Buck lo rese bersaglio di sfide e dubbi.
Thornton blieb stolz und ruhig und verteidigte Bucks Namen standhaft.
Thornton, fiero e calmo, rimase fermo nel difendere il nome di Buck.
Ein Mann sagte, sein Hund könne problemlos zweihundertsechsunddreißig kg ziehen.
Un uomo ha affermato che il suo cane riusciva a trainare facilmente duecentocinquanta chili.
Ein anderer sagte sechshundert und ein dritter prahlte mit siebenhundert.
Un altro disse seicento, e un terzo si vantò di settecento.
„Pfft!", sagte John Thornton, „Buck kann einen fünfhundert kg schweren Schlitten ziehen."

"Pfft!" disse John Thornton, "Buck può trainare una slitta da mille libbre."

Matthewson, ein Bonanza-König, beugte sich vor und forderte ihn heraus.

Matthewson, un Bonanza King, si sporse in avanti e lo sfidò.

„Glauben Sie, er kann so viel Gewicht in Bewegung setzen?"

"Pensi che possa spostare tutto quel peso?"

„Und Sie glauben, er kann das Gewicht volle hundert Meter weit ziehen?"

"E pensi che riesca a sollevare il peso per cento metri?"

Thornton antwortete kühl: „Ja. Buck ist Hund genug, um das zu tun."

Thornton rispose freddamente: "Sì. Buck è abbastanza cane da farlo."

„Er wird tausend Pfund in Bewegung setzen und es hundert Meter weit ziehen."

"Metterà in moto mille libbre e la tirerà per cento metri."

Matthewson lächelte langsam und stellte sicher, dass alle Männer seine Worte hörten.

Matthewson sorrise lentamente e si assicurò che tutti gli uomini udissero le sue parole.

„Ich habe tausend Dollar, die sagen, dass er es nicht kann. Da ist es."

"Ho mille dollari che dicono che non può. Eccoli."

Er knallte einen Sack Goldstaub von der Größe einer Wurst auf die Theke.

Sbatté sul bancone un sacco di polvere d'oro grande quanto una salsiccia.

Niemand sagte ein Wort. Die Stille um sie herum wurde drückend und angespannt.

Nessuno disse una parola. Il silenzio si fece pesante e teso intorno a loro.

Thorntons Bluff – wenn es denn einer war – war ernst genommen worden.

Il bluff di Thornton, se mai lo fu, era stato preso sul serio.

Er spürte, wie ihm die Hitze im Gesicht aufstieg und das Blut in seine Wangen schoss.
Sentì il calore salirgli al viso mentre il sangue gli affluiva alle guance.
In diesem Moment war seine Zunge seiner Vernunft voraus.
In quel momento la sua lingua aveva preceduto la ragione.
Er wusste wirklich nicht, ob Buck fünfhundert kg bewegen konnte.
Non sapeva davvero se Buck sarebbe riuscito a spostare mille libbre.
Eine halbe Tonne! Allein die Größe ließ ihm das Herz schwer werden.
Mezza tonnellata! Solo la sua mole gli faceva sentire il cuore pesante.
Er hatte Vertrauen in Bucks Stärke und hielt ihn für fähig.
Aveva fiducia nella forza di Buck e lo riteneva capace.
Doch einer solchen Herausforderung war er noch nie begegnet, nicht auf diese Art und Weise.
Ma non aveva mai affrontato una sfida di questo tipo, non in questo modo.
Ein Dutzend Männer beobachteten ihn still und warteten darauf, was er tun würde.
Una dozzina di uomini lo osservavano in silenzio, in attesa di vedere cosa avrebbe fatto.
Er hatte das Geld nicht – Hans und Pete auch nicht.
Lui non aveva i soldi, e nemmeno Hans e Pete.
„Ich habe draußen einen Schlitten", sagte Matthewson kalt und direkt.
"Ho una slitta fuori", disse Matthewson in modo freddo e diretto.
„Es ist mit zwanzig Säcken zu je fünfzig Pfund beladen, alles Mehl.
"È carico di venti sacchi, da cinquanta libbre ciascuno, tutti di farina.
Lassen Sie sich also jetzt nicht von einem fehlenden Schlitten als Ausrede ausreden", fügte er hinzu.

Quindi non lasciare che la scomparsa della slitta diventi la tua scusa", ha aggiunto.

Thornton stand still da. Er wusste nicht, was er sagen sollte.

Thornton rimase in silenzio. Non sapeva che parole dire.

Er blickte sich die Gesichter an, ohne sie deutlich zu erkennen.

Guardò i volti intorno a sé senza vederli chiaramente.

Er sah aus wie ein Mann, der in Gedanken erstarrt war und versuchte, neu zu starten.

Sembrava un uomo immerso nei suoi pensieri, che cercava di ripartire.

Dann sah er Jim O'Brien, einen Freund aus der Mastodon-Zeit.

Poi incontrò Jim O'Brien, un amico dei tempi dei Mastodon.

Dieses vertraute Gesicht gab ihm Mut, von dem er nicht wusste, dass er ihn hatte.

Quel volto familiare gli diede un coraggio che non sapeva di avere.

Er drehte sich um und fragte mit leiser Stimme: „Können Sie mir tausend leihen?"

Si voltò e chiese a bassa voce: "Puoi prestarmi mille dollari?"

„Sicher", sagte O'Brien und ließ bereits einen schweren Sack neben dem Gold fallen.

"Certo", disse O'Brien, lasciando cadere un pesante sacco vicino all'oro.

„Aber ehrlich gesagt, John, ich glaube nicht, dass das Biest das tun kann."

"Ma sinceramente, John, non credo che la bestia possa fare questo."

Alle im Eldorado Saloon strömten nach draußen, um sich die Veranstaltung anzusehen.

Tutti quelli presenti all'Eldorado Saloon si precipitarono fuori per assistere all'evento.

Sie ließen Tische und Getränke zurück und sogar die Spiele wurden unterbrochen.

Lasciarono tavoli e bevande e perfino le partite furono sospese.

Dealer und Spieler kamen, um das Ende der kühnen Wette mitzuerleben.
Croupier e giocatori accorsero per assistere alla conclusione di questa audace scommessa.

Hunderte versammelten sich auf der vereisten Straße um den Schlitten.
Centinaia di persone si radunarono attorno alla slitta sulla strada ghiacciata.

Matthewsons Schlitten stand mit einer vollen Ladung Mehlsäcke da.
La slitta di Matthewson era carica di un carico completo di sacchi di farina.

Der Schlitten stand stundenlang bei Minustemperaturen.
La slitta era rimasta ferma per ore a temperature sotto lo zero.

Die Kufen des Schlittens waren fest am festgetretenen Schnee festgefroren.
I pattini della slitta erano congelati e incollati alla neve compatta.

Die Männer wetteten zwei zu eins, dass Buck den Schlitten nicht bewegen könne.
Gli uomini scommettevano due a uno che Buck non sarebbe riuscito a spostare la slitta.

Es kam zu einem Streit darüber, was „ausbrechen" eigentlich bedeutet.
Scoppiò una disputa su cosa significasse realmente "break out".

O'Brien sagte, Thornton solle die festgefrorene Basis des Schlittens lösen.
O'Brien ha affermato che Thornton dovrebbe allentare la base ghiacciata della slitta.

Buck könnte dann aus einem soliden, bewegungslosen Start „ausbrechen".
Buck potrebbe quindi "rompere" una partenza solida e immobile.

Matthewson argumentierte, dass der Hund auch die Läufer befreien müsse.

Matthewson sosteneva che anche il cane doveva liberare i corridori.
Die Männer, die von der Wette gehört hatten, stimmten Matthewsons Ansicht zu.
Gli uomini che avevano sentito la scommessa concordavano con Matthewson.
Mit dieser Entscheidung stiegen die Chancen auf drei zu eins gegen Buck.
Con questa sentenza, le probabilità contro Buck salirono a tre a uno.
Niemand trat vor, um die wachsende Drei-zu-eins-Chance auf sich zu nehmen.
Nessuno si fece avanti per accettare le crescenti quote di tre a uno.
Kein einziger Mann glaubte, dass Buck diese große Leistung vollbringen könnte.
Nessuno credeva che Buck potesse compiere la grande impresa.
Thornton war zu der Wette gedrängt worden, obwohl er voller Zweifel war.
Thornton era stato spinto a scommettere, pieno di dubbi.
Nun blickte er auf den Schlitten und das zehnköpfige Hundegespann daneben.
Ora guardava la slitta e la muta di dieci cani accanto ad essa.
Als ich die Realität der Aufgabe sah, erschien sie noch unmöglicher.
Vedere la realtà del compito lo faceva sembrare ancora più impossibile.
Matthewson war in diesem Moment voller Stolz und Selbstvertrauen.
In quel momento Matthewson era pieno di orgoglio e sicurezza.
„Drei zu eins!", rief er. „Ich wette noch tausend, Thornton!"
"Tre a uno!" urlò. "Ne scommetto altri mille, Thornton!
Was sagst du dazu?", fügte er laut genug hinzu, dass es alle hören konnten.
"Cosa dici?" aggiunse, abbastanza forte da farsi sentire da tutti.

Thorntons Gesicht zeigte seine Zweifel, aber sein Geist war aufgeblüht.
Il volto di Thornton esprimeva i suoi dubbi, ma il suo spirito era sollevato.
Dieser Kampfgeist ignorierte alle Widrigkeiten und fürchtete sich überhaupt nicht.
Quello spirito combattivo ignorava le avversità e non temeva nulla.
Er forderte Hans und Pete auf, ihr gesamtes Bargeld auf den Tisch zu bringen.
Chiamò Hans e Pete perché portassero tutti i loro soldi al tavolo.
Ihnen blieb nicht mehr viel übrig – insgesamt nur zweihundert Dollar.
Non gli era rimasto molto altro: solo duecento dollari in tutto.
Diese kleine Summe war ihr gesamtes Vermögen in schweren Zeiten.
Questa piccola somma costituiva la loro intera fortuna nei momenti difficili.
Dennoch setzten sie ihr gesamtes Vermögen auf Matthewsons Wette.
Ciononostante puntarono tutta la loro fortuna contro la scommessa di Matthewson.
Das zehnköpfige Hundegespann wurde abgekoppelt und vom Schlitten wegbewegt.
La muta composta da dieci cani venne sganciata e allontanata dalla slitta.
Buck wurde in die Zügel genommen und trug sein vertrautes Geschirr.
Buck venne messo alle redini, indossando la sua consueta imbracatura.
Er hatte die Energie der Menge aufgefangen und die Spannung gespürt.
Aveva colto l'energia della folla e ne aveva percepito la tensione.
Irgendwie wusste er, dass er etwas für John Thornton tun musste.

In qualche modo sapeva che doveva fare qualcosa per John Thornton.

Die Leute murmelten voller Bewunderung über die stolze Gestalt des Hundes.

La gente mormorava ammirata di fronte alla figura fiera del cane.

Er war schlank und stark und hatte kein einziges Gramm Fleisch zu viel.

Era magro e forte, senza un solo grammo di carne in più.

Sein Gesamtgewicht von hundertfünfzig Pfund bestand nur aus Kraft und Ausdauer.

Il suo peso di centocinquanta chili era sinonimo di potenza e resistenza.

Bucks Fell glänzte wie Seide und strotzte vor Gesundheit und Kraft.

Il mantello di Buck brillava come la seta, denso di salute e forza.

Das Fell an seinem Hals und seinen Schultern schien sich aufzurichten und zu sträuben.

La pelliccia sul collo e sulle spalle sembrava sollevarsi e drizzarsi.

Seine Mähne bewegte sich leicht, jedes Haar war voller Energie.

La sua criniera si muoveva leggermente, ogni capello era animato dalla sua grande energia.

Seine breite Brust und seine starken Beine passten zu seinem schweren, robusten Körperbau.

Il suo petto ampio e le sue gambe forti si sposavano bene con la sua corporatura pesante e robusta.

Unter seinem Mantel spannten sich Muskeln, straff und fest wie geschmiedetes Eisen.

I muscoli si tesero sotto il cappotto, tesi e sodi come ferro legato.

Männer berührten ihn und schworen, er sei gebaut wie eine Stahlmaschine.

Gli uomini lo toccavano e giuravano che era fatto come una macchina d'acciaio.

Die Quoten sanken leicht auf zwei zu eins gegen den großen Hund.
Le probabilità contro il grande cane sono scese leggermente a due a uno.
Ein Mann von den Skookum Benches drängte sich stotternd nach vorne.
Un uomo dei banchi di Skookum si fece avanti balbettando.
„Gut, Sir! Ich biete achthundert für ihn – vor der Prüfung, Sir!"
"Bene, signore! Offro ottocento per lui... prima della prova, signore!"
„Achthundert, so wie er jetzt dasteht!", beharrte der Mann.
"Ottocento, così com'è adesso!" insistette l'uomo.
Thornton trat vor, lächelte und schüttelte ruhig den Kopf.
Thornton fece un passo avanti, sorrise e scosse la testa con calma.
Matthewson schritt schnell mit warnender Stimme und einem Stirnrunzeln ein.
Matthewson intervenne rapidamente con tono ammonitore e aggrottando la fronte.
„Sie müssen Abstand von ihm halten", sagte er. „Geben Sie ihm Raum."
"Devi allontanarti da lui", disse. "Dagli spazio."
Die Menge verstummte; nur die Spieler boten noch zwei zu eins.
La folla tacque; solo i giocatori continuavano a offrire due a uno.
Alle bewunderten Bucks Körperbau, aber die Last schien zu groß.
Tutti ammiravano la corporatura di Buck, ma il carico sembrava troppo pesante.
Zwanzig Säcke Mehl – jeder fünfzig Pfund schwer – schienen viel zu viel.
Venti sacchi di farina, ciascuno del peso di cinquanta libbre, sembravano decisamente troppi.
Niemand war bereit, seinen Geldbeutel zu öffnen und sein Geld zu riskieren.

Nessuno era disposto ad aprire la borsa e a rischiare i propri soldi.
Thornton kniete neben Buck und nahm seinen Kopf in beide Hände.
Thornton si inginocchiò accanto a Buck e gli prese la testa tra entrambe le mani.
Er drückte seine Wange an Bucks und sprach in sein Ohr.
Premette la guancia contro quella di Buck e gli parlò all'orecchio.
Es gab jetzt kein spielerisches Schütteln oder geflüsterte liebevolle Beleidigungen.
Non c'erano più né scossoni giocosi né insulti affettuosi sussurrati.
Er murmelte nur leise: „So sehr du mich liebst, Buck."
Mormorò solo dolcemente: "Quanto mi ami, Buck."
Buck stieß ein leises Winseln aus, seine Begierde konnte er kaum zurückhalten.
Buck emise un gemito sommesso, trattenendo a stento la sua impazienza.
Die Zuschauer beobachteten neugierig, wie Spannung in der Luft lag.
Gli astanti osservavano con curiosità la tensione che aleggiava nell'aria.
Der Moment fühlte sich fast unwirklich an, wie etwas jenseits der Vernunft.
Quel momento sembrava quasi irreale, qualcosa che trascendeva la ragione.
Als Thornton aufstand, nahm Buck sanft seine Hand zwischen die Kiefer.
Quando Thornton si alzò, Buck gli prese delicatamente la mano tra le fauci.
Er drückte mit den Zähnen nach unten und ließ dann langsam und sanft los.
Premette con i denti, poi lasciò andare lentamente e delicatamente.
Es war eine stille Antwort der Liebe, nicht ausgesprochen, aber verstanden.

Fu una risposta silenziosa d'amore, non detta, ma compresa.
Thornton trat weit von dem Hund zurück und gab das Signal.
Thornton si allontanò di molto dal cane e diede il segnale.
„Jetzt, Buck", sagte er und Buck antwortete mit konzentrierter Ruhe.
"Ora, Buck", disse, e Buck rispose con calma concentrata.
Buck spannte die Leinen und lockerte sie dann um einige Zentimeter.
Buck tese le corde, poi le allentò di qualche centimetro.
Dies war die Methode, die er gelernt hatte; seine Art, den Schlitten zu zerbrechen.
Questo era il metodo che aveva imparato; il suo modo per rompere la slitta.
„Mensch!", rief Thornton mit scharfer Stimme in der schweren Stille.
"Caspita!" urlò Thornton, con voce acuta nel silenzio pesante.
Buck drehte sich nach rechts und stürzte sich mit seinem gesamten Gewicht nach vorn.
Buck si girò verso destra e si lanciò con tutto il suo peso.
Das Spiel verschwand und Bucks gesamte Masse traf die straffen Leinen.
Il gioco svanì e tutta la massa di Buck colpì le timonerie strette.
Der Schlitten zitterte und die Kufen machten ein knackendes, knisterndes Geräusch.
La slitta tremò e i pattini produssero un suono secco e scoppiettante.
„Haw!", befahl Thornton und änderte erneut Bucks Richtung.
"Haw!" ordinò Thornton, cambiando di nuovo direzione a Buck.
Buck wiederholte die Bewegung und zog diesmal scharf nach links.
Buck ripeté la mossa, questa volta tirando bruscamente verso sinistra.

Das Knacken des Schlittens wurde lauter, die Kufen knackten und verschoben sich.
La slitta scricchiolava più forte, i pattini schioccavano e si spostavano.
Die schwere Last rutschte leicht seitwärts über den gefrorenen Schnee.
Il pesante carico scivolò leggermente di lato sulla neve ghiacciata.
Der Schlitten hatte sich aus der Umklammerung des eisigen Pfades gelöst!
La slitta si era liberata dalla presa del sentiero ghiacciato!
Die Männer hielten den Atem an, ohne zu merken, dass sie nicht einmal atmeten.
Gli uomini trattennero il respiro, inconsapevoli di non stare nemmeno respirando.
„Jetzt ZIEHEN!", rief Thornton durch die eisige Stille.
"Ora, TIRA!" gridò Thornton nel silenzio glaciale.
Thorntons Befehl klang scharf wie ein Peitschenknall.
Il comando di Thornton risuonò netto, come lo schiocco di una frusta.
Buck stürzte sich mit einem heftigen und heftigen Ausfallschritt nach vorne.
Buck si lanciò in avanti con un affondo violento e violento.
Sein ganzer Körper war aufgrund der enormen Belastung angespannt und verkrampft.
Tutto il suo corpo si irrigidì e si contrasse sotto l'enorme sforzo.
Unter seinem Fell spannten sich Muskeln wie lebendig werdende Schlangen.
I muscoli si muovevano sotto la pelliccia come serpenti che prendevano vita.
Seine breite Brust war tief, der Kopf nach vorne zum Schlitten gestreckt.
Il suo grande petto era basso e la testa era protesa in avanti verso la slitta.
Seine Pfoten bewegten sich blitzschnell und seine Krallen zerschnitten den gefrorenen Boden.

Le sue zampe si muovevano come fulmini e gli artigli fendevano il terreno ghiacciato.
Er kämpfte um jeden Zentimeter Bodenhaftung und hinterließ tiefe Rillen.
I solchi erano profondi mentre lottava per ogni centimetro di trazione.
Der Schlitten schaukelte, zitterte und begann eine langsame, unruhige Bewegung.
La slitta ondeggiò, tremò e cominciò a muoversi lentamente e in modo inquieto.
Ein Fuß rutschte aus und ein Mann in der Menge stöhnte laut auf.
Un piede scivolò e un uomo tra la folla gemette ad alta voce.
Dann machte der Schlitten mit einer ruckartigen, heftigen Bewegung einen Satz nach vorne.
Poi la slitta si lanciò in avanti con un movimento brusco e a scatti.
Es hörte nicht wieder auf – noch einen halben Zoll ... einen Zoll ... zwei Zoll mehr.
Non si fermò più: mezzo pollice...un pollice...cinque pollici in più.
Die Stöße wurden kleiner, als der Schlitten an Geschwindigkeit zunahm.
Gli scossoni si fecero più lievi man mano che la slitta cominciava ad acquistare velocità.
Bald zog Buck mit sanfter, gleichmäßiger Rollkraft.
Presto Buck cominciò a tirare con una potenza fluida e uniforme.
Die Männer schnappten nach Luft und erinnerten sich schließlich wieder daran zu atmen.
Gli uomini sussultarono e finalmente si ricordarono di respirare di nuovo.
Sie hatten nicht bemerkt, dass ihnen vor Ehrfurcht der Atem stockte.
Non si erano accorti che il loro respiro si era fermato per lo stupore.
Thornton rannte hinterher und rief kurze, fröhliche Befehle.

Thornton gli corse dietro, gridando comandi brevi e allegri.
Vor uns lag ein Stapel Brennholz, der die Entfernung markierte.
Davanti a noi c'era una catasta di legna da ardere che segnava la distanza.
Als Buck sich dem Haufen näherte, wurde der Jubel immer lauter.
Mentre Buck si avvicinava al mucchio, gli applausi diventavano sempre più forti.
Der Jubel schwoll zu einem Brüllen an, als Buck den Endpunkt passierte.
Gli applausi crebbero fino a diventare un boato quando Buck superò il traguardo.
Männer sprangen auf und schrien, sogar Matthewson grinste.
Gli uomini saltarono e gridarono, perfino Matthewson sorrise.
Hüte flogen durch die Luft, Fäustlinge wurden gedankenlos und ziellos herumgeworfen.
I cappelli volavano in aria e i guanti venivano lanciati senza pensarci o mirare.
Männer packten einander und schüttelten sich die Hände, ohne zu wissen, wer es war.
Gli uomini si afferrarono e si strinsero la mano senza sapere chi.
Die ganze Menge war in wilder, freudiger Stimmung.
Tutta la folla era in delirio, in un tripudio di gioia e di entusiasmo.
Thornton fiel mit zitternden Händen neben Buck auf die Knie.
Thornton cadde in ginocchio accanto a Buck con le mani tremanti.
Er drückte seinen Kopf an Bucks und schüttelte ihn sanft hin und her.
Premette la testa contro quella di Buck e lo scosse delicatamente avanti e indietro.
Diejenigen, die näher kamen, hörten, wie er den Hund mit stiller Liebe verfluchte.

Chi si avvicinava lo sentiva maledire il cane con amore silenzioso.

Er beschimpfte Buck lange – leise, herzlich und emotional.

Imprecò a lungo contro Buck, con dolcezza, calore, emozione.

„Gut, Sir! Gut, Sir!", rief der König der Skookum-Bank hastig.

"Bene, signore! Bene, signore!" esclamò di corsa il re della panchina di Skookum.

„Ich gebe Ihnen tausend – nein, zwölfhundert – für diesen Hund, Sir!"

"Le darò mille, anzi milleduecento, per quel cane, signore!"

Thornton stand langsam auf, seine Augen glänzten vor Emotionen.

Thornton si alzò lentamente in piedi, con gli occhi brillanti di emozione.

Tränen strömten ihm ohne jede Scham über die Wangen.

Le lacrime gli rigavano le guance senza alcuna vergogna.

„Sir", sagte er zum König der Skookum-Bank, ruhig und bestimmt

"Signore", disse al re della panchina di Skookum, con fermezza e fermezza

„Nein, Sir. Sie können zur Hölle fahren, Sir. Das ist meine endgültige Antwort."

"No, signore. Può andare all'inferno, signore. Questa è la mia risposta definitiva."

Buck packte Thorntons Hand sanft mit seinen starken Kiefern.

Buck afferrò delicatamente la mano di Thornton tra le sue forti mascelle.

Thornton schüttelte ihn spielerisch, ihre Bindung war so tief wie eh und je.

Thornton lo scosse scherzosamente; il loro legame era più profondo che mai.

Die Menge, bewegt von diesem Moment, trat schweigend zurück.

La folla, commossa dal momento, fece un passo indietro in silenzio.

Von da an wagte es niemand mehr, diese heilige Zuneigung zu unterbrechen.
Da quel momento in poi nessuno osò più interrompere un affetto così sacro.

Der Klang des Rufs
Il suono della chiamata

Buck hatte in fünf Minuten Sechzehnhundert Dollar verdient.
Buck aveva guadagnato milleseicento dollari in cinque minuti.
Mit dem Geld konnte John Thornton einen Teil seiner Schulden begleichen.
Il denaro permise a John Thornton di saldare alcuni dei suoi debiti.
Mit dem restlichen Geld machte er sich mit seinen Partnern auf den Weg nach Osten.
Con il resto del denaro si diresse verso est insieme ai suoi soci.
Sie suchten nach einer sagenumwobenen verlorenen Mine, die so alt ist wie das Land selbst.
Cercarono una leggendaria miniera perduta, antica quanto il paese stesso.
Viele Männer hatten nach der Mine gesucht, aber nur wenige hatten sie je gefunden.
Molti uomini avevano cercato la miniera, ma pochi l'avevano trovata.
Während der gefährlichen Suche waren nicht wenige Männer verschwunden.
Molti uomini erano scomparsi durante la pericolosa ricerca.
Diese verlorene Mine war sowohl in Geheimnisse als auch in eine alte Tragödie gehüllt.
Questa miniera perduta era avvolta nel mistero e nella vecchia tragedia.
Niemand wusste, wer der erste Mann war, der die Mine entdeckt hatte.
Nessuno sapeva chi fosse stato il primo uomo a scoprire la miniera.
In den ältesten Geschichten wird niemand namentlich erwähnt.
Le storie più antiche non menzionano nessuno per nome.
Dort hatte immer eine alte, baufällige Hütte gestanden.
Lì c'era sempre stata una vecchia capanna fatiscente.

Sterbende Männer hatten geschworen, dass sich neben dieser alten Hütte eine Mine befand.
I moribondi avevano giurato che vicino a quella vecchia capanna ci fosse una miniera.
Sie bewiesen ihre Geschichten mit Gold, wie es nirgendwo sonst zu finden ist.
Hanno dimostrato le loro storie con un oro che non ha eguali altrove.
Keine lebende Seele hatte den Schatz von diesem Ort jemals geplündert.
Nessuna anima viva aveva mai saccheggiato il tesoro da quel luogo.
Die Toten waren tot, und Tote erzählen keine Geschichten.
I morti erano morti e i morti non raccontano storie.
Also machten sich Thornton und seine Freunde auf den Weg in den Osten.
Così Thornton e i suoi amici si diressero verso Est.
Pete und Hans kamen mit Buck und sechs starken Hunden.
Si unirono a noi Pete e Hans, portando con sé Buck e sei cani robusti.
Sie begaben sich auf einen unbekannten Weg, an dem andere gescheitert waren.
Si avviarono lungo un sentiero sconosciuto dove altri avevano fallito.
Sie rodelten siebzig Meilen den zugefrorenen Yukon River hinauf.
Percorsero in slitta settanta miglia lungo il fiume Yukon ghiacciato.
Sie bogen links ab und folgten dem Pfad bis zum Stewart.
Girarono a sinistra e seguirono il sentiero verso lo Stewart.
Sie passierten Mayo und McQuestion und drängten weiter.
Superarono il Mayo e il McQuestion e proseguirono oltre.
Der Stewart schrumpfte zu einem Strom, der sich durch zerklüftete Gipfel schlängelte.
Lo Stewart si restringeva fino a diventare un ruscello, infilandosi tra cime frastagliate.

Diese scharfen Gipfel markierten das Rückgrat des Kontinents.
Queste vette aguzze rappresentavano la spina dorsale del continente.
John Thornton verlangte wenig von den Menschen oder der Wildnis.
John Thornton pretendeva poco dagli uomini e dalla terra selvaggia.
Er fürchtete nichts in der Natur und begegnete der Wildnis mit Leichtigkeit.
Non temeva nulla della natura e affrontava la natura selvaggia con disinvoltura.
Nur mit Salz und einem Gewehr konnte er reisen, wohin er wollte.
Con solo del sale e un fucile poteva viaggiare dove voleva.
Wie die Eingeborenen jagte er auf seiner Reise nach Nahrung.
Come gli indigeni, durante il viaggio cacciava per procurarsi il cibo.
Wenn er nichts fing, machte er weiter und vertraute auf sein Glück.
Se non prendeva nulla, continuava ad andare avanti, confidando nella fortuna che lo attendeva.
Auf dieser langen Reise war Fleisch die Hauptnahrungsquelle.
Durante questo lungo viaggio, la carne era l'alimento principale di cui si nutrivano.
Der Schlitten enthielt Werkzeuge und Munition, jedoch keinen strengen Zeitplan.
La slitta trasportava attrezzi e munizioni, ma non c'era un orario preciso.
Buck liebte dieses Herumwandern, die endlose Jagd und das Fischen.
Buck amava questo vagabondare, la caccia e la pesca senza fine.
Wochenlang waren sie Tag für Tag unterwegs.
Per settimane viaggiarono senza sosta, giorno dopo giorno.

Manchmal schlugen sie Lager auf und blieben wochenlang dort.
Altre volte si accampavano e restavano fermi per settimane.
Die Hunde ruhten sich aus, während die Männer im gefrorenen Dreck gruben.
I cani riposarono mentre gli uomini scavavano nel terreno ghiacciato.
Sie erwärmten Pfannen über dem Feuer und suchten nach verborgenem Gold.
Scaldavano le padelle sul fuoco e cercavano l'oro nascosto.
An manchen Tagen hungerten sie, an anderen feierten sie Feste.
C'erano giorni in cui pativano la fame, altri in cui banchettavano.
Ihre Mahlzeiten hingen vom Wild und vom Jagdglück ab.
Il loro pasto dipendeva dalla selvaggina e dalla fortuna della caccia.
Als der Sommer kam, trugen Männer und Hunde schwere Lasten auf ihren Rücken.
Con l'arrivo dell'estate, uomini e cani caricavano carichi sulle spalle.
Sie fuhren mit dem Floß über blaue Seen, die in Bergwäldern versteckt waren.
Fecero rafting sui laghi azzurri nascosti nelle foreste di montagna.
Sie segelten in schmalen Booten auf Flüssen, die noch nie von Menschen kartiert worden waren.
Navigavano su imbarcazioni sottili su fiumi che nessun uomo aveva mai mappato.
Diese Boote wurden aus Bäumen gebaut, die sie in der Wildnis gesägt haben.
Quelle barche venivano costruite con gli alberi che avevano segato in natura.

Die Monate vergingen und sie schlängelten sich durch die wilden, unbekannten Länder.

Passarono i mesi e loro viaggiarono attraverso terre selvagge e sconosciute.
Es waren keine Männer dort, doch alte Spuren deuteten darauf hin, dass Männer dort gewesen waren.
Non c'erano uomini lì, ma vecchie tracce lasciavano intendere che alcuni di loro fossero presenti.
Wenn die verlorene Hütte echt war, dann waren einst andere hier entlang gekommen.
Se la Capanna Perduta fosse esistita davvero, allora altre persone in passato erano passate da lì.
Sie überquerten hohe Pässe bei Schneestürmen, sogar im Sommer.
Attraversavano passi alti durante le bufere di neve, anche d'estate.
Sie zitterten unter der Mitternachtssonne auf kahlen Berghängen.
Rabbrividivano sotto il sole di mezzanotte sui pendii brulli delle montagne.
Zwischen der Baumgrenze und den Schneefeldern stiegen sie langsam auf.
Tra il limite degli alberi e i campi di neve, salivano lentamente.
In warmen Tälern schlugen sie nach Schwärmen aus Mücken und Fliegen.
Nelle valli calde, scacciavano nuvole di moscerini e mosche.
Sie pflückten süße Beeren in der Nähe von Gletschern in voller Sommerblüte.
Raccolsero bacche dolci vicino ai ghiacciai nel pieno della fioritura estiva.
Die Blumen, die sie fanden, waren genauso schön wie die im Süden.
I fiori che trovarono erano belli quanto quelli del Southland.
Im Herbst erreichten sie eine einsame Region voller stiller Seen.
Quell'autunno giunsero in una regione solitaria piena di laghi silenziosi.
Das Land war traurig und leer, einst voller Vögel und Tiere.

La terra era triste e vuota, un tempo brulicava di uccelli e animali.
Jetzt gab es kein Leben mehr, nur noch den Wind und das Eis, das sich in Pfützen bildete.
Ora non c'era più vita, solo il vento e il ghiaccio che si formava nelle pozze.
Mit einem sanften, traurigen Geräusch schlugen die Wellen gegen die leeren Ufer.
Le onde lambivano le rive deserte con un suono dolce e lugubre.

Ein weiterer Winter kam und sie folgten erneut schwachen, alten Spuren.
Arrivò un altro inverno e loro seguirono di nuovo deboli e vecchi sentieri.
Dies waren die Spuren von Männern, die schon lange vor ihnen gesucht hatten.
Erano le tracce di uomini che avevano cercato molto prima di loro.
Einmal fanden sie einen Pfad, der tief in den dunklen Wald hineinreichte.
Una volta trovarono un sentiero che si inoltrava nel profondo della foresta oscura.
Es war ein alter Pfad und sie hatten das Gefühl, dass die verlorene Hütte ganz in der Nähe war.
Era un vecchio sentiero e sentivano che la baita perduta era vicina.
Doch die Spur führte nirgendwo hin und verlor sich im dichten Wald.
Ma il sentiero non portava da nessuna parte e si perdeva nel fitto del bosco.
Wer auch immer die Spur angelegt hat und warum, das wusste niemand.
Nessuno sapeva chi avesse tracciato il sentiero e perché lo avesse fatto.
Später fanden sie das Wrack einer Hütte, versteckt zwischen den Bäumen.

Più tardi trovarono i resti di una capanna nascosta tra gli alberi.
Verrottende Decken lagen verstreut dort, wo einst jemand geschlafen hatte.
Coperte marce erano sparse dove un tempo qualcuno aveva dormito.
John Thornton fand darin ein Steinschlossgewehr mit langem Lauf.
John Thornton trovò sepolto all'interno un fucile a pietra focaia a canna lunga.
Er wusste, dass es sich um eine Waffe von Hudson Bay aus den frühen Handelstagen handelte.
Sapeva fin dai primi tempi che si trattava di un cannone della Hudson Bay.
Damals wurden solche Gewehre gegen Stapel von Biberfellen eingetauscht.
A quei tempi, tali armi venivano barattate con pile di pelli di castoro.
Das war alles – von dem Mann, der die Hütte gebaut hatte, gab es keine Spur mehr.
Questo era tutto: non rimaneva alcuna traccia dell'uomo che aveva costruito la loggia.

Der Frühling kam wieder und sie fanden keine Spur von der verlorenen Hütte.
Arrivò di nuovo la primavera e non trovarono traccia della Capanna Perduta.
Stattdessen fanden sie ein breites Tal mit einem seichten Bach.
Invece trovarono un'ampia valle con un ruscello poco profondo.
Gold lag wie glatte, gelbe Butter auf dem Pfannenboden.
L'oro si stendeva sul fondo della pentola come burro giallo e liscio.
Sie hielten dort an und suchten nicht weiter nach der Hütte.
Si fermarono lì e non cercarono oltre la cabina.
Jeden Tag arbeiteten sie und fanden Tausende in Goldstaub.

Ogni giorno lavoravano e ne trovavano migliaia di pezzi in polvere d'oro.
Sie packten das Gold in Säcke aus Elchhaut, jeder Fünfzig Pfund schwer.
Confezionarono l'oro in sacchi di pelle di alce, da cinquanta libbre ciascuno.
Die Säcke waren wie Brennholz vor ihrer kleinen Hütte gestapelt.
I sacchi erano accatastati come legna da ardere fuori dal loro piccolo rifugio.
Sie arbeiteten wie Giganten und die Tage vergingen wie im Flug.
Lavoravano come giganti e i giorni trascorrevano veloci come sogni.
Sie häuften Schätze an, während die endlosen Tage schnell vorbeizogen.
Accumularono tesori mentre gli infiniti giorni trascorrevano rapidamente.
Außer ab und zu Fleisch zu schleppen, gab es für die Hunde nicht viel zu tun.
I cani avevano ben poco da fare, se non trasportare la carne di tanto in tanto.
Thornton jagte und tötete das Wild, und Buck lag am Feuer.
Thornton cacciò e uccise la selvaggina, mentre Buck si sdraiò accanto al fuoco.
Er verbrachte viele Stunden schweigend, versunken in Gedanken und Erinnerungen.
Trascorse lunghe ore in silenzio, perso nei pensieri e nei ricordi.
Das Bild des haarigen Mannes kam Buck immer häufiger in den Sinn.
L'immagine dell'uomo peloso tornava sempre più spesso alla mente di Buck.
Jetzt, wo es kaum noch Arbeit gab, träumte Buck, während er ins Feuer blinzelte.
Ora che il lavoro scarseggiava, Buck sognava mentre sbatteva le palpebre verso il fuoco.

In diesen Träumen wanderte Buck mit dem Mann in eine andere Welt.
In quei sogni, Buck vagava con l'uomo in un altro mondo.
Angst schien das stärkste Gefühl in dieser fernen Welt zu sein.
La paura sembrava il sentimento più forte in quel mondo lontano.
Buck sah, wie der haarige Mann mit gesenktem Kopf schlief.
Buck vide l'uomo peloso dormire con la testa bassa.
Seine Hände waren gefaltet und sein Schlaf war unruhig und unterbrochen.
Aveva le mani giunte e il suo sonno era agitato e interrotto.
Er wachte immer ruckartig auf und starrte ängstlich in die Dunkelheit.
Si svegliava di soprassalto e fissava il buio con timore.
Dann warf er mehr Holz ins Feuer, um die Flamme hell zu halten.
Poi aggiungeva altra legna al fuoco per mantenere viva la fiamma.
Manchmal spazierten sie an einem Strand entlang, der an einem grauen, endlosen Meer entlangführte.
A volte camminavano lungo una spiaggia in riva a un mare grigio e infinito.
Der haarige Mann sammelte Schalentiere und aß sie im Gehen.
L'uomo peloso raccolse i frutti di mare e li mangiò mentre camminava.
Seine Augen suchten immer nach verborgenen Gefahren in den Schatten.
I suoi occhi cercavano sempre pericoli nascosti nell'ombra.
Seine Beine waren immer bereit, beim ersten Anzeichen einer Bedrohung loszusprinten.
Le sue gambe erano sempre pronte a scattare al primo segno di minaccia.
Sie schlichen still und vorsichtig Seite an Seite durch den Wald.

Avanzavano furtivamente nella foresta, silenziosi e cauti, uno accanto all'altro.

Buck folgte ihm auf den Fersen und beide blieben wachsam.
Buck lo seguì alle calcagna, ed entrambi rimasero all'erta.

Ihre Ohren zuckten und bewegten sich, ihre Nasen schnüffelten in der Luft.
Le loro orecchie si muovevano e si contraevano, i loro nasi fiutavano l'aria.

Der Mann konnte den Wald genauso gut hören und riechen wie Buck.
L'uomo riusciva a sentire e ad annusare la foresta in modo altrettanto acuto quanto Buck.

Der haarige Mann schwang sich mit plötzlicher Geschwindigkeit durch die Bäume.
L'uomo peloso si lanciò tra gli alberi a velocità improvvisa.

Er sprang von Ast zu Ast, ohne jemals den Halt zu verlieren.
Saltava da un ramo all'altro senza mai perdere la presa.

Er bewegte sich über dem Boden genauso schnell wie auf ihm.
Si muoveva con la stessa rapidità con cui si muoveva sopra e sopra il terreno.

Buck erinnerte sich an lange Nächte, in denen er unter den Bäumen Wache hielt.
Buck ricordava le lunghe notti passate sotto gli alberi a fare la guardia.

Der Mann schlief auf seiner Stange in den Zweigen und klammerte sich fest.
L'uomo dormiva appollaiato sui rami, aggrappandosi forte.

Diese Vision des haarigen Mannes war eng mit dem tiefen Ruf verbunden.
Questa visione dell'uomo peloso era strettamente legata al richiamo profondo.

Der Ruf klang noch immer mit eindringlicher Kraft durch den Wald.
Il richiamo risuonava ancora nella foresta con una forza inquietante.

Der Anruf erfüllte Buck mit Sehnsucht und einem rastlosen Gefühl der Freude.
La chiamata riempì Buck di desiderio e di un inquieto senso di gioia.
Er spürte seltsame Triebe und Regungen, die er nicht benennen konnte.
Sentì strani impulsi e stimoli a cui non riusciva a dare un nome.
Manchmal folgte er dem Ruf tief in die Stille des Waldes.
A volte seguiva la chiamata inoltrandosi nel silenzio dei boschi.
Er suchte nach dem Ruf und bellte dabei leise oder scharf.
Cercava il richiamo, abbaiando piano o bruscamente mentre camminava.
Er roch am Moos und der schwarzen Erde, wo die Gräser wuchsen.
Annusò il muschio e il terreno nero dove cresceva l'erba.
Er schnaubte entzückt über den reichen Geruch der tiefen Erde.
Sbuffò di piacere sentendo i ricchi odori della terra profonda.
Er hockte stundenlang hinter pilzbefallenen Baumstämmen.
Rimase accovacciato per ore dietro i tronchi ricoperti di funghi.
Er blieb still und lauschte mit großen Augen jedem noch so kleinen Geräusch.
Rimase immobile, ascoltando con gli occhi sgranati ogni minimo rumore.
Vielleicht hoffte er, das Wesen, das den Ruf auslöste, zu überraschen.
Forse sperava di sorprendere la cosa che aveva emesso la chiamata.
Er wusste nicht, warum er so handelte – er tat es einfach.
Non sapeva perché si comportava in quel modo: lo faceva e basta.
Die Triebe kamen aus der Tiefe, jenseits von Denken und Vernunft.

Questi impulsi provenivano dal profondo, al di là del pensiero o della ragione.
Unwiderstehliche Triebe überkamen Buck ohne Vorwarnung oder Grund.
Buck fu colto da impulsi irresistibili, senza preavviso o motivo.
Manchmal döste er träge im Lager in der Mittagshitze.
A volte sonnecchiava pigramente nell'accampamento, sotto il caldo di mezzogiorno.
Plötzlich hob er den Kopf und stellte aufmerksam die Ohren auf.
All'improvviso sollevò la testa e le sue orecchie si drizzarono in allerta.
Dann sprang er auf und stürmte ohne Pause in die Wildnis.
Poi balzò in piedi e si lanciò nella natura selvaggia senza fermarsi.
Er rannte stundenlang durch Waldwege und offene Flächen.
Corse per ore attraverso sentieri forestali e spazi aperti.
Er liebte es, trockenen Bachläufen zu folgen und Vögel in den Bäumen zu beobachten.
Amava seguire i letti asciutti dei torrenti e spiare gli uccelli sugli alberi.
Er könnte den ganzen Tag versteckt liegen und den Rebhühnern beim Herumstolzieren zusehen.
Poteva restare nascosto tutto il giorno, osservando le pernici che si pavoneggiavano in giro.
Sie trommelten und marschierten, ohne Bucks Anwesenheit zu bemerken.
Suonavano i tamburi e marciavano, ignari della presenza immobile di Buck.
Doch am meisten liebte er das Laufen in der Sommerdämmerung.
Ma ciò che amava di più era correre al crepuscolo estivo.
Das schwache Licht und die schläfrigen Waldgeräusche erfüllten ihn mit Freude.
La luce fioca e i suoni assonnati della foresta lo riempivano di gioia.

Er las die Zeichen des Waldes so deutlich, wie ein Mann ein Buch liest.
Leggeva i cartelli della foresta con la stessa chiarezza con cui un uomo legge un libro.
Und er suchte immer nach dem seltsamen Ding, das ihn rief.
E cercava sempre la strana cosa che lo chiamava.
Dieser Ruf hörte nie auf – er erreichte ihn im Wachzustand und im Schlaf.
Quella chiamata non si è mai fermata: lo raggiungeva sia da sveglio che nel sonno.

Eines Nachts erwachte er mit einem Ruck, die Augen waren scharf und die Ohren gespitzt.
Una notte si svegliò di soprassalto, con gli occhi acuti e le orecchie tese.
Seine Nasenlöcher zuckten, während seine Mähne in Wellen sträubte.
Le sue narici si contrassero mentre la sua criniera si rizzava in onde.
Aus der Tiefe des Waldes ertönte erneut der alte Ruf.
Dal profondo della foresta giunse di nuovo quel suono, il vecchio richiamo.
Diesmal war der Ton klar und deutlich zu hören, ein langes, eindringliches, vertrautes Heulen.
Questa volta il suono risuonò chiaro, un ululato lungo, inquietante e familiare.
Es klang wie der Schrei eines Huskys, aber mit einem seltsamen und wilden Ton.
Era come il verso di un husky, ma dal tono strano e selvaggio.
Buck erkannte das Geräusch sofort – er hatte das genaue Geräusch vor langer Zeit gehört.
Buck riconobbe subito quel suono: lo aveva già sentito molto tempo prima.
Er sprang durch das Lager und verschwand schnell im Wald.
Attraversò con un balzo l'accampamento e scomparve rapidamente nel bosco.

Als er sich dem Geräusch näherte, wurde er langsamer und bewegte sich vorsichtig.
Avvicinandosi al suono, rallentò e si mosse con cautela.
Bald erreichte er eine Lichtung zwischen dichten Kiefern.
Presto raggiunse una radura tra fitti pini.
Dort saß aufrecht auf seinen Hinterbeinen ein großer, schlanker Timberwolf.
Lì, ritto sulle zampe posteriori, sedeva un lupo grigio alto e magro.
Die Nase des Wolfes zeigte zum Himmel und hallte noch immer den Ruf wider.
Il naso del lupo puntava verso il cielo, continuando a riecheggiare il richiamo.
Buck hatte keinen Laut von sich gegeben, doch der Wolf blieb stehen und lauschte.
Buck non aveva emesso alcun suono, eppure il lupo si fermò e ascoltò.
Der Wolf spürte etwas, spannte sich an und suchte die Dunkelheit ab.
Percependo qualcosa, il lupo si irrigidì e scrutò l'oscurità.
Buck schlich ins Blickfeld, mit gebeugtem Körper und ruhigen Füßen auf dem Boden.
Buck si fece avanti furtivamente, con il corpo basso e i piedi ben appoggiati al terreno.
Sein Schwanz war gerade, sein Körper vor Anspannung zusammengerollt.
La sua coda era dritta e il suo corpo era teso e teso.
Er zeigte sowohl eine bedrohliche als auch eine Art raue Freundschaft.
Manifestava sia un atteggiamento minaccioso che una sorta di rude amicizia.
Es war die vorsichtige Begrüßung, die wilde Tiere einander entgegenbrachten.
Era il saluto cauto tipico delle bestie selvatiche.
Aber der Wolf drehte sich um und floh, sobald er Buck sah.
Ma il lupo si voltò e fuggì non appena vide Buck.

Buck nahm die Verfolgung auf und sprang wild um sich, begierig darauf, es einzuholen.
Buck si lanciò all'inseguimento, saltando selvaggiamente, desideroso di raggiungerlo.
Er folgte dem Wolf in einen trockenen Bach, der durch einen Holzstau blockiert war.
Seguì il lupo in un ruscello secco bloccato da un ingorgo di tronchi.
In die Enge getrieben, wirbelte der Wolf herum und blieb stehen.
Messo alle strette, il lupo si voltò e rimase fermo.
Der Wolf knurrte und schnappte wie ein gefangener Husky im Kampf.
Il lupo ringhiò e schioccò i denti come un husky intrappolato in una rissa.
Die Zähne des Wolfes klickten schnell, sein Körper strotzte vor wilder Wut.
I denti del lupo schioccarono rapidamente e il suo corpo si irrigidì per la furia selvaggia.
Buck griff nicht an, sondern umkreiste den Wolf mit vorsichtiger Freundlichkeit.
Buck non attaccò, ma girò intorno al lupo con attenta cordialità.
Durch langsame, harmlose Bewegungen versuchte er, seine Flucht zu verhindern.
Cercò di bloccargli la fuga con movimenti lenti e innocui.
Der Wolf war vorsichtig und verängstigt – Buck war dreimal so schwer wie er.
Il lupo era cauto e spaventato: Buck lo superava di peso tre volte.
Der Kopf des Wolfes reichte kaum bis zu Bucks massiver Schulter.
La testa del lupo arrivava a malapena all'altezza della spalla massiccia di Buck.
Der Wolf hielt Ausschau nach einer Lücke, rannte los und die Jagd begann von neuem.

Il lupo, attento a individuare un varco, si lanciò e l'inseguimento ricominciò.

Buck drängte ihn mehrere Male in die Enge und der Tanz wiederholte sich.

Buck lo mise alle strette più volte e la danza si ripeté.

Der Wolf war dünn und schwach, sonst hätte Buck ihn nicht fangen können.

Il lupo era magro e debole, altrimenti Buck non avrebbe potuto catturarlo.

Jedes Mal, wenn Buck näher kam, wirbelte der Wolf herum und sah ihn voller Angst an.

Ogni volta che Buck si avvicinava, il lupo si girava di scatto e lo affrontava spaventato.

Dann rannte er bei der ersten Gelegenheit erneut in den Wald.

Poi, alla prima occasione, si precipitò di nuovo nel bosco.

Aber Buck gab nicht auf und schließlich fasste der Wolf Vertrauen zu ihm.

Ma Buck non si arrese e alla fine il lupo imparò a fidarsi di lui.

Er schnüffelte an Bucks Nase und die beiden wurden verspielt und aufmerksam.

Annusò il naso di Buck e i due diventarono giocosi e attenti.

Sie spielten wie wilde Tiere, wild und doch schüchtern in ihrer Freude.

Giocavano come animali selvaggi, feroci ma timidi nella loro gioia.

Nach einer Weile trabte der Wolf zielstrebig und ruhig davon.

Dopo un po' il lupo trotterellò via con calma e decisione.

Er machte Buck deutlich, dass er beabsichtigte, verfolgt zu werden.

Dimostrò chiaramente a Buck che intendeva essere seguito.

Sie rannten Seite an Seite durch die Dämmerung.

Correvano fianco a fianco nel buio della sera.

Sie folgten dem Bachbett hinauf in die felsige Schlucht.

Seguirono il letto del torrente fino alla gola rocciosa.

Sie überquerten eine kalte Wasserscheide, wo der Bach entsprungen war.
Attraversarono un freddo spartiacque nel punto in cui aveva avuto origine il fiume.
Am gegenüberliegenden Hang fanden sie ausgedehnte Wälder und viele Bäche.
Sul pendio più lontano trovarono un'ampia foresta e molti corsi d'acqua.
Durch dieses weite Land rannten sie stundenlang ohne Pause.
Corsero per ore senza fermarsi attraverso quella terra immensa.
Die Sonne stieg höher, die Luft wurde wärmer, aber sie rannten weiter.
Il sole saliva sempre più alto, l'aria si faceva calda, ma loro continuavano a correre.
Buck war voller Freude – er wusste, dass er seiner Berufung folgte.
Buck era pieno di gioia: sapeva di aver risposto alla sua chiamata.
Er rannte neben seinem Waldbruder her, näher an die Quelle des Rufs.
Corse accanto al fratello della foresta, più vicino alla fonte della chiamata.
Alte Gefühle kehrten zurück, stark und schwer zu ignorieren.
I vecchi sentimenti ritornano, potenti e difficili da ignorare.
Dies waren die Wahrheiten hinter den Erinnerungen aus seinen Träumen.
Queste erano le verità nascoste nei ricordi dei suoi sogni.
All dies hatte er schon einmal in einer fernen, schattenhaften Welt getan.
Tutto questo lo aveva già fatto in un mondo lontano e oscuro.
Jetzt tat er es wieder und rannte wild herum, während der Himmel über ihm frei war.
Questa volta lo fece di nuovo, scatenandosi con il cielo aperto sopra di lui.

Sie hielten an einem Bach an, um aus dem kalten, fließenden Wasser zu trinken.
Si fermarono presso un ruscello per bere l'acqua fredda che scorreva.

Während er trank, erinnerte sich Buck plötzlich an John Thornton.
Mentre beveva, Buck si ricordò improvvisamente di John Thornton.

Er saß schweigend da, hin- und hergerissen zwischen der Anziehungskraft der Loyalität und der Berufung.
Si sedette in silenzio, lacerato dal sentimento di lealtà e dalla chiamata.

Der Wolf trabte weiter, kam aber zurück, um Buck anzutreiben.
Il lupo continuò a trottare, ma tornò indietro per incitare Buck ad andare avanti.

Er rümpfte die Nase und versuchte, ihn mit sanften Gesten zu beruhigen.
Gli annusò il naso e cercò di convincerlo con gesti gentili.

Aber Buck drehte sich um und machte sich auf den Rückweg.
Ma Buck si voltò e riprese a tornare indietro per la strada da cui era venuto.

Der Wolf lief lange Zeit neben ihm her und winselte leise.
Il lupo gli corse accanto per molto tempo, guaindo piano.

Dann setzte er sich hin, hob die Nase und stieß ein langes Heulen aus.
Poi si sedette, alzò il naso ed emise un lungo ululato.

Es war ein trauriger Schrei, der leiser wurde, als Buck wegging.
Era un grido lugubre, che si addolcì mentre Buck si allontanava.

Buck lauschte, als der Schrei langsam in der Stille des Waldes verklang.
Buck ascoltò mentre il suono del grido svaniva lentamente nel silenzio della foresta.

John Thornton aß gerade zu Abend, als Buck ins Lager stürmte.
John Thornton stava cenando quando Buck irruppe nell'accampamento.
Buck sprang wild auf ihn zu, leckte, biss und warf ihn um.
Buck gli saltò addosso selvaggiamente, leccandolo, mordendolo e facendolo rotolare.
Er warf ihn um, kletterte darauf und küsste sein Gesicht.
Lo fece cadere, gli saltò sopra e gli baciò il viso.
Thornton nannte dies liebevoll „den allgemeinen Narren spielen".
Thornton lo definì con affetto "fare il buffone".
Die ganze Zeit verfluchte er Buck sanft und schüttelte ihn hin und her.
Nel frattempo, imprecava dolcemente contro Buck e lo scuoteva avanti e indietro.
Zwei ganze Tage und Nächte lang verließ Buck das Lager kein einziges Mal.
Per due interi giorni e due notti, Buck non lasciò l'accampamento nemmeno una volta.
Er blieb in Thorntons Nähe und ließ ihn nie aus den Augen.
Si teneva vicino a Thornton e non lo perdeva mai di vista.
Er folgte ihm bei der Arbeit und beobachtete ihn beim Essen.
Lo seguiva mentre lavorava e lo osservava mentre mangiava.
Er begleitete Thornton abends in seine Decken und jeden Morgen wieder heraus.
Di notte vedeva Thornton avvolto nelle sue coperte e ogni mattina lo vedeva uscire.
Doch bald kehrte der Ruf des Waldes zurück, lauter als je zuvor.
Ma presto il richiamo della foresta ritornò, più forte che mai.
Buck wurde wieder unruhig, aufgewühlt von Gedanken an den wilden Wolf.
Buck si sentì di nuovo irrequieto, agitato dal pensiero del lupo selvatico.

Er erinnerte sich an das offene Land und daran, wie sie Seite an Seite gelaufen waren.
Ricordava la terra aperta e le corse fianco a fianco.
Er begann erneut, allein und wachsam in den Wald zu wandern.
Ricominciò a vagare nella foresta, solo e vigile.
Aber der wilde Bruder kam nicht zurück und das Heulen war nicht zu hören.
Ma il fratello selvaggio non tornò e l'ululato non fu udito.
Buck begann, draußen zu schlafen und blieb tagelang weg.
Buck cominciò a dormire all'aperto, restando lontano anche per giorni interi.
Einmal überquerte er die hohe Wasserscheide, wo der Bach entsprungen war.
Una volta attraversò l'alto spartiacque dove aveva origine il torrente.
Er betrat das Land des dunklen Waldes und der breiten, fließenden Ströme.
Entrò nella terra degli alberi scuri e dei grandi corsi d'acqua.
Eine Woche lang streifte er umher und suchte nach Spuren seines wilden Bruders.
Vagò per una settimana alla ricerca di tracce del fratello selvaggio.
Er tötete sein eigenes Fleisch und reiste mit langen, unermüdlichen Schritten.
Uccideva la propria carne e viaggiava a passi lunghi e instancabili.
Er fischte in einem breiten Fluss, der bis ins Meer reichte, nach Lachs.
Pescò salmoni in un ampio fiume che arrivava fino al mare.
Dort kämpfte er gegen einen von Insekten verrückt gewordenen Schwarzbären und tötete ihn.
Lì lottò e uccise un orso nero reso pazzo dagli insetti.
Der Bär war beim Angeln und rannte blind durch die Bäume.
L'orso stava pescando e corse alla cieca tra gli alberi.

Der Kampf war erbittert und weckte Bucks tiefen Kampfgeist.
La battaglia fu feroce e risvegliò il profondo spirito combattivo di Buck.
Als Buck zwei Tage später zurückkam, fand er Vielfraße an seiner Beute vor.
Due giorni dopo, Buck tornò e trovò dei ghiottoni nei pressi della sua preda.
Ein Dutzend von ihnen stritten sich lautstark und wütend um das Fleisch.
Una dozzina di loro litigarono furiosamente e rumorosamente per la carne.
Buck griff an und zerstreute sie wie Blätter im Wind.
Buck caricò e li disperse come foglie al vento.
Zwei Wölfe blieben zurück – still, leblos und für immer regungslos.
Due lupi rimasero indietro: silenziosi, senza vita e immobili per sempre.
Der Blutdurst wurde stärker denn je.
La sete di sangue divenne più forte che mai.
Buck war ein Jäger, ein Killer, der sich von Lebewesen ernährte.
Buck era un cacciatore, un assassino, che si nutriva di creature viventi.
Er überlebte allein und verließ sich auf seine Kraft und seine scharfen Sinne.
Sopravvisse da solo, affidandosi alla sua forza e ai suoi sensi acuti.
Er gedieh in der Wildnis, wo nur die Zähesten überleben konnten.
Prosperava nella natura selvaggia, dove solo i più forti potevano sopravvivere.
Daraus erwuchs ein großer Stolz, der Bucks ganzes Wesen erfüllte.
Da ciò nacque un grande orgoglio che riempì tutto l'essere di Buck.

Sein Stolz war in jedem seiner Schritte und in der Anspannung jedes einzelnen Muskels zu erkennen.
Il suo orgoglio traspariva da ogni passo, dal fremito di ogni muscolo.
Sein Stolz war so deutlich wie seine Sprache und spiegelte sich in seiner Haltung wider.
Il suo orgoglio era evidente, come si vedeva dal suo comportamento.
Sogar sein dickes Fell sah majestätischer aus und glänzte heller.
Persino il suo spesso mantello appariva più maestoso e splendeva di più.
Man hätte Buck mit einem riesigen Timberwolf verwechseln können.
Buck avrebbe potuto essere scambiato per un lupo grigio gigante.
Außer dem Braun an seiner Schnauze und den Flecken über seinen Augen.
A parte il marrone sul muso e le macchie sopra gli occhi.
Und der weiße Fellstreifen, der mitten auf seiner Brust verlief.
E la striscia bianca di pelo che gli correva lungo il centro del petto.
Er war sogar größer als der größte Wolf dieser wilden Rasse.
Era addirittura più grande del più grande lupo di quella feroce razza.
Sein Vater, ein Bernhardiner, verlieh ihm Größe und einen schweren Körperbau.
Suo padre, un San Bernardo, gli ha trasmesso la stazza e la corporatura robusta.
Seine Mutter, eine Schäferin, formte diesen Körper zu einer wolfsähnlichen Gestalt.
Sua madre, una pastorella, plasmò quella mole conferendole la forma di un lupo.
Er hatte die lange Schnauze eines Wolfes, war allerdings schwerer und breiter.
Aveva il muso lungo di un lupo, anche se più pesante e largo.

Sein Kopf war der eines Wolfes, aber von massiver, majestätischer Gestalt.
La sua testa era quella di un lupo, ma di dimensioni enormi e maestose.
Bucks List war die List des Wolfes und der Wildnis.
L'astuzia di Buck era l'astuzia del lupo e della natura selvaggia.
Seine Intelligenz hat er sowohl vom Deutschen Schäferhund als auch vom Bernhardiner.
La sua intelligenza gli venne sia dal Pastore Tedesco che dal San Bernardo.
All dies und harte Erfahrungen machten ihn zu einer furchterregenden Kreatur.
Tutto ciò, unito alla dura esperienza, lo rese una creatura temibile.
Er war so furchterregend wie jedes andere Tier, das in der Wildnis des Nordens umherstreifte.
Era formidabile quanto qualsiasi animale che vagasse nelle terre selvagge del nord.
Buck ernährte sich ausschließlich von Fleisch und erreichte den Höhepunkt seiner Kraft.
Nutrendosi solo di carne, Buck raggiunse l'apice della sua forza.
Jede Faser seines Körpers strotzte vor Kraft und männlicher Stärke.
Trasudava potenza e forza maschile in ogni fibra del suo corpo.
Als Thornton seinen Rücken streichelte, funkelten seine Haare vor Energie.
Quando Thornton gli accarezzò la schiena, i peli brillarono di energia.
Jedes Haar knisterte, aufgeladen durch die Berührung lebendigen Magnetismus.
Ogni capello scricchiolava, carico del tocco di un magnetismo vivente.
Sein Körper und sein Gehirn waren auf die höchstmögliche Tonhöhe eingestellt.

Il suo corpo e il suo cervello erano sintonizzati sulla tonalità più fine possibile.
Jeder Nerv, jede Faser und jeder Muskel arbeitete in perfekter Harmonie.
Ogni nervo, ogni fibra e ogni muscolo lavoravano in perfetta armonia.
Auf jedes Geräusch oder jeden Anblick, der eine Aktion erforderte, reagierte er sofort.
A qualsiasi suono o visione che richiedesse un intervento, rispondeva immediatamente.
Wenn ein Husky zum Angriff ansetzte, konnte Buck doppelt so schnell springen.
Se un husky saltava per attaccare, Buck poteva saltare due volte più velocemente.
Er reagierte schneller, als andere es sehen oder hören konnten.
Reagì più rapidamente di quanto gli altri potessero vedere o sentire.
Wahrnehmung, Entscheidung und Handlung erfolgten alle in einem fließenden Moment.
Percezione, decisione e azione avvennero tutte in un unico, fluido istante.
Tatsächlich geschahen diese Handlungen getrennt voneinander, aber zu schnell, um es zu bemerken.
In realtà si tratta di atti separati, ma troppo rapidi per essere notati.
Die Abstände zwischen diesen Akten waren so kurz, dass sie wie ein einziger Akt wirkten.
Gli intervalli tra questi atti erano così brevi che sembravano uno solo.
Seine Muskeln und sein Körper waren wie straff gespannte Federn.
I suoi muscoli e il suo essere erano come molle strettamente avvolte.
Sein Körper strotzte vor Leben, wild und freudig in seiner Kraft.

Il suo corpo traboccava di vita, selvaggia e gioiosa nella sua potenza.

Manchmal hatte er das Gefühl, als würde die Kraft völlig aus ihm herausbrechen.

A volte aveva la sensazione che la forza stesse per esplodere completamente dentro di lui.

„So einen Hund hat es noch nie gegeben", sagte Thornton eines ruhigen Tages.

"Non c'è mai stato un cane simile", disse Thornton un giorno tranquillo.

Die Partner sahen zu, wie Buck stolz aus dem Lager schritt.

I soci osservarono Buck uscire fiero dall'accampamento.

„Als er erschaffen wurde, veränderte er, was ein Hund sein kann", sagte Pete.

"Quando è stato creato, ha cambiato il modo in cui un cane può essere", ha detto Pete.

„Bei Gott! Das glaube ich auch", stimmte Hans schnell zu.

"Per Dio! Lo penso anch'io", concordò subito Hans.

Sie sahen ihn abmarschieren, aber nicht die Veränderung, die danach kam.

Lo videro allontanarsi, ma non il cambiamento che avvenne dopo.

Sobald er den Wald betrat, verwandelte sich Buck völlig.

Non appena entrò nel bosco, Buck si trasformò completamente.

Er marschierte nicht mehr, sondern bewegte sich wie ein wilder Geist zwischen den Bäumen.

Non marciava più, ma si muoveva come uno spettro selvaggio tra gli alberi.

Er wurde still, katzenpfotenartig, ein Flackern, das durch die Schatten huschte.

Divenne silenzioso, come un gatto, un bagliore che attraversava le ombre.

Er nutzte die Deckung geschickt und kroch wie eine Schlange auf dem Bauch.

Usava la copertura con abilità, strisciando sulla pancia come un serpente.

Und wie eine Schlange konnte er lautlos nach vorne springen und zuschlagen.
E come un serpente, sapeva balzare in avanti e colpire in silenzio.
Er könnte ein Schneehuhn direkt aus seinem versteckten Nest stehlen.
Potrebbe rubare una pernice bianca direttamente dal suo nido nascosto.
Er tötete schlafende Kaninchen, ohne ein einziges Geräusch zu machen.
Uccideva i conigli addormentati senza emettere alcun suono.
Er konnte Streifenhörnchen mitten in der Luft fangen, wenn sie zu langsam flohen.
Riusciva a catturare gli scoiattoli a mezz'aria anche se fuggivano troppo lentamente.
Selbst Fische in Teichen konnten seinen plötzlichen Angriffen nicht entkommen.
Nemmeno i pesci nelle pozze riuscivano a sfuggire ai suoi attacchi improvvisi.
Nicht einmal schlaue Biber, die Dämme reparierten, waren vor ihm sicher.
Nemmeno i furbi castori impegnati a riparare le dighe erano al sicuro da lui.
Er tötete, um Nahrung zu bekommen, nicht zum Spaß – aber seine eigene Beute gefiel ihm am besten.
Uccideva per nutrirsi, non per divertirsi, ma preferiva uccidere le proprie vittime.
Dennoch war bei manchen seiner stillen Jagden ein hintergründiger Humor spürbar.
Eppure, un umorismo subdolo permeava alcune delle sue cacce silenziose.
Er schlich sich dicht an Eichhörnchen heran, ließ sie aber dann entkommen.
Si avvicinò furtivamente agli scoiattoli, solo per lasciarli scappare.
Sie wollten in die Bäume fliehen und schnatterten voller Angst und Empörung.

Stavano per fuggire tra gli alberi, chiacchierando con rabbia e paura.
Mit dem Herbst kamen immer mehr Elche.
Con l'arrivo dell'autunno, le alci cominciarono ad apparire in numero maggiore.
Sie zogen langsam in die tiefer gelegenen Täler, um dem Winter entgegenzukommen.
Si spostarono lentamente verso le basse valli per affrontare l'inverno.
Buck hatte bereits ein junges, streunendes Kalb erlegt.
Buck aveva già abbattuto un giovane vitello randagio.
Doch er sehnte sich danach, einer größeren, gefährlicheren Beute gegenüberzutreten.
Ma lui desiderava ardentemente affrontare prede più grandi e pericolose.
Eines Tages fand er an der Wasserscheide, an der Quelle des Baches, seine Chance.
Un giorno, sul crinale, alla sorgente del torrente, trovò la sua occasione.
Eine Herde von zwanzig Elchen war aus bewaldeten Gebieten herübergekommen.
Una mandria di venti alci era giunta da terre boscose.
Unter ihnen war ein mächtiger Stier, der Anführer der Gruppe.
Tra loro c'era un possente toro, il capo del gruppo.
Der Bulle war über ein Meter achtzig Meter groß und sah grimmig und wild aus.
Il toro era alto più di due metri e mezzo e appariva feroce e selvaggio.
Er warf sein breites Geweih hin und her, dessen vierzehn Enden sich nach außen verzweigten.
Lanciò le sue grandi corna, le cui quattordici punte si diramavano verso l'esterno.
Die Spitzen dieser Geweihe hatten einen Durchmesser von sieben Fuß.
Le punte di quelle corna si estendevano per due metri.

Seine kleinen Augen brannten vor Wut, als er Buck in der Nähe entdeckte.
I suoi piccoli occhi ardevano di rabbia quando vide Buck lì vicino.
Er stieß ein wütendes Brüllen aus und zitterte vor Wut und Schmerz.
Emise un ruggito furioso, tremando di rabbia e dolore.
Nahe seiner Flanke ragte eine gefiederte und scharfe Pfeilspitze hervor.
Vicino al suo fianco spuntava la punta di una freccia, appuntita e piumata.
Diese Wunde trug dazu bei, seine wilde, verbitterte Stimmung zu erklären.
Questa ferita contribuì a spiegare il suo umore selvaggio e amareggiato.
Buck, geleitet von seinem uralten Jagdinstinkt, machte seinen Zug.
Buck, guidato dall'antico istinto di caccia, fece la sua mossa.
Sein Ziel war es, den Bullen vom Rest der Herde zu trennen.
Il suo obiettivo era separare il toro dal resto della mandria.
Dies war keine leichte Aufgabe – es erforderte Schnelligkeit und messerscharfe List.
Non era un compito facile: richiedeva velocità e una grande astuzia.
Er bellte und tanzte in der Nähe des Stiers, gerade außerhalb seiner Reichweite.
Abbaiava e danzava vicino al toro, appena fuori dalla sua portata.
Der Elch stürzte sich mit riesigen Hufen und tödlichem Geweih auf ihn.
L'alce si lanciò con enormi zoccoli e corna mortali.
Ein Schlag hätte Bucks Leben im Handumdrehen beenden können.
Un colpo avrebbe potuto porre fine alla vita di Buck in un batter d'occhio.
Der Stier konnte die Bedrohung nicht hinter sich lassen und wurde wütend.

Incapace di abbandonare la minaccia, il toro si infuriò.
Er stürmte wütend auf ihn zu, doch Buck entkam ihm jedes Mal.
Lui caricava con furia, ma Buck riusciva sempre a sfuggirgli.
Buck täuschte Schwäche vor und lockte ihn weiter von der Herde weg.
Buck finse di essere debole, allontanandosi ulteriormente dalla mandria.
Doch die jungen Bullen wollten zurückstürmen, um den Anführer zu beschützen.
Ma i giovani tori sarebbero tornati alla carica per proteggere il capo.
Sie zwangen Buck zum Rückzug und den Bullen, sich wieder der Gruppe anzuschließen.
Costrinsero Buck a ritirarsi e il toro a ricongiungersi al gruppo.
In der Wildnis herrscht eine tiefe und unaufhaltsame Geduld.
C'è una pazienza nella natura selvaggia, profonda e inarrestabile.
Eine Spinne wartet unzählige Stunden bewegungslos in ihrem Netz.
Un ragno resta immobile nella sua tela per innumerevoli ore.
Eine Schlange rollt sich ohne zu zucken zusammen und wartet, bis es Zeit ist.
Un serpente si avvolge su se stesso senza contrarsi e aspetta il momento giusto.
Ein Panther liegt auf der Lauer, bis der Moment gekommen ist.
Una pantera è in agguato, finché non arriva il momento.
Dies ist die Geduld von Raubtieren, die jagen, um zu überleben.
Questa è la pazienza dei predatori che cacciano per sopravvivere.
Dieselbe Geduld brannte in Buck, als er in seiner Nähe blieb.

La stessa pazienza ardeva dentro Buck mentre gli restava accanto.
Er blieb in der Nähe der Herde, verlangsamte ihren Marsch und schürte Angst.
Rimase vicino alla mandria, rallentandone la marcia e incutendo timore.
Er ärgerte die jungen Bullen und schikanierte die Mutterkühe.
Provocava i giovani tori e molestava le mucche madri.
Er trieb den verwundeten Stier in eine noch tiefere, hilflose Wut.
Spinse il toro ferito in una rabbia ancora più profonda e impotente.
Einen halben Tag lang zog sich der Kampf ohne Pause hin.
Per mezza giornata il combattimento si trascinò senza alcuna tregua.
Buck griff aus jedem Winkel an, schnell und wild wie der Wind.
Buck attaccò da ogni angolazione, veloce e feroce come il vento.
Er hinderte den Stier daran, sich auszuruhen oder sich bei seiner Herde zu verstecken.
Impedì al toro di riposare o di nascondersi con la mandria.
Buck zermürbte den Willen des Elchs schneller als seinen Körper.
Buck logorò la volontà dell'alce più velocemente del suo corpo.
Der Tag verging und die Sonne sank tief am nordwestlichen Himmel.
Il giorno passò e il sole tramontò basso nel cielo a nord-ovest.
Die jungen Bullen kehrten langsamer zurück, um ihrem Anführer zu helfen.
I giovani tori tornarono più lentamente per aiutare il loro capo.
Die Herbstnächte waren zurückgekehrt und die Dunkelheit dauerte nun sechs Stunden.
Erano tornate le notti autunnali e il buio durava ormai sei ore.

Der Winter drängte sie bergab in sicherere, wärmere Täler.
L'inverno li spingeva verso valli più sicure e calde.
Aber sie konnten dem Jäger, der sie zurückhielt, immer noch nicht entkommen.
Ma non riuscirono comunque a sfuggire al cacciatore che li tratteneva.
Es stand nur ein Leben auf dem Spiel – nicht das der Herde, sondern nur das ihres Anführers.
Era in gioco solo una vita: non quella del branco, ma quella del loro capo.
Dadurch wurde die Bedrohung in weite Ferne gerückt und ihre dringende Sorge wurde aufgehoben.
Ciò rendeva la minaccia lontana e non una loro preoccupazione urgente.
Mit der Zeit akzeptierten sie diesen Preis und überließen Buck die Übernahme des alten Bullen.
Col tempo accettarono questo prezzo e lasciarono che Buck prendesse il vecchio toro.
Als die Dämmerung hereinbrach, stand der alte Bulle mit gesenktem Kopf da.
Mentre calava il crepuscolo, il vecchio toro rimase in piedi con la testa bassa.
Er sah zu, wie die Herde, die er geführt hatte, im schwindenden Licht verschwand.
Guardò la mandria che aveva guidato svanire nella luce morente.
Es gab Kühe, die er gekannt hatte, Kälber, deren Vater er einst gewesen war.
C'erano mucche che aveva conosciuto, vitelli che un tempo aveva generato.
Es gab jüngere Bullen, gegen die er in vergangenen Saisons gekämpft und die er beherrscht hatte.
C'erano tori più giovani con cui aveva combattuto e che aveva dominato nelle stagioni passate.
Er konnte ihnen nicht folgen, denn vor ihm kauerte Buck wieder.

Non poteva seguirli, perché davanti a lui era di nuovo accovacciato Buck.

Der gnadenlose Schrecken mit den Reißzähnen versperrte ihm jeden Weg.

Il terrore spietato e zannuto gli bloccava ogni via che potesse percorrere.

Der Bulle brachte mehr als drei Zentner geballte Kraft auf die Waage.

Il toro pesava più di trecento chili di potenza densa.

Er hatte ein langes Leben geführt und in einer Welt voller Kämpfe hart gekämpft.

Aveva vissuto a lungo e lottato duramente in un mondo di difficoltà.

Doch nun, am Ende, kam der Tod von einem Tier, das weit unter ihm stand.

Eppure, alla fine, la morte gli venne commessa da una bestia molto più bassa di lui.

Bucks Kopf erreichte nicht einmal die riesigen, mit Knöcheln besetzten Knie des Bullen.

La testa di Buck non arrivò nemmeno alle enormi ginocchia noccate del toro.

Von diesem Moment an blieb Buck Tag und Nacht bei dem Bullen.

Da quel momento in poi, Buck rimase con il toro notte e giorno.

Er gönnte ihm keine Ruhe, erlaubte ihm nie zu grasen oder zu trinken.

Non gli dava mai tregua, non gli permetteva mai di brucare o bere.

Der Stier versuchte, junge Birkentriebe und Weidenblätter zu fressen.

Il toro cercò di mangiare giovani germogli di betulla e foglie di salice.

Aber Buck verjagte ihn, immer wachsam und immer angreifend.

Ma Buck lo scacciò, sempre all'erta e sempre all'attacco.

Sogar an plätschernden Bächen blockte Buck jeden durstigen Versuch ab.
Anche nei torrenti che scorrevano, Buck bloccava ogni assetato tentativo.
Manchmal floh der Stier aus Verzweiflung mit voller Geschwindigkeit.
A volte, in preda alla disperazione, il toro fuggiva a tutta velocità.
Buck ließ ihn laufen und lief ruhig direkt hinter ihm her, nie weit entfernt.
Buck lo lasciò correre, avanzando tranquillamente dietro di lui, senza mai allontanarsi troppo.
Als der Elch innehielt, legte sich Buck hin, blieb aber bereit.
Quando l'alce si fermò, Buck si sdraiò, ma rimase pronto.
Wenn der Bulle versuchte zu fressen oder zu trinken, schlug Buck mit voller Wut zu.
Se il toro provava a mangiare o a bere, Buck colpiva con tutta la sua furia.
Der große Kopf des Stiers sank tiefer unter sein gewaltiges Geweih.
La grande testa del toro si abbassava sotto le enormi corna.
Sein Tempo verlangsamte sich, der Trab wurde schwerfällig, ein stolpernder Schritt.
Il suo passo rallentò, il trotto divenne pesante, un'andatura barcollante.
Er stand oft still mit hängenden Ohren und der Nase am Boden.
Spesso restava immobile con le orecchie abbassate e il naso rivolto verso il terreno.
In diesen Momenten nahm sich Buck Zeit zum Trinken und Ausruhen.
In quei momenti Buck si prese del tempo per bere e riposare.
Mit heraushängender Zunge und starrem Blick spürte Buck, wie sich das Land veränderte.
Con la lingua fuori e gli occhi fissi, Buck sentì che la terra stava cambiando.

Er spürte, wie sich etwas Neues durch den Wald und den Himmel bewegte.
Sentì qualcosa di nuovo muoversi nella foresta e nel cielo.
Mit der Rückkehr der Elche kehrten auch andere Wildtiere zurück.
Con il ritorno delle alci tornarono anche altre creature selvatiche.
Das Land fühlte sich lebendig an, mit einer Präsenz, die man nicht sieht, aber deutlich wahrnimmt.
La terra sembrava viva di una presenza invisibile ma fortemente nota.
Buck wusste dies weder am Geräusch, noch am Anblick oder am Geruch.
Buck non lo sapeva tramite l'udito, la vista o l'olfatto.
Ein tieferes Gefühl sagte ihm, dass neue Kräfte im Gange waren.
Un sentimento più profondo gli diceva che nuove forze erano in movimento.
In den Wäldern und entlang der Bäche herrschte seltsames Leben.
Una strana vita si agitava nei boschi e lungo i corsi d'acqua.
Er beschloss, diesen Geist zu erforschen, nachdem die Jagd beendet war.
Decise di esplorare questo spirito una volta completata la caccia.
Am vierten Tag erlegte Buck endlich den Elch.
Il quarto giorno, Buck riuscì finalmente a catturare l'alce.
Er blieb einen ganzen Tag und eine ganze Nacht bei der Beute, fraß und ruhte sich aus.
Rimase nei pressi della preda per un giorno e una notte interi, nutrendosi e riposandosi.
Er aß, schlief dann und aß dann wieder, bis er stark und satt war.
Mangiò, poi dormì, poi mangiò ancora, finché non fu forte e sazio.
Als er fertig war, kehrte er zum Lager und nach Thornton zurück.

Quando fu pronto, tornò indietro verso l'accampamento e Thornton.

Mit gleichmäßigem Tempo begann er die lange Heimreise.
Con passo costante iniziò il lungo viaggio di ritorno verso casa.

Er rannte in seinem unermüdlichen Galopp Stunde um Stunde, ohne auch nur ein einziges Mal vom Weg abzukommen.
Correva con la sua andatura instancabile, ora dopo ora, senza mai smarrirsi.

Durch unbekannte Länder bewegte er sich schnurgerade wie eine Kompassnadel.
Attraverso terre sconosciute, si muoveva dritto come l'ago di una bussola.

Sein Orientierungssinn ließ Mensch und Karte im Vergleich schwach erscheinen.
Il suo senso dell'orientamento faceva sembrare deboli, al confronto, l'uomo e la mappa.

Während Buck rannte, spürte er die Bewegung in der Wildnis stärker.
Mentre Buck correva, sentiva sempre più forte l'agitazione nella terra selvaggia.

Es war eine neue Art zu leben, anders als in den ruhigen Sommermonaten.
Era un nuovo tipo di vita, diverso da quello dei tranquilli mesi estivi.

Dieses Gefühl kam nicht länger als subtile oder entfernte Botschaft.
Questa sensazione non giungeva più come un messaggio sottile o distante.

Nun sprachen die Vögel von diesem Leben und Eichhörnchen plapperten darüber.
Ora gli uccelli parlavano di questa vita e gli scoiattoli chiacchieravano.

Sogar die Brise flüsterte Warnungen durch die stillen Bäume.

Persino la brezza sussurrava avvertimenti tra gli alberi silenziosi.
Mehrmals blieb er stehen und schnupperte die frische Morgenluft.
Più volte si fermò ad annusare l'aria fresca del mattino.
Dort las er eine Nachricht, die ihn schneller nach vorne springen ließ.
Lì lesse un messaggio che lo fece fare un balzo in avanti più velocemente.
Ein starkes Gefühl der Gefahr erfüllte ihn, als wäre etwas schiefgelaufen.
Fu pervaso da un forte senso di pericolo, come se qualcosa fosse andato storto.
Er befürchtete, dass ein Unglück bevorstünde – oder bereits eingetreten war.
Temeva che la calamità stesse per arrivare, o che fosse già arrivata.
Er überquerte den letzten Bergrücken und betrat das darunterliegende Tal.
Superò l'ultima cresta ed entrò nella valle sottostante.
Er bewegte sich langsamer und war bei jedem Schritt aufmerksamer und vorsichtiger.
Si muoveva più lentamente, attento e cauto a ogni passo.
Drei Meilen weiter fand er eine frische Spur, die ihn erstarren ließ.
Dopo tre miglia trovò una pista fresca che lo fece irrigidire.
Die Haare in seinem Nacken stellten sich auf und sträubten sich vor Schreck.
I peli sul collo si rizzarono e si rizzarono in segno di allarme.
Die Spur führte direkt zum Lager, wo Thornton wartete.
Il sentiero portava dritto all'accampamento dove Thornton aspettava.
Buck bewegte sich jetzt schneller, seine Schritte waren lautlos und schnell zugleich.
Buck ora si muoveva più velocemente, con passi silenziosi e rapidi.

Seine Nerven lagen blank, als er Zeichen las, die andere übersehen würden.
I suoi nervi si irrigidirono mentre leggeva segnali che altri non avrebbero notato.
Jedes Detail der Spur erzählte eine Geschichte – außer dem letzten Stück.
Ogni dettaglio del percorso raccontava una storia, tranne l'ultimo pezzo.
Seine Nase erzählte ihm von dem Leben, das hier vorbeigezogen war.
Il suo naso gli raccontò della vita che aveva trascorso lì.
Der Duft vermittelte ihm ein wechselndes Bild, als er dicht hinter ihm folgte.
L'odore gli fornì un'immagine mutevole mentre lo seguiva da vicino.
Doch im Wald selbst war es still geworden, unnatürlich still.
Ma la foresta stessa era diventata silenziosa, innaturalmente immobile.
Die Vögel waren verschwunden, die Eichhörnchen hatten sich versteckt, waren still und ruhig.
Gli uccelli erano scomparsi, gli scoiattoli erano nascosti, silenziosi e immobili.
Er sah nur ein einziges Grauhörnchen, das flach auf einem toten Baum lag.
Vide solo uno scoiattolo grigio, sdraiato su un albero morto.
Das Eichhörnchen fügte sich steif und reglos in den Wald ein.
Lo scoiattolo si mimetizzava, rigido e immobile come una parte della foresta.
Buck bewegte sich wie ein Schatten, lautlos und sicher durch die Bäume.
Buck si muoveva come un'ombra, silenzioso e sicuro tra gli alberi.
Seine Nase zuckte zur Seite, als würde sie von einer unsichtbaren Hand gezogen.
Il suo naso si mosse di lato come se fosse stato tirato da una mano invisibile.

Er drehte sich um und folgte der neuen Spur tief in ein Dickicht hinein.
Si voltò e seguì il nuovo odore nel profondo di un boschetto.
Dort fand er Nig tot daliegend, von einem Pfeil durchbohrt.
Lì trovò Nig, steso morto, trafitto da una freccia.
Der Schaft durchdrang seinen Körper, die Federn waren noch zu sehen.
La freccia gli attraversò il corpo, lasciando ancora visibili le piume.
Nig hatte sich dorthin geschleppt, war jedoch gestorben, bevor er Hilfe erreichen konnte.
Nig si era trascinato fin lì, ma era morto prima di riuscire a raggiungere i soccorsi.
Hundert Meter weiter fand Buck einen weiteren Schlittenhund.
Cento metri più avanti, Buck trovò un altro cane da slitta.
Es war ein Hund, den Thornton in Dawson City gekauft hatte.
Era un cane che Thornton aveva comprato a Dawson City.
Der Hund befand sich in einem tödlichen Kampf und schlug heftig auf dem Weg um sich.
Il cane lottava con tutte le sue forze, dimenandosi violentemente sul sentiero.
Buck ging um ihn herum, blieb nicht stehen und richtete den Blick nach vorne.
Buck gli passò accanto senza fermarsi, con gli occhi fissi davanti a sé.
Aus Richtung des Lagers ertönte in der Ferne ein rhythmischer Gesang.
Dalla direzione dell'accampamento proveniva un canto lontano e ritmico.
Die Stimmen schwoll in einem seltsamen, unheimlichen Singsangton an und ab.
Le voci si alzavano e si abbassavano con un tono strano, inquietante, cantilenante.
Buck kroch schweigend zum Rand der Lichtung.
Buck strisciò in silenzio fino al limite della radura.

Dort sah er Hans mit dem Gesicht nach unten liegen, von vielen Pfeilen durchbohrt.
Lì vide Hans disteso a faccia in giù, trafitto da numerose frecce.
Sein Körper sah aus wie der eines Stachelschweins und war mit gefiederten Schäften bestückt.
Il suo corpo sembrava quello di un porcospino, irto di penne.
Im selben Moment blickte Buck in Richtung der zerstörten Hütte.
Nello stesso momento, Buck guardò verso la capanna in rovina.
Bei diesem Anblick stellten sich ihm die Nacken- und Schulterhaare auf.
Quella vista gli fece rizzare i capelli sul collo e sulle spalle.
Ein Sturm wilder Wut durchfuhr Bucks ganzen Körper.
Un'ondata di rabbia selvaggia travolse tutto il corpo di Buck.
Er knurrte laut, obwohl er nicht wusste, dass er es getan hatte.
Ringhiò forte, anche se non ne era consapevole.
Der Klang war rau, erfüllt von furchterregender, wilder Wut.
Il suono era crudo, pieno di una furia terrificante e selvaggia.
Zum letzten Mal in seinem Leben verlor Buck den Verstand und die Gefühle.
Per l'ultima volta nella sua vita, Buck perse la ragione a causa delle emozioni.
Es war die Liebe zu John Thornton, die seine sorgfältige Kontrolle brach.
Fu l'amore per John Thornton a spezzare il suo attento controllo.
Die Yeehats tanzten um die zerstörte Fichtenhütte.
Gli Yeehats ballavano attorno alla baita in legno di abete rosso distrutta.
Dann ertönte ein Brüllen – und ein unbekanntes Tier stürmte auf sie zu.
Poi si udì un ruggito e una bestia sconosciuta si lanciò verso di loro.

Es war Buck, eine aufbrausende Furie, ein lebendiger Sturm der Rache.
Era Buck: una furia in movimento, una tempesta vivente di vendetta.
Wahnsinnig vor Tötungsdrang stürzte er sich mitten unter sie.
Si gettò in mezzo a loro, folle di voglia di uccidere.
Er sprang auf den ersten Mann, den Yeehat-Häuptling, und traf zielsicher.
Si lanciò contro il primo uomo, il capo Yeehat, e colpì nel segno.
Seine Kehle war aufgerissen und Blut spritzte in einem Strom.
La sua gola era squarciata e il sangue schizzava a fiotti.
Buck blieb nicht stehen, sondern riss dem nächsten Mann mit einem Sprung die Kehle durch.
Buck non si fermò, ma con un balzo squarciò la gola dell'uomo successivo.
Er war nicht aufzuhalten – er riss, schlug und machte nie eine Pause, um sich auszuruhen.
Era inarrestabile: squarciava, tagliava, non si fermava mai a riposare.
Er schoss und sprang so schnell, dass ihre Pfeile ihn nicht treffen konnten.
Si lanciò e balzò così velocemente che le loro frecce non riuscirono a toccarlo.
Die Yeehats waren in ihrer eigenen Panik und Verwirrung gefangen.
Gli Yeehats erano in preda al panico e alla confusione.
Ihre Pfeile verfehlten Buck und trafen stattdessen einander.
Le loro frecce non colpirono Buck e si colpirono tra loro.
Ein Jugendlicher warf einen Speer nach Buck und traf einen anderen Mann.
Un giovane scagliò una lancia contro Buck e colpì un altro uomo.
Der Speer durchbohrte seine Brust und die Spitze durchbohrte seinen Rücken.

La lancia gli trapassò il petto e la punta gli trafisse la schiena.
Die Yeehats wurden von Panik erfasst und zogen sich umgehend zurück.
Il terrore travolse gli Yeehats, che si diedero alla ritirata.
Sie schrien vor dem bösen Geist und flohen in die Schatten des Waldes.
Urlarono allo Spirito Maligno e fuggirono nelle ombre della foresta.
Buck war wirklich wie ein Dämon, als er die Yeehats jagte.
Buck era davvero come un demone mentre inseguiva gli Yeehats.
Er raste hinter ihnen durch den Wald her und erlegte sie wie Rehe.
Li inseguì attraverso la foresta, abbattendoli come cervi.
Für die verängstigten Yeehats wurde es ein Tag des Schicksals und des Terrors.
Divenne un giorno di destino e terrore per gli spaventati Yeehats.
Sie zerstreuten sich über das Land und flohen in alle Richtungen.
Si dispersero sul territorio, fuggendo in ogni direzione.
Eine ganze Woche verging, bevor sich die letzten Überlebenden in einem Tal trafen.
Passò un'intera settimana prima che gli ultimi sopravvissuti si incontrassero in una valle.
Erst dann zählten sie ihre Verluste und sprachen über das Geschehene.
Solo allora contarono le perdite e raccontarono quanto accaduto.
Nachdem Buck die Jagd satt hatte, kehrte er zum zerstörten Lager zurück.
Buck, stanco dell'inseguimento, ritornò all'accampamento in rovina.
Er fand Pete, noch in seine Decken gehüllt, getötet beim ersten Angriff.
Trovò Pete, ancora avvolto nelle coperte, ucciso nel primo attacco.

Spuren von Thorntons letztem Kampf waren im Dreck in der Nähe zu sehen.
I segni dell'ultima lotta di Thornton erano visibili nella terra lì vicino.
Buck folgte jeder Spur und erschnüffelte jede Markierung bis zum letzten Punkt.
Buck seguì ogni traccia, annusando ogni segno fino al punto finale.
Am Rand eines tiefen Teichs fand er den treuen Skeet, der still dalag.
Sul bordo di una profonda pozza trovò il fedele Skeet, immobile.
Skeets Kopf und Vorderpfoten lagen regungslos im Wasser, er lag tot da.
La testa e le zampe anteriori di Skeet erano nell'acqua, immobili nella morte.
Der Teich war schlammig und durch das Abwasser aus den Schleusenkästen verunreinigt.
La piscina era fangosa e contaminata dai liquidi di scarico delle chiuse.
Seine trübe Oberfläche verbarg, was darunter lag, aber Buck kannte die Wahrheit.
La sua superficie torbida nascondeva ciò che si trovava sotto, ma Buck conosceva la verità.
Er folgte Thorntons Spur bis in den Pool – doch die Spur führte nirgendwo anders hin.
Seguì l'odore di Thornton nella piscina, ma non lo portò da nessun'altra parte.
Es gab keinen Geruch, der hinausführte – nur die Stille des tiefen Wassers.
Non c'era alcun odore che provenisse, solo il silenzio dell'acqua profonda.
Den ganzen Tag blieb Buck in der Nähe des Teichs und ging voller Trauer im Lager auf und ab.
Buck rimase tutto il giorno vicino alla piscina, camminando avanti e indietro per l'accampamento, addolorato.

Er wanderte ruhelos umher oder saß regungslos da, in tiefe Gedanken versunken.
Vagava irrequieto o sedeva immobile, immerso nei suoi pensieri.
Er kannte den Tod, das Ende des Lebens, das Verschwinden aller Bewegung.
Conosceva la morte, la fine della vita, la scomparsa di ogni movimento.
Er verstand, dass John Thornton weg war und nie wieder zurückkehren würde.
Capì che John Thornton se n'era andato e non sarebbe mai più tornato.
Der Verlust hinterließ eine Leere in ihm, die wie Hunger pochte.
La perdita lasciò in lui un vuoto che pulsava come la fame.
Doch dieser Hunger konnte durch Essen nicht gestillt werden, egal, wie viel er aß.
Ma questa era una fame che il cibo non riusciva a placare, non importava quanto ne mangiasse.
Manchmal, wenn er die toten Yeehats ansah, ließ der Schmerz nach.
A volte, mentre guardava i cadaveri di Yeehats, il dolore si attenuava.
Und dann stieg ein seltsamer Stolz in ihm auf, wild und vollkommen.
E poi dentro di lui nacque uno strano orgoglio, feroce e totale.
Er hatte den Menschen getötet, das höchste und gefährlichste Wild von allen.
Aveva ucciso l'uomo, la preda più alta e pericolosa di tutte.
Er hatte unter Missachtung des alten Gesetzes von Keule und Reißzahn getötet.
Aveva ucciso in violazione dell'antica legge del bastone e della zanna.
Buck schnüffelte neugierig und nachdenklich an ihren leblosen Körpern.
Buck annusò i loro corpi senza vita, curioso e pensieroso.

Sie waren so leicht gestorben – viel leichter als ein Husky in einem Kampf.
Erano morti così facilmente, molto più facilmente di un husky in combattimento.
Ohne ihre Waffen waren sie weder wirklich stark noch stellten sie eine Bedrohung dar.
Senza le armi non avrebbero avuto vera forza né avrebbero rappresentato una minaccia.
Buck würde sie nie wieder fürchten, es sei denn, sie wären bewaffnet.
Buck non avrebbe più avuto paura di loro, a meno che non fossero stati armati.
Nur wenn sie Keulen, Speere oder Pfeile trugen, war er vorsichtig.
Stava attento solo quando portavano clave, lance o frecce.

Die Nacht brach herein und ein Vollmond stieg hoch über die Baumwipfel.
Calò la notte e la luna piena spuntò alta sopra le cime degli alberi.
Das blasse Licht des Mondes tauchte das Land in einen sanften, geisterhaften Schein wie am Tag.
La pallida luce della luna avvolgeva la terra in un tenue e spettrale chiarore, come se fosse giorno.
Als die Nacht hereinbrach, trauerte Buck noch immer am stillen Teich.
Mentre la notte avanzava, Buck continuava a piangere presso la pozza silenziosa.
Dann bemerkte er eine andere Regung im Wald.
Poi si accorse di un diverso movimento nella foresta.
Die Aufregung kam nicht von den Yeehats, sondern von etwas Älterem und Tieferem.
L'agitazione non proveniva dagli Yeehats, ma da qualcosa di più antico e profondo.
Er stand auf, spitzte die Ohren und prüfte vorsichtig mit der Nase die Brise.

Si alzò in piedi, drizzò le orecchie e tastò con attenzione la brezza con il naso.

Aus der Ferne ertönte ein schwacher, scharfer Aufschrei, der die Stille durchbrach.

Da lontano giunse un debole e acuto grido che squarciò il silenzio.

Dann folgte dicht auf den ersten ein Chor ähnlicher Schreie.

Poi un coro di grida simili seguì subito dopo il primo.

Das Geräusch kam näher und wurde mit jedem Augenblick lauter.

Il suono si avvicinava sempre di più, diventando sempre più forte con il passare dei minuti.

Buck kannte diesen Schrei – er kam aus dieser anderen Welt in seiner Erinnerung.

Buck conosceva quel grido: proveniva da quell'altro mondo nella sua memoria.

Er ging in die Mitte des offenen Platzes und lauschte aufmerksam.

Si recò al centro dello spazio aperto e ascoltò attentamente.

Der Ruf ertönte vielstimmig und kraftvoller denn je.

L'appello risuonò più forte che mai, più sentito e più potente che mai.

Und jetzt war Buck mehr denn je bereit, seiner Berufung zu folgen.

E ora, più che mai, Buck era pronto a rispondere alla sua chiamata.

John Thornton war tot und hatte keine Bindung mehr an die Menschheit.

John Thornton era morto e in lui non era rimasto alcun legame con l'uomo.

Der Mensch und alle menschlichen Ansprüche waren verschwunden – er war endlich frei.

L'uomo e tutte le pretese umane erano svaniti: era finalmente libero.

Das Wolfsrudel jagte Fleisch, wie es einst die Yeehats getan hatten.

Il branco di lupi era a caccia di carne, proprio come un tempo avevano fatto gli Yeehats.
Sie waren Elchen aus den Waldgebieten gefolgt.
Avevano seguito le alci mentre scendevano dalle terre boscose.
Nun überquerten sie, wild und hungrig nach Beute, sein Tal.
Ora, selvaggi e affamati di prede, attraversarono la sua valle.
Sie kamen auf die mondbeschienene Lichtung und flossen wie silbernes Wasser.
Giunsero nella radura illuminata dalla luna, scorrendo come acqua argentata.
Buck stand regungslos in der Mitte und wartete auf sie.
Buck rimase immobile al centro, in attesa.
Seine ruhige, große Präsenz versetzte das Rudel in Erstaunen und ließ es kurz verstummen.
La sua presenza calma e imponente lasciò il branco senza parole, tanto da farlo restare per un breve periodo in silenzio.
Dann sprang der kühnste Wolf ohne zu zögern direkt auf ihn zu.
Allora il lupo più audace gli saltò addosso senza esitazione.
Buck schlug schnell zu und brach dem Wolf mit einem einzigen Schlag das Genick.
Buck colpì rapidamente e spezzò il collo del lupo con un solo colpo.
Er stand wieder regungslos da, während der sterbende Wolf sich hinter ihm wand.
Rimase di nuovo immobile mentre il lupo morente si contorceva dietro di lui.
Drei weitere Wölfe griffen schnell nacheinander an.
Altri tre lupi attaccarono rapidamente, uno dopo l'altro.
Jeder von ihnen zog sich blutend zurück, die Kehle oder die Schultern waren aufgeschlitzt.
Ognuno di loro si ritrasse sanguinante, con la gola o le spalle tagliate.
Das reichte aus, um das ganze Rudel zu einem wilden Angriff zu provozieren.

Ciò fu sufficiente a scatenare una carica selvaggia da parte dell'intero branco.
Sie stürmten gemeinsam hinein, waren zu eifrig und zu dicht gedrängt, um einen guten Schlag zu erzielen.
Si precipitarono tutti insieme, troppo impazienti e troppo ammassati per colpire bene.
Dank seiner Schnelligkeit und Geschicklichkeit war Buck in der Lage, dem Angriff immer einen Schritt voraus zu sein.
La velocità e l'abilità di Buck gli permisero di anticipare l'attacco.
Er drehte sich auf seinen Hinterbeinen und schnappte und schlug in alle Richtungen.
Girò sulle zampe posteriori, schioccando i denti e colpendo in tutte le direzioni.
Für die Wölfe schien es, als ob seine Verteidigung nie geöffnet oder ins Wanken geraten wäre.
Ai lupi sembrò che la sua difesa non si fosse mai aperta o avesse vacillato.
Er drehte sich um und schlug so schnell zu, dass sie nicht hinter ihn gelangen konnten.
Si voltò e colpì così velocemente che non riuscirono a raggiungerlo alle spalle.
Dennoch zwang ihn ihre Übermacht zum Nachgeben und Zurückweichen.
Ciononostante, il loro numero lo costrinse a cedere terreno e a ritirarsi.
Er ging am Teich vorbei und hinunter in das steinige Bachbett.
Superò la piscina e scese nel letto roccioso del torrente.
Dort stieß er auf eine steile Böschung aus Kies und Erde.
Lì si imbatté in un ripido pendio di ghiaia e terra.
Er ist bei den alten Grabungen der Bergleute in einen Eckeinschnitt geraten.
Si è infilato in un angolo scavato durante i vecchi scavi dei minatori.
Jetzt war Buck von drei Seiten geschützt und stand nur noch dem vorderen Wolf gegenüber.

Ora, protetto su tre lati, Buck si trovava di fronte solo al lupo frontale.
Dort stand er in der Enge, bereit für die nächste Angriffswelle.
Lì rimase in attesa, pronto per la successiva ondata di assalto.
Buck blieb so hartnäckig standhaft, dass die Wölfe zurückwichen.
Buck mantenne la posizione con tanta ferocia che i lupi indietreggiarono.
Nach einer halben Stunde waren sie erschöpft und sichtlich besiegt.
Dopo mezz'ora erano sfiniti e visibilmente sconfitti.
Ihre Zungen hingen heraus, ihre weißen Reißzähne glänzten im Mondlicht.
Le loro lingue pendevano fuori e le loro zanne bianche brillavano alla luce della luna.
Einige Wölfe legten sich mit erhobenem Kopf hin und spitzten die Ohren in Richtung Buck.
Alcuni lupi si sdraiano, con la testa alzata e le orecchie dritte verso Buck.
Andere standen still, waren wachsam und beobachteten jede seiner Bewegungen.
Altri rimasero immobili, attenti e osservarono ogni suo movimento.
Einige gingen zum Pool und schlürften kaltes Wasser.
Qualcuno si avvicinò alla piscina e bevve l'acqua fredda.
Dann schlich ein großer, schlanker grauer Wolf sanft heran.
Poi un lupo grigio, lungo e magro, si fece avanti furtivamente, con passo gentile.
Buck erkannte ihn – es war der wilde Bruder von vorhin.
Buck lo riconobbe: era il fratello selvaggio di prima.
Der graue Wolf winselte leise und Buck antwortete mit einem Winseln.
Il lupo grigio uggiolò dolcemente e Buck rispose con un guaito.
Sie berührten ihre Nasen, leise und ohne Drohung oder Angst.

Si toccarono il naso, silenziosamente, senza timore o minaccia.
Als nächstes kam ein älterer Wolf, hager und von vielen Kämpfen gezeichnet.
Poi venne un lupo più anziano, scarno e segnato dalle numerose battaglie.
Buck wollte knurren, hielt aber inne und schnüffelte an der Nase des alten Wolfes.
Buck cominciò a ringhiare, ma si fermò e annusò il naso del vecchio lupo.
Der Alte setzte sich, hob die Nase und heulte den Mond an.
Il vecchio si sedette, alzò il naso e ululò alla luna.
Der Rest des Rudels setzte sich und stimmte in das langgezogene Heulen ein.
Il resto del branco si sedette e si unì al lungo ululato.
Und nun ertönte der Ruf an Buck, unmissverständlich und stark.
E ora la chiamata giunse a Buck, inequivocabile e forte.
Er setzte sich, hob den Kopf und heulte mit den anderen.
Si sedette, alzò la testa e ululò insieme agli altri.
Als das Heulen aufhörte, trat Buck aus seinem felsigen Unterschlupf.
Quando l'ululato cessò, Buck uscì dal suo riparo roccioso.
Das Rudel umringte ihn und beschnüffelte ihn zugleich freundlich und vorsichtig.
Il branco si strinse attorno a lui, annusando con gentilezza e cautela.
Dann stießen die Anführer einen lauten Schrei aus und rannten in den Wald.
Allora i capi lanciarono un grido e si precipitarono nella foresta.
Die anderen Wölfe folgten und jaulten im Chor, wild und schnell in der Nacht.
Gli altri lupi li seguirono, guaendo in coro, selvaggi e veloci nella notte.
Buck rannte mit ihnen, neben seinem wilden Bruder her, und heulte dabei.

Buck corse con loro, accanto al suo selvaggio fratello, ululando mentre correva.

Hier geht die Geschichte von Buck gut zu Ende.
Qui la storia di Buck giunge al termine.
In den folgenden Jahren bemerkten die Yeehats seltsame Wölfe.
Negli anni a seguire, gli Yeehats notarono degli strani lupi.
Einige hatten braune Flecken auf Kopf und Schnauze und weiße Flecken auf der Brust.
Alcuni avevano la testa e il muso marroni e il petto bianco.
Doch noch mehr fürchteten sie sich vor einer geisterhaften Gestalt unter den Wölfen.
Ma ancora di più temevano la presenza di una figura spettrale tra i lupi.
Sie sprachen flüsternd vom Geisterhund, dem Anführer des Rudels.
Parlavano a bassa voce del Cane Fantasma, il capo del branco.
Dieser Geisterhund war schlauer als der kühnste Yeehat-Jäger.
Questo Ghost Dog era più astuto del più audace cacciatore di Yeehat.
Der Geisterhund stahl im tiefsten Winter aus Lagern und riss ihre Fallen auseinander.
Il cane fantasma rubava dagli accampamenti nel cuore dell'inverno e faceva a pezzi le loro trappole.
Der Geisterhund tötete ihre Hunde und entkam ihren Pfeilen spurlos.
Il cane fantasma uccise i loro cani e sfuggì alle loro frecce senza lasciare traccia.
Sogar ihre tapfersten Krieger hatten Angst, diesem wilden Geist gegenüberzutreten.
Perfino i guerrieri più coraggiosi avevano paura di affrontare questo spirito selvaggio.
Nein, die Geschichte wird im Laufe der Jahre in der Wildnis immer düsterer.

No, la storia diventa ancora più oscura con il passare degli anni trascorsi nella natura selvaggia.
Manche Jäger verschwinden und kehren nie in ihre entfernten Lager zurück.
Alcuni cacciatori scompaiono e non fanno più ritorno ai loro accampamenti lontani.
Andere werden mit aufgerissener Kehle erschlagen im Schnee gefunden.
Altri vengono trovati con la gola squarciata, uccisi nella neve.
Um ihren Körper herum sind Spuren – größer als sie ein Wolf hinterlassen könnte.
Intorno ai loro corpi ci sono delle impronte più grandi di quelle che un lupo potrebbe mai lasciare.
Jeden Herbst folgen die Yeehats der Spur des Elchs.
Ogni autunno, gli Yeehats seguono le tracce dell'alce.
Aber ein Tal meiden sie, weil ihnen die Angst tief im Herzen eingegraben ist.
Ma evitano una valle perché la paura è scolpita nel profondo del loro cuore.
Man sagt, dass der böse Geist dieses Tal als seine Heimat ausgewählt hat.
Si dice che la valle sia stata scelta dallo Spirito Maligno come sua dimora.
Und wenn die Geschichte erzählt wird, weinen einige Frauen am Feuer.
E quando la storia viene raccontata, alcune donne piangono accanto al fuoco.
Aber im Sommer kommt ein Besucher in dieses ruhige, heilige Tal.
Ma d'estate, c'è un visitatore che giunge in quella valle sacra e silenziosa.
Die Yeehats wissen nichts von ihm und können es auch nicht verstehen.
Gli Yeehats non lo conoscono e non potrebbero capirlo.
Der Wolf ist großartig und mit einer Pracht überzogen wie kein anderer seiner Art.

Il lupo è un animale grandioso, ricoperto di gloria, come nessun altro della sua specie.
Er allein überquert den grünen Wald und betritt die Waldlichtung.
Lui solo attraversa il bosco verde ed entra nella radura della foresta.
Dort sickert goldener Staub aus Elchhautsäcken in den Boden.
Lì, la polvere dorata contenuta nei sacchi di pelle d'alce si infiltra nel terreno.
Gras und alte Blätter haben das Gelb vor der Sonne verborgen.
L'erba e le foglie vecchie hanno nascosto il giallo del sole.
Hier steht der Wolf still, denkt nach und erinnert sich.
Qui il lupo resta in silenzio, pensando e ricordando.
Er heult einmal – lang und traurig – bevor er sich zum Gehen umdreht.
Urla una volta sola, a lungo e lugubremente, prima di girarsi e andarsene.
Doch er ist nicht immer allein im Land der Kälte und des Schnees.
Ma non è sempre solo nella terra del freddo e della neve.
Wenn lange Winternächte über die tiefer gelegenen Täler hereinbrechen.
Quando le lunghe notti invernali scendono sulle valli più basse.
Wenn die Wölfe dem Wild durch Mondlicht und Frost folgen.
Quando i lupi seguono la selvaggina attraverso il chiaro di luna e il gelo.
Dann rennt er mit großen, wilden Sprüngen an der Spitze des Rudels entlang.
Poi corre in testa al gruppo, saltando in alto e in modo selvaggio.
Seine Gestalt überragt die anderen, aus seiner Kehle erklingt Gesang.
La sua figura svetta sulle altre, la sua gola risuona di canto.

Es ist das Lied der jüngeren Welt, die Stimme des Rudels.
È il canto del mondo più giovane, la voce del branco.
Er singt, während er rennt – stark, frei und für immer wild.
Canta mentre corre: forte, libero e per sempre selvaggio.

www.ingramcontent.com/pod-product-compliance
Lightning Source LLC
Chambersburg PA
CBHW010029040426
42333CB00048B/2756